●収録内容一覧

■2025年度中学受験用

# 聖セシリア女子中学校

## 3年間スーパー過去問

### 入試問題と解説・解答の収録内容

| | |
|---|---|
| 2024年度　１次 | 算数・社会・理科・国語 |
| 2024年度　２次 | 算数・社会・理科・国語<br>（解答のみ） |
| 2023年度　１次 | 算数・社会・理科・国語 |
| 2023年度　２次 | 算数・社会・理科・国語<br>（解答のみ） |
| 2022年度　１次 | 算数・社会・理科・国語 |
| 2022年度　２次 | 算数・社会・理科・国語<br>（解答のみ） |

～本書ご利用上の注意～　以下の点について，あらかじめご了承ください。

★別冊解答用紙は巻末にございます。本書に収録している試験の実物解答用紙は，弊社サイトの各校商品情報ページより，一部または全部をダウンロードできます。
★編集の都合上，学校実施のすべての試験を掲載していない場合がございます。
★当問題集のバックナンバーは，弊社には在庫がございません（ネット書店などに一部在庫あり）。
★本書の内容を無断転載することを禁じます。また，本書のコピー，スキャン，デジタル化等の無断複製は著作権法上での例外を除き禁じられています。

JN004667

# 合格を勝ち取るための
# 『スーパー過去問』の使い方

本書に掲載されている過去問をご覧になって，「難しそう」と感じたかもしれません。でも，多くの受験生が同じように感じているはずです。なぜなら，中学入試で出題される問題は，小学校で習う内容よりも高度なものが多く，たくさんの知識や解き方のコツを身につけることも必要だからです。ですから，初めて本書に取り組むさいには，点数を気にしすぎないようにしましょう。本番でしっかり点数を取れることが大事なのです。

過去問で重要なのは「まちがえること」です。自分の弱点を知るために，過去問に取り組むのです。当然，まちがえた問題をそのままにしておいては意味がありません。

本書には，長年にわたって中学入試にたずさわっているスタッフによるていねいな解説がついています。まちがえた問題はしっかりと解説を読み，できるようになるまで何度も解き直しをしてください。理解できていないと感じた分野については，参考書や資料集などを活用し，改めて整理しておきましょう。

## このページも参考にしてみましょう！

**◆どの年度から解こうかな　「入試問題と解説・解答の収録内容一覧」**

本書のはじめには収録内容が掲載されていますので，収録年度や収録されている入試回などを確認できます。

※著作権上の都合によって掲載できない問題が収録されている場合は，最新年度の問題の前に，ピンク色の紙を差しこんでご案内しています。

**◆学校の情報を知ろう!!「学校紹介ページ」**

このページのあとに，各学校の基本情報などを掲載しています。問題を解くのに疲れたら息ぬきに読んで，志望校合格への気持ちを新たにし，再び過去問に挑戦してみるのもよいでしょう。なお，最新の情報につきましては，学校のホームページなどでご確認ください。

**◆入試に向けてどんな対策をしよう？「出題傾向＆対策」**

「学校紹介ページ」に続いて，「出題傾向＆対策」ページがあります。過去にどのような分野の問題が出題され，どのように対策すればよいかをアドバイスしていますので，参考にしてください。

**◇別冊「入試問題解答用紙編」**

本書の巻末には，ぬき取って使える別冊の解答用紙が収録してあります。解答用紙が非公表の場合などを除き，（注）が記載されたページの指定倍率にしたがって拡大コピーをとれば，実際の入試問題とほぼ同じ解答欄の大きさで，何度でも過去問に取り組むことができます。このように，入試本番に近い条件で練習できるのも，本書の強みです。また，データが公表されている学校は別冊の１ページ目に過去の「入試結果表」を掲載しています。合格に必要な得点の目安として活用してください。

本書がみなさんの志望校合格の助けとなることを，心より願っています。

株式会社　声の教育社　編集部

# 聖セシリア女子中学校

所在地　〒242-0006 神奈川県大和市南林間3-10-1

電　話　046-274-7405

ホームページ　https://www.cecilia.ac.jp/

交通案内　東急田園都市線「中央林間駅」より徒歩10分
小田急江ノ島線「南林間駅」より徒歩5分

くわしい情報はホームページへ

トピックス

★A方式，B方式(英語・英語表現)ともに成績が優秀な受験生は特待生合格となる。
★校内にバレエスタジオがあり，放課後に希望者対象のバレエ教室が開かれている。

創立年 昭和4年 ｜ 女子校 ｜ 高校募集あり

## 応募状況

| 年度 | 募集数 | 応募数 | 受験数 | 合格数 | 倍率 |
|---|---|---|---|---|---|
| 2024 | A①　30名 | 2科 71名 | 68名 | 24名 | 2.8倍 |
| | | 4科 44名 | 34名 | 10名 | 3.4倍 |
| | A②　25名 | 2科 90名 | 71名 | 29名 | 2.4倍 |
| | | 4科 59名 | 44名 | 18名 | 2.4倍 |
| | A③　25名 | 159名 | 95名 | 54名 | 1.8倍 |
| | B①　10名 | 48名 | 47名 | 22名 | 2.1倍 |
| | B②英10名 | 38名 | 33名 | 25名 | 1.3倍 |
| | B③英 5名 | 30名 | 9名 | 7名 | 1.3倍 |

## 学校説明会等日程（※予定）

**オープンキャンパス【要予約】**

7月28日　10：00～13：00

・いろいろな講座やクラブ活動の体験，バレエ体験，校内見学，個別相談などを実施します。

**学校説明会【要予約】**

9月11日／11月13日／1月8日　10：15～12：00

10月5日　10：00～11：45

12月7日　10：00～12：00

・内容は，教育内容について，入試について，校内見学(希望者)，個別相談(希望者)の他，各回とも違う特別企画が行われます。

※B方式入試(英語・英語表現)対象の説明会を，12月14日10：00～11：30に実施します。

## 2025年度入試情報

**A方式**

1次　2025年2月1日午前

2次　2025年2月2日午後

3次　2025年2月3日午後＊

〔試験科目〕4科(国算社理)または2科(国算)

＊は2科(国算)のみ

**B方式**

スカラシップ入試

2025年2月1日午後

〔試験科目〕国語または算数

※上位合格1～3位には入学金と1年間の授業料を免除，4～6位には入学金を免除します。

英語入試　2025年2月2日午前

〔試験科目〕英語

※英検4級以上の取得者は加点あり。

英語表現入試　2025年2月3日午前

〔試験科目〕英語面接，身体表現

～B方式の出題について～

・英語…英検4級レベルの筆記試験を中心とし，リスニングテストを含みます。
・英語面接…自己紹介，英文暗唱，質疑応答。
・身体表現…英文に「ジェスチャー」や「ダンス」を交えて，自由に表現したものを評価します。

## 2024年春の主な大学合格実績

トロント大，愛媛大，富山大，早稲田大，上智大，明治大，青山学院大，立教大，中央大，法政大，学習院大，成蹊大，明治学院大，津田塾大，東京女子大，日本女子大

編集部注一本書の内容は2024年6月現在のものであり，変更されている場合があります。正式な情報は，学校のホームページ等で必ずご確認ください。

# 算数 出題傾向＆対策

## ◆基本データ（2024年度１次）

| | |
|---|---|
| 試験時間／満点 | 50分／100点 |
| 問題構成 | ・大問数…５題<br>計算・応用小問１題（７問）／応用小問２題（７問）／応用問題２題<br>・小問数…21問 |
| 解答形式 | 応用小問の集合題では途中式を書くものがある。ほかの大問では解答のみを記入する。 |
| 実際の問題用紙 | Ａ４サイズ，小冊子形式 |
| 実際の解答用紙 | Ａ３サイズ |

## ◆出題傾向と内容

**▶過去３年の出題率トップ３**
１位：四則計算・逆算30％　２位：角度・面積・長さ12％　３位：体積・表面積など６％
**▶今年の出題率トップ３**
１位：四則計算・逆算29％　２位：角度・面積・長さ12％　３位：速さなど６％

計算問題は，整数の計算，小数の計算，分数の計算，逆算（□を求める計算）といったものが大半で，複雑なものはほとんど見られません。したがって，ここはすばやく確実に得点したいところです。

応用小問や応用問題は，規則性，速さ，割合と比，角度，面積，体積などの単元から出題されており，図形，速さ，特殊算からの出題が比較的多いようです。いくつもの単元がからみあった問題はあまりなく，各単元ごとの解法がきちんと習得できているかどうかが問われています。

## ◆対策～合格点を取るには？～

まず，正確ですばやい計算力を，毎日の計算練習でモノにする必要があります。自分で無理なくこなせる問題量を決めて，コツコツと続けましょう。

速さ，規則性では，はじめに参考書にある重要事項を自分なりに整理し，さらに類題を数多くこなして，基本的なパターンを身につけてください。

図形では，はじめに求積問題を重点的に学習しましょう。比を利用してすばやく解けるようにするとさらに効果的です。

| 分野 | 年度 | 2024 | | 2023 | | 2022 | |
|---|---|---|---|---|---|---|---|
| | | １次 | ２次 | １次 | ２次 | １次 | ２次 |
| 計算 | 四則計算・逆算 | ● | ● | ● | ● | ● | ● |
| | 計算のくふう | ○ | ○ | | | ○ | ○ |
| | 単位の計算 | | | | | ○ | |
| 和と差 | 和差算・分配算 | ○ | | | ◎ | | |
| | 消去算 | | ○ | | | ○ | |
| | つるかめ算 | ○ | | ○ | | | ○ |
| | 平均とのべ | | | | | | |
| | 過不足算・差集め算 | | | | | | |
| | 集まり | | | | | | |
| | 年齢算 | | | | | | |
| 割合と比 | 割合と比 | | | | ○ | | |
| | 正比例と反比例 | | | | | | |
| | 還元算・相当算 | | | | | ○ | |
| | 比の性質 | ○ | | ○ | | ○ | |
| | 倍数算 | | ○ | | | | |
| | 売買損益 | ○ | | ○ | | | ○ |
| | 濃度 | | | | | | |
| | 仕事算 | | | ○ | | | ○ |
| | ニュートン算 | | | | | | |
| 速さ | 速さ | ○ | ○ | ○ | ○ | ◎ | |
| | 旅人算 | ○ | | | ○ | | |
| | 通過算 | | | | | ○ | |
| | 流水算 | | ○ | | | | ○ |
| | 時計算 | | | | | | |
| | 速さと比 | | | | | ○ | |
| 図形 | 角度・面積・長さ | ◎ | ◎ | ● | ◎ | ◎ | ◎ |
| | 辺の比と面積の比・相似 | | | | | | |
| | 体積・表面積 | ○ | ○ | ○ | ○ | ○ | ○ |
| | 水の深さと体積 | | ○ | | | | ○ |
| | 展開図 | | | | | | ○ |
| | 構成・分割 | | | | | ○ | |
| | 図形・点の移動 | | | ○ | | | |
| 表とグラフ | | ○ | ○ | ○ | ○ | ○ | ○ |
| 数の性質 | 約数と倍数 | | | | | | |
| | Ｎ進数 | | | | | | |
| | 約束記号・文字式 | | | | | | |
| | 整数・小数・分数の性質 | | | | | | |
| 規則性 | 植木算 | | ○ | | ○ | | ○ |
| | 周期算 | ○ | | | ○ | | |
| | 数列 | | ○ | ○ | | | |
| | 方陣算 | | | | | | |
| | 図形と規則 | | | | | | |
| 場合の数 | | | | | | | |
| 調べ・推理・条件の整理 | | | | | | | ○ |
| その他 | | | | | | | |

※　○印はその分野の問題が１題，◎印は２題，●印は３題以上出題されたことをしめします。

# 社会　出題傾向＆対策

## ◆基本データ（2024年度１次）

| | |
|---|---|
| 試験時間／満点 | 30分／50点 |
| 問題構成 | ・大問数…２題<br>・小問数…11問 |
| 解答形式 | 記号選択と適語の記入がほとんどだが，自分の考えを述べる記述問題も出されている。 |
| 実際の問題用紙 | Ａ４サイズ，小冊子形式 |
| 実際の解答用紙 | Ａ３サイズ |

| 分野 | 年度 | 2024 | | 2023 | | 2022 | |
|---|---|---|---|---|---|---|---|
| | | １次 | ２次 | １次 | ２次 | １次 | ２次 |
| 日本の地理 | 地図の見方 | | | | | | |
| | 国土・自然・気候 | | | | | | |
| | 資源 | | | | | | |
| | 農林水産業 | | | | ○ | | |
| | 工業 | | | | | | |
| | 交通・通信・貿易 | | | | | | |
| | 人口・生活・文化 | | | | | | |
| | 各地方の特色 | | | | | | |
| | 地理総合 | | | | | | |
| 世界の地理 | | | ○ | ○ | | ○ | ○ |
| 日本の歴史（時代） | 原始～古代 | ○ | ○ | ○ | ○ | ○ | ○ |
| | 中世～近世 | ○ | ○ | ○ | ○ | ○ | ○ |
| | 近代～現代 | ○ | ○ | ○ | ○ | ○ | ○ |
| 日本の歴史（テーマ） | 政治・法律史 | | | | | | |
| | 産業・経済史 | | | | | | |
| | 文化・宗教史 | | | | | | |
| | 外交・戦争史 | | | | | | |
| | 歴史総合 | ★ | ★ | ★ | | ★ | ★ |
| 世界の歴史 | | | | | | | |
| 政治 | 憲法 | | ○ | | | ○ | |
| | 国会・内閣・裁判所 | | | | ○ | | |
| | 地方自治 | | | | | | |
| | 経済 | | | | | | |
| | 生活と福祉 | | | ○ | | | ○ |
| | 国際関係・国際政治 | ○ | | ○ | | ○ | ○ |
| | 政治総合 | | | | | | |
| 環境問題 | | ○ | ○ | | ○ | | |
| 時事問題 | | ○ | ○ | | | | |
| 世界遺産 | | | | | ★ | | |
| 複数分野総合 | | ★ | ★ | ★ | ★ | ★ | ★ |

※　原始～古代…平安時代以前，中世～近世…鎌倉時代～江戸時代，近代～現代…明治時代以降
※　★印は大問の中心となる分野をしめします。

## ◆出題傾向と内容

政治分野，さらには国際政治の内容まで歴史にからめて扱うため，歴史分野からの出題率が高くなっています。ただし，社会科の基礎知識をためすことに主眼がおかれているので，いわゆる難問は見られません。

**●地理**…日本の世界遺産などに関する問題が，資料とともに出題されています。

**●歴史**…あるテーマにそって，古代から近代・現代までの歴史が総合的に出題されています。設問は基礎的な内容がほとんどですが，図や写真，地図，年表の読み取り，記述問題などもあり，さまざまな角度から歴史を見ていく必要があります。特に各時代の重要な事件や人物については，しっかり理解しておきましょう。

**●政治**…憲法や国際政治がテーマとして多く出題されていますが，大きな災害や戦争をはじめ身近な環境問題，時事的な問題もふくめた総合問題です。難問ではありませんが，広い視野から考える力や自分の考えをしっかり述べる記述力も必要です。

## ◆対策～合格点を取るには？～

はば広い知識が問われていますが，問題のレベルは標準的ですから，まず，基礎を固めることを心がけてください。教科書のほか，説明がていねいでやさしい標準的な参考書を選び，基本事項をしっかりと身につけましょう。

地理分野では，地図とグラフが欠かせません。つねにこれらを参照しながら，白地図作業帳を利用して地形と気候をまとめ，そこから産業のようすへと広げていってください。本校は，地理分野の出題が少なめですが，最低限の知識についてはおさえておきましょう。

歴史分野では，教科書や参考書を読むだけでなく，自分で年表をつくって覚えると学習効果が上がります。できあがった年表は，各時代，各分野のまとめに活用できます。本校の歴史の問題にはさまざまな分野が取り上げられていますから，この作業はおおいに威力を発揮するはずです。

政治分野では，日本国憲法の基本的な内容と三権についてはひと通りおさえておいた方がよいでしょう。また，時事問題については，新聞やテレビ番組などでニュースを確認し，国の政治や経済の動き，世界各国の情勢などについて，ノートにまとめておきましょう。

# 理科 出題傾向＆対策

### ◆基本データ(2024年度１次)

| | |
|---|---|
| 試験時間／満点 | 30分／50点 |
| 問題構成 | ・大問数…７題<br>・小問数…26問 |
| 解答形式 | 記号選択，適語(数値)の記入に加え，１～２行程度の記述や作図も見られる。 |
| 実際の問題用紙 | Ａ４サイズ，小冊子形式 |
| 実際の解答用紙 | Ａ３サイズ |

| 分野＼年度 | | 2024 | | 2023 | | 2022 | |
|---|---|---|---|---|---|---|---|
| | | １次 | ２次 | １次 | ２次 | １次 | ２次 |
| 生命 | 植物 | ★ | ★ | ★ | ★ | ★ | ★ |
| | 動物 | ★ | | ○ | | | ★ |
| | 人体 | | ★ | ★ | | ★ | |
| | 生物と環境 | | | | ★ | | |
| | 季節と生物 | | | | | | |
| | 生命総合 | | | | | | |
| 物質 | 物質のすがた | | ★ | | | | |
| | 気体の性質 | | | ○ | | | |
| | 水溶液の性質 | ★ | | ★ | ★ | ★ | ★ |
| | ものの溶け方 | | ★ | ★ | | | ★ |
| | 金属の性質 | | | | | | |
| | ものの燃え方 | ★ | | | | | |
| | 物質総合 | | | | | | |
| エネルギー | てこ・滑車・輪軸 | ★ | | ★ | | ★ | |
| | ばねののび方 | | | | ★ | | |
| | ふりこ・物体の運動 | | ★ | | | | ★ |
| | 浮力と密度・圧力 | | | | | ★ | |
| | 光の進み方 | | | | | | |
| | ものの温まり方 | | | | ★ | | |
| | 音の伝わり方 | | | | | | |
| | 電気回路 | | ★ | ★ | ★ | ★ | |
| | 磁石・電磁石 | ★ | | | | | ★ |
| | エネルギー総合 | | | | | | |
| 地球 | 地球・月・太陽系 | ★ | | | | ★ | |
| | 星と星座 | | | ★ | | | |
| | 風・雲と天候 | | ★ | | | | |
| | 気温・地温・湿度 | | | | | | ★ |
| | 流水のはたらき・地層と岩石 | | | | ★ | | |
| | 火山・地震 | | | | | | |
| | 地球総合 | | | | | | |
| 実験器具 | | | | | | ○ | |
| 観察 | | | | | | | |
| 環境問題 | | | | | ○ | | |
| 時事問題 | | | | | | | |
| 複数分野総合 | | | | | | | |

※　★印は大問の中心となる分野をしめします。

### ◆出題傾向と内容

中学入試全体の流れとして，「生命」「物質」「エネルギー」「地球」の各分野をバランスよく取り上げる傾向にありますが，本校の理科もそのような傾向をふまえています。どの分野の問題も，基礎的なものがほとんどです。また，小問数は多めですが，問題を解くのに時間のかかるものは，あまり出されません。

**●生命**…人の誕生，うでの曲げのばし，メダカ，消化，花のつくり，光合成，種子の発芽と成長などが出題されています。

**●物質**…鉄と塩酸の反応，ものの溶け方，気体の発生，燃焼，水溶液の性質などが取り上げられています。

**●エネルギー**…てこのつり合い，おし縮められた空気，ふりこ，電気回路と電流の大きさ，電流による磁界などが出されています。力に関するものが続けて出されています。

**●地球**…雲画像と天気の変化，月の運動と見え方，日食，天気と気温の変化，星の動きなどが出題されています。

### ◆対策～合格点を取るには？～

本校の理科は，各分野からまんべんなく基礎的なものが出題されていますから，基礎的な知識をはやいうちに身につけ，そのうえで，問題集で演習をくり返すのがよいでしょう。

「生命」は，身につけなければならない基本知識の多い分野です。動物やヒトのからだのつくり，植物のつくりと成長などを中心に，ノートにまとめながら知識を深めましょう。

「物質」は，気体や水溶液，金属などの性質に重点をおいて学習するとよいでしょう。中和反応や濃度，気体の発生など，表やグラフをもとに計算させる問題にも積極的に取り組むように心がけてください。

「エネルギー」では，計算問題としてよく出される力のつり合いに注目しましょう。てんびんとものの重さ，てこ，輪軸，ふりこの運動，かん電池のつなぎ方や豆電球の明るさなどについての基本的な考え方をしっかりマスターし，さまざまなパターンの計算問題にチャレンジしてください。

「地球」では，太陽・月・地球の動き，季節と星座の動き，天気と気温・湿度の変化，地層のでき方，地震などが重要なポイントです。

# 国語 出題傾向＆対策

## ◆基本データ（2024年度１次）

| | |
|---|---|
| 試験時間／満点 | 50分／100点 |
| 問題構成 | ・大問数…４題<br>文章読解題２題／知識問題２題<br>・小問数…29問 |
| 解答形式 | 記号選択と書きぬき，記述問題から構成されている。記述問題には字数制限のあるものとないものがある。 |
| 実際の問題用紙 | Ａ４サイズ，小冊子形式 |
| 実際の解答用紙 | Ａ３サイズ |

## ◆出題傾向と内容

**▶近年の出典情報（著者名）**
説明文：真山　仁　出口治明　丸山俊一
小　説：額賀　澪　森島いずみ　小川雅子

**●読解問題**…説明文・論説文，小説・物語文から１題ずつ出されます。なかでも説明文・論説文は，正確に読み取る力，筋道を立てて考える力に重点をおいた内容です。設問は，接続語を選んだり，指示語の内容をぬき出したり，本文中の表現を使って記述したり，内容に合うものを選んだりするものが多く見られます。

**●知識問題**…はじめの大問は漢字の書き取りと読みです。また，短文作成は２問出されます。指定される語句は，日常でもよく目にすることが多いことば（慣用句や故事成語）が中心です。ことばの知識と，主語と述語がきちんと対応した整った文が書けるかがためされています。

## ◆対策～合格点を取るには？～

入試で正しい答えを出せるようにするためには，なるべく多くの読解問題にあたり，出題内容や形式に慣れることが大切です。問題集に取り組むさいは，指示語の内容や接続語に注意しながら，文章がどのように展開しているかを読み取ること。答え合わせをした後は，漢字やことばの意味を辞書で調べるのはもちろん，正解した設問でも解説をしっかり読んで解答の道すじを明らかにしておきましょう。

知識問題については，分野ごとに，短期間に集中して覚えるのが効果的です。ただし，漢字については，毎日少しずつ学習するとよいでしょう。

| 分野 ＼ 年度 | | | 2024 | | 2023 | | 2022 | |
|---|---|---|---|---|---|---|---|---|
| | | | １次 | ２次 | １次 | ２次 | １次 | ２次 |
| 読解 | 文章の種類 | 説明文・論説文 | ★ | ★ | ★ | ★ | ★ | ★ |
| | | 小説・物語・伝記 | ★ | ★ | ★ | ★ | ★ | ★ |
| | | 随筆・紀行・日記 | | | | | | |
| | | 会話・戯曲 | | | | | | |
| | | 詩 | | | | | | |
| | | 短歌・俳句 | | | | | | |
| | 内容の分類 | 主題・要旨 | ○ | ○ | ○ | ○ | ○ | ○ |
| | | 内容理解 | ○ | ○ | ○ | ○ | ○ | ○ |
| | | 文脈・段落構成 | ○ | ○ | | ○ | ○ | ○ |
| | | 指示語・接続語 | ○ | ○ | ○ | ○ | ○ | ○ |
| | | その他 | ○ | ○ | ○ | ○ | ○ | ○ |
| 知識 | 漢字 | 漢字の読み | ○ | ○ | ○ | ○ | ○ | ○ |
| | | 漢字の書き取り | ★ | ★ | ★ | ★ | ★ | ★ |
| | | 部首・画数・筆順 | | | | | | |
| | 語句 | 語句の意味 | ○ | ○ | ○ | ○ | ○ | ○ |
| | | かなづかい | | | | | | |
| | | 熟語 | | | | | | |
| | | 慣用句・ことわざ | | | ○ | | | ○ |
| | 文法 | 文の組み立て | | | | | | |
| | | 品詞・用法 | | | | | | |
| | | 敬語 | | | | | | |
| | 形式・技法 | | | | | | | |
| | 文学作品の知識 | | | | | | | |
| | その他 | | | | | | | |
| | 知識総合 | | | | | | | |
| 表現 | 作文 | | | | | | | |
| | 短文記述 | | ★ | ★ | ★ | ★ | ★ | ★ |
| | その他 | | | | | | | |
| 放送問題 | | | | | | | | |

※　★印は大問の中心となる分野をしめします。

カコを追いかけ
ミライをつかめ
「今の説明、もう一回」を何度でも
web過去問
ストリーミング配信による入試問題の解説動画
もっと古いカコモンないの？
カコ過去問
「さらにカコの」過去問をHPに掲載（DL）
声の教育社
詳しくはこちらから

# 2024 年度　聖セシリア女子中学校

【算　数】〈第１次試験〉（50分）〈満点：100点〉

注意事項　１．円周率は3.14を使用しなさい。
　　　　　２．定規・コンパス・分度器は使用できません。

**1**　次の $\square$ にあてはまる数を入れなさい。

（１）$90 \div 15 + 2 \times 15 - 8 = \square$

（２）$\dfrac{4}{5} + \dfrac{3}{4} \times \dfrac{2}{3} - 1 = \square$

（３）$1.23 \times 300 + 12.3 \times 20 - 123 \times 4 = \square$

（４）$\left(1\dfrac{1}{4} + \dfrac{11}{14} \div \dfrac{2}{7}\right) \div 1\dfrac{1}{4} - 1\dfrac{1}{3} = \square$

（５）$\dfrac{1}{15} + \left(2\dfrac{1}{4} \div 12.375 \times 2\dfrac{3}{4}\right) = \square$

（６）$\dfrac{5}{12} \div \square \times \dfrac{4}{15} = \dfrac{2}{3}$

（７）原価に２０％の利益を見込んで定価をつけましたが、売れなかったので、定価から１０％引きにしたところ１１８８円となりました。この商品の原価は $\square$ 円です。

**2**　次の各問いに答えなさい。また、答えを求めるときの式も書きなさい。

（１）妹が毎分１００ｍの速さで家を出発し、１２分後に姉が毎分２５０ｍの速さで家から追いかけます。姉が妹に追いつくのは、姉が出発してから何分後ですか。

（２）入園料が子供ひとり８００円、大人ひとり１５００円の遊園地で、子供と大人合わせて１２人の入園料の合計が１１７００円となりました。子供は何人いましたか。

（３）ある遊園地の１日の入園者数は大人と子供合わせて１４０７０人でした。大人の入園者数の $\frac{1}{3}$ と子供の入園者数の $\frac{1}{4}$ が等しいとき、大人の入園者は何人でしたか。

（４）Ａ，Ｂ，Ｃの３人で遊園地に行き、Ａは入園料、Ｂは乗り物料金、Ｃは昼食代をそれぞれ３人分まとめて支払いました。翌日３人は１人分の費用が同じになるように、ＡはＢに５０円支払い、ＣはＢに５００円支払いました。３人の入園料、乗り物料金、昼食代の合計が８２５０円のとき、３人の乗り物料金の合計はいくらでしたか。

**3**　次の各問いに答えなさい。

（１）右の図で、角Ｘの大きさを求めなさい。

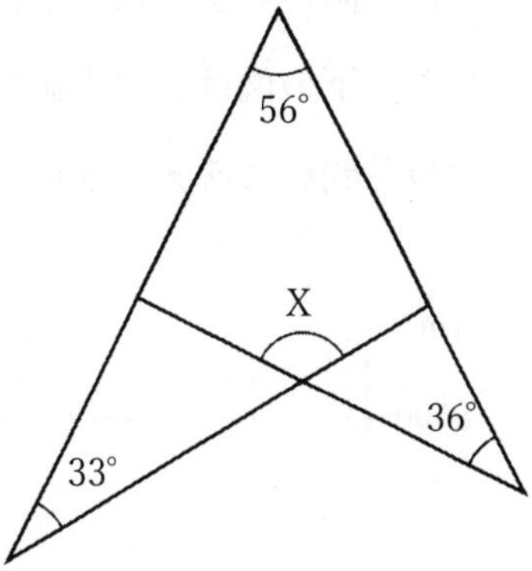


（２）右の図で、斜《しゃ》線部分の面積を求めなさい。

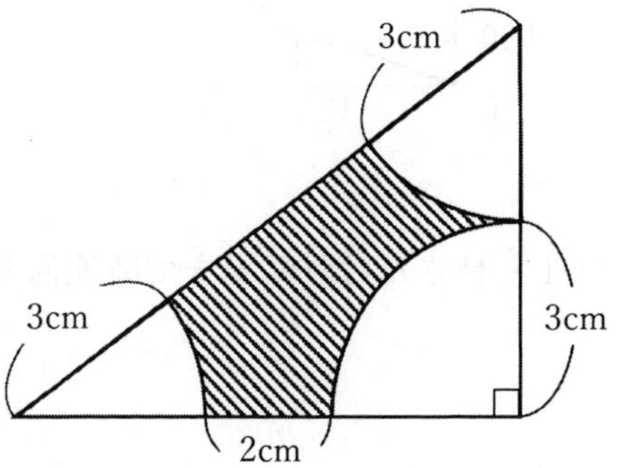


（３）右の図で、直線 $\ell$ を軸《じく》として１回転させたときにできる立体の体積を求めなさい。

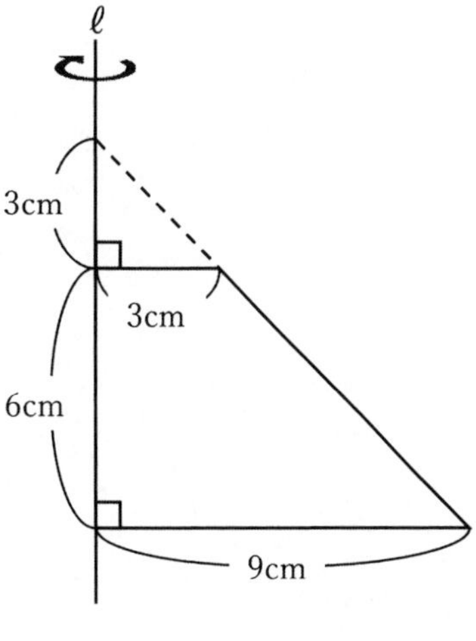

**4** 林さんは自宅から９００m先にある駐《ちゅう》輪場まで歩き、その後自転車で時速１２kmで学校へ向かいました。学校で用事を済ませた後、帰りは時速１５kmで家に向かいました。下の図は、家を出てからの時間と家からの距離をグラフに表したものです。次の各問いに答えなさい。

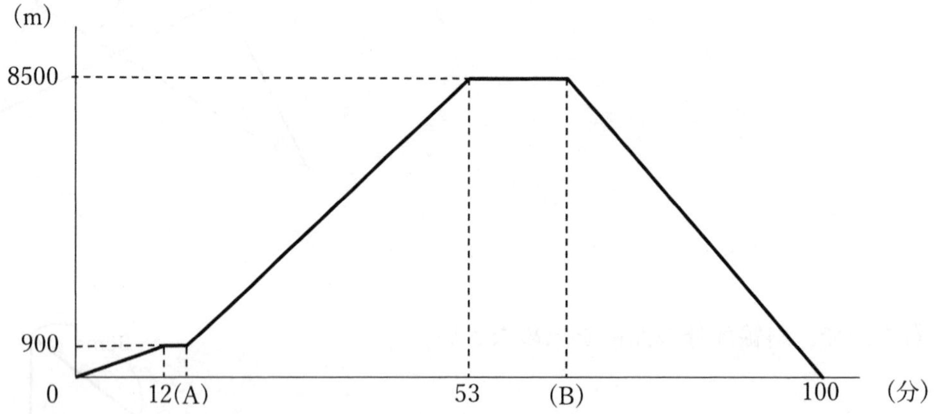


（１）林さんは駐輪場まで時速何kmで歩きましたか。

（２）(A)と(B)にあてはまる数をそれぞれ求めなさい。

（３）家から４５００mの場所を通過するのは家を出てから何分後と何分後ですか。

**5** 収穫《かく》した「なす」、「きゅうり」、「とうもろこし」の３種類の野菜を次のように並べました。このとき、次の各問いに答えなさい。

・・・

（１）はじめから４９番目の野菜は何かを答えなさい。

（２）「なす」が５０本になるのははじめから何番目ですか。

（３）はじめから６００番目までに「とうもろこし」は何本ありますか。

（４）はじめから６００番目までの野菜をＡ子さんとＢ子さんで分けます。はじめの３００本はＡ子さんが取り、残りの３００本はＢ子さんが取ります。このとき、Ａ子さんはＢ子さんより、何の野菜が何本多いかを答えなさい。

**【社　会】**〈第１次試験〉（30分）〈満点：50点〉

〈編集部注：実物の試験問題では，写真はカラー印刷です。〉

**1**　2023 年５月 15 日、文化庁の機能の一部が東京から京都に移転しました。文化庁は文部科学省の下に置かれている役所で、その役割のひとつが、重要文化財や国宝、史跡《しせき》などを指定し、保護することです。世界遺産への登録の推薦《すいせん》も文化庁の役割のひとつです。それらの遺産をもとに日本の歴史を振《ふ》り返ってみましょう。

問１．今から１万年前ごろ、日本列島に住んでいる人々は初めて土器を作るようになりました。右の写真はそうした土器のひとつで、国宝に指定されています。この時代の土器を何とよぶか答えなさい。

問２．今から２千数百年前ごろ、九州地方北部に新しい文化が伝わりました。その新しい文化は社会のしくみを大きく変え、むらがくにに発展していく大きな力となりました。下の写真は佐賀県の吉野ヶ里遺跡《よしのがりいせき》で、特別史跡に指定されています。この遺跡の説明としてあやまっているものを次のア～エより１つ選び、記号で答えなさい。

ア．この遺跡からは当時の集落が堀《ほり》やさくで囲まれていたことがうかがわれる。

イ．この遺跡からは当時の日本人がまだ金属を知らなかったことがうかがわれる。

ウ．この遺跡から発見されたものから、この時代が戦乱の時代であったことがうかがわれる。

エ．この遺跡の時代の日本の様子が中国の歴史書に書かれている。

問３．日本列島の統一が進むにつれて王の力も大きくなり、自分のために大きな古墳《こふん》を造らせるようになります。

＜写真１＞

＜写真２＞

（１）＜写真１＞は群馬県の古墳から発見された、よろいを着た男性の埴輪《はにわ》で、国宝に指定されています。こうした埴輪から当時がどのような時代であったことが想像できますか。簡単に答えなさい。

（２）＜写真２＞は日本最大の古墳で、この古墳を含《ふく》む古墳群が世界文化遺産に登録されています。このような形の古墳を何とよぶか、漢字５字で答えなさい。

問４．国宝は戦前からありましたが、1949 年にある寺院が火災にあったことがきっかけとなって新しい法律が定められ、国宝も新たに再指定されました。右の写真は火災にあった寺院の建物です。

（１）この寺院が建てられた時代の説明として正しいものを次のア～エより１つ選び、記号で答えなさい。

ア．それまで天皇とよばれていた大和朝廷《やまとちょうてい》の王は、この頃《ころ》から大王《おおきみ》とよばれるようになったと考える説がある。

イ．冠位《かんい》十二階が定められ、それまでの能力重視をやめて家柄《いえがら》や血筋を重視して役人を取り立てることにした。

ウ．大和朝廷は小野妹子を元《げん》に派遣《はけん》し、優れた政治の制度や文化を取り入れた。

エ．憲法十七条が定められ、役人の政治を行うときの心構えが示された。

（２）この寺院の建物はどのような点で高く評価されていますか。それを表した次のことばの□□にあてはまる語句を答えなさい(□１つには漢字１字が入ります)。

| 世界ア□□のイ□□建築 |
|---|

問５．大化の改新後、日本では中央政府が日本全国を治める国家づくりが進み、８世紀から12世紀にかけて奈良や京都を中心に栄えました。

（１）右の写真は奈良の東大寺に残されている建物で、国宝に指定されています。

①　この建物には奈良時代に世界各地から伝えられたものが納められていました。その例としてふさわしくないものを次のア～エより１つ選び、記号で答えなさい。

ア．
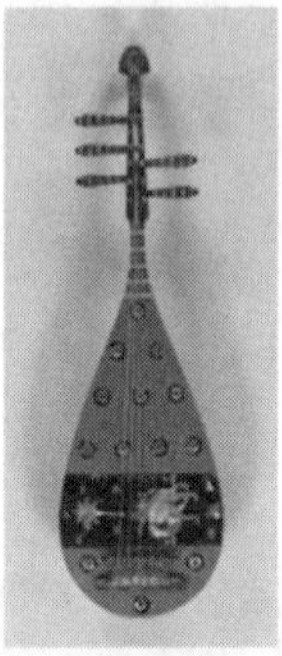

イ．

ウ．

エ．

②　この建物は湿度《しつど》の高い日本の気候への対応をよく考えた造りになっています。断面が三角形の木材を組んで壁《かべ》をつくるこの造りを何というか答えなさい。

（２）右の写真は京都府の宇治市にある建物で、国宝に指定され、世界文化遺産にも登録されています。この建物が建てられたころの日本の様子を説明した文として正しいものの組み合わせを次のア～エより１つ選び、記号で答えなさい。

ａ．遣唐使《けんとうし》が取りやめになったことによって日本風の文化が生まれた。
ｂ．天皇の命令で国ごとに国分寺が建てられた。
ｃ．「南無阿弥陀仏《なむあみだぶつ》」と唱えさえすれば、死後極楽浄土《ごくらくじょうど》に行けるという教えが広まった。
ｄ．農民たちは政府から割り当てられた土地を耕し、税として米を地方の役所に納めた。

＜正しいものの組み合わせ＞

ア．ａ・ｂ　　イ．ａ・ｃ　　ウ．ｂ・ｄ　　エ．ｃ・ｄ

（3）平安時代の後半には地方に武士が現れ、やがて大きな力をもって土地や人々を支配するようになりました。

① 平泉《ひらいずみ》を中心に 100 年にわたって栄えたのが藤原氏です。右の写真は藤原氏がのこした建物や仏像で国宝に指定されており、世界文化遺産にも登録されています。平泉の場所を下の地図のア～カより１つ選び、記号で答えなさい。

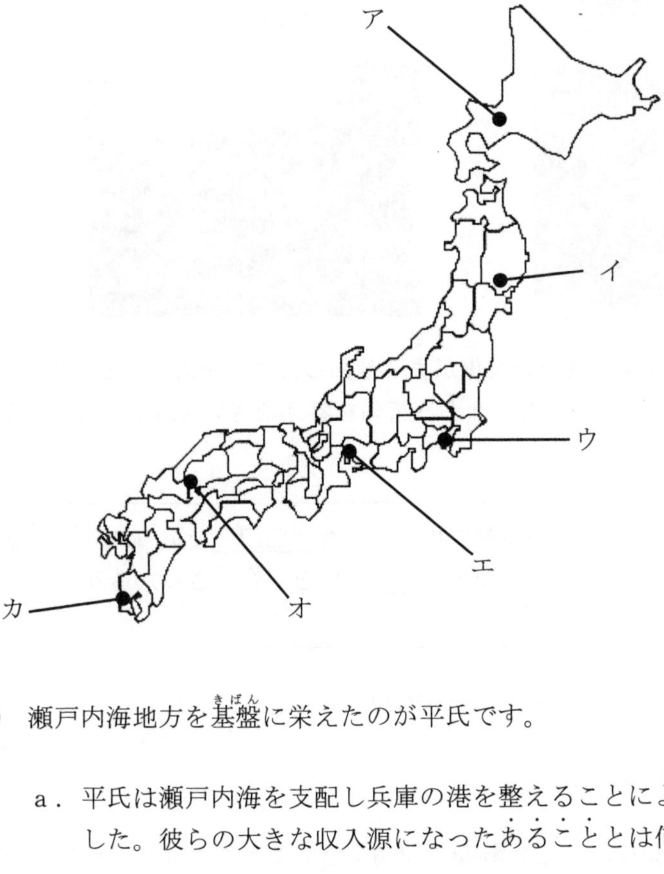


② 瀬戸内海地方を基盤《きばん》に栄えたのが平氏です。

ａ．平氏は瀬戸内海を支配し兵庫の港を整えることによって、新たにあることを始めました。彼らの大きな収入源になったあることとは何か答えなさい。

ｂ．右の写真は、平氏の人々が一族の繁栄《はんえい》と海上の安全を祈《いの》って「ある神社」に納めたもので、国宝に指定されています。世界文化遺産にも登録されているその神社の場所を上の地図のア～カより１つ選び、記号で答えなさい。

問６．鎌倉幕府の成立以後、貴族に代わって武士が政治を動かすようになりました。

（１）右の写真は鎌倉の北東の方角にある朝夷奈《あさいな》切通しで、史跡に指定されています。この写真からもわかるように鎌倉は三方を山に囲まれ、一方は海に面しています。源頼朝が幕府を開くにあたって鎌倉を選んだ理由のひとつがこの地形だといわれています。頼朝はこの地形にどのような利点があると考えたのか、簡単に説明しなさい。

（２）下の＜写真１＞と＜写真２＞は室町時代を代表する建物で、ともに国宝に指定され、世界文化遺産にも登録されています。

＜写真１＞

＜写真２＞

①　＜写真１＞の建物は、貴族の文化と武士の文化がまじりあったことをよく示しています。そのことを説明した次の文の□□□にあてはまる語句を答えなさい（□１つには漢字１字が入ります)。

| |
|---|
| この建物は、第１層が平安時代の貴族の屋敷《やしき》で用いられたァ□□□で造られ、第２層がァ□□□と、武士が好み今の和室のもととなったィ□□□とが合わさった造りになっている。 |

②　＜写真２＞の建物が建てられたころ、大きな戦乱が起こりました。

ａ．この大きな戦乱を何といいますか。

ｂ．この大きな戦乱が日本の歴史に与《あた》えた影響《えいきょう》の説明文としてあやまっているものを次のア～エより１つ選び、記号で答えなさい。

ア．この戦乱によって京都の町は焼け、荒廃《こうはい》した。
イ．この戦乱をおさめた幕府の力は急速に強まった。
ウ．この戦乱をきっかけに戦国時代とよばれる世の中に移っていった。
エ．この戦乱をきっかけに地方に移り住んだ貴族たちによって都の文化が地方に伝えられた。

問７．16 世紀末になると国内の統一が進み、やがて江戸幕府が開かれて 260 年あまり日本を支配しました。

（１） 右の写真は安土城跡の写真で、特別史跡に指定されています。この城を建てた人物について問いに答えなさい。

① この人物の名を答えなさい。

② この人物について述べた次の各文の正誤の組み合わせとして正しいものを次のア～エより１つ選び、記号で答えなさい（正しいものは○、誤っているものは×）。

ａ．各地で検地や刀狩《かたながり》をおこなった。
ｂ．将軍を追放し、室町幕府を滅《ほろ》ぼした。
ｃ．キリスト教を保護し、布教を認めた。
ｄ．武士が百姓《ひゃくしょう》や町人になることや、百姓が武士や町人になることを禁止した。

＜正誤の組み合わせ＞

ア．ａ＝×　ｂ＝○　ｃ＝○　ｄ＝×　　イ．ａ＝×　ｂ＝○　ｃ＝×　ｄ＝○
ウ．ａ＝○　ｂ＝×　ｃ＝×　ｄ＝○　　エ．ａ＝○　ｂ＝○　ｃ＝○　ｄ＝×

（２）右の写真は栃木県にある神社の門で、国宝に指定されるとともに世界文化遺産にも登録されています。この神社にまつられている人物は江戸幕府を開きました。この人物および江戸時代について、問いに答えなさい。

① この人物の名を答えなさい。

② 江戸時代は初期と末期を除いて鎖国《さこく》の時代でした。江戸幕府が鎖国をおこなった目的を１つあげなさい。

③ 右の写真は中山道の奈良井宿《ならいじゅく》で、当時の宿場《しゅくば》の様子がうかがわれる街並みと建物が残っており、重要伝統的建造物群保存地区に指定されています。このような宿場は各街道に４～５里程度の距離《きょり》をおいて置かれ、整備されました。その目的のひとつが当時大名たちが江戸と国元を１年ごとに行き来する制度でした。この制度を何といいますか。

④　江戸時代、庶民《しょみん》にとって演劇・音楽・絵画などはくらしのなかの大きな楽しみでした。江戸時代の庶民の楽しみとしてふさわしくないものを次のア～エより１つ選び、記号で答えなさい。

ア.

イ.

ウ.

エ.

⑤　右の写真は『古事記』の研究で有名な本居宣長《もとおりのりなが》の旧宅《きゅうたく》で、特別史跡に指定されています。彼が大きく発展させた、日本の古典にもとづいて日本人の本来の考え方や生き方を学ぶ学問を何といいますか。次のア～エより１つ選び、記号で答えなさい。

ア．儒学《じゅがく》　　イ．国学《こくがく》　　ウ．蘭学《らんがく》　　エ．心学《しんがく》

問８．開国により西洋の文化を取り入れた日本は全力をあげて近代国家づくりにはげみ、急速な成長をとげていきました。

＜写真１＞

＜写真２＞

＜写真３＞

（１）＜写真１＞は日本の急速な成長を支えたある輸出品を大量生産するための近代的な工場で、国宝に指定されているとともに世界文化遺産にも登録されています。ある輸出品とは何か、漢字２字で答えなさい。

（２）＜写真２＞は新しい工場の建設、発電、舟《ふね》による物資の運搬《うんぱん》などのために滋賀県から京都に引いた水路で、1890 年に完成し、現在では史跡に指定されています。この水路が水を引いている滋賀県の湖の名を答えなさい。

（３）＜写真３＞の建物は長崎県の炭坑の跡で、世界文化遺産に登録されています。ここで産出されたものは「黒いダイヤ」とよばれ、日本の発展をエネルギーの面から支えました。この「黒いダイヤ」と海外からの鉱石を用いて重工業の土台となるものを生産した、福岡県の工場の名を答えなさい。

**2**　2023年５月19日から21日までの期間でＧ７サミットが日本で開催《かいさい》されました。Ｇ７サミットは主要国首脳会議ともよばれ、日本を含む世界の主要７カ国が毎年おこなっている国際会議です。目まぐるしく変わる国際情勢に対応していくために話し合いがおこなわれ、過去のサミットで話し合われた内容を見ると、その時の国際情勢を知ることができます。ここからは、過去日本でおこなわれたサミットと、今回の広島サミットの協議内容を確認し、世界情勢の変化や現在の世界の課題について見ていきましょう。

問１．2008年、北海道の洞爺湖《とうやこ》でサミットがおこなわれ、地球温暖化問題が重要な協議事項《じこう》となりました。この時期世界では地球温暖化や気候変動への対策が話し合われ、その後、ＳＤＧｓ(持続可能な開発目標)も定められました。

（１）Ｇ７サミット参加国について説明した下の文章を読み、あてはまる国を地図中ア～エより１つ選び、記号で答えなさい。

| |
|---|
| ヨーロッパに位置する国であり、面積は24.3万平方キロメートル、人口は6708万人(2020年現在)である。この国は産業革命が始まった国として知られており、19世紀頃の世界を引っ張る存在だった。2020年にはＥＵ(ヨーロッパ連合)から離脱《りだつ》したり、2023年には前国王が亡くなって新たな国王の戴冠式《たいかんしき》がおこなわれたりしたことが話題となった。 |

（２）ＳＤＧｓを説明した文としてあやまっているものを次のア～エより１つ選び、記号で答えなさい。

ア．ＳＤＧｓは2015年の国連サミットで決議された。
イ．ＳＤＧｓは2030年までの目標として掲《かか》げられている。
ウ．ＳＤＧｓの理念は「だれひとり取り残さない」である。
エ．2023年の時点で日本のＳＤＧｓ達成度は世界の上位５位に入っている。

問２．2016 年には三重県で伊勢志摩《いせしま》サミットが開催されました。このサミットでは、世界経済の成長を進めるために女性のキャリア形成が重要項目としてあげられました。下の写真は日本において女性の参政権が認められて初めておこなわれた選挙の様子です。日本で女性の参政権が認められたのはいつですか。正しいものを次のア～エより１つ選び、記号で答えなさい。

ア．1945 年　　イ．1955 年　　ウ．1965 年　　エ．1975 年

問３．2023 年のサミットは日本の広島で開催されました。今回のサミットには、紛争《ふんそう》といった対立ではなく、協調を目指すというテーマがありました。

（１）今回のサミットの重要課題の一つに「核《かく》軍縮・不拡散」があります。日本は世界で唯一《ゆいいつ》核兵器の被害《ひがい》にあった国であり、広島はその被害を実際に受けた都市です。広島に核兵器である原子爆弾《ばくだん》が投下されたのは1945年の何月何日か答えなさい。

（２）世界ではロシアによるウクライナ侵略《しんりゃく》に代表されるように、現在でも多くの紛争がおこっています。紛争や政治上、宗教上の理由などで生活と命がおびやかされ、住んでいた土地から国外へ逃《のが》れた人々のことを何というか答えなさい。

（３）下の写真は国際連合が戦争・紛争の予防や調停のためにおこなっている活動で、それに日本の自衛隊が参加している様子です。この活動を何というか答えなさい。

（４）広島サミットの重要なテーマにはほかにも「グローバル・サウスへの関与《かんよ》の強化」があります。グローバル・サウスとは新興国や発展途上国《とじょうこく》のことをいいますが、日本がこれらグローバル・サウスの発展のためにおこなっている政府開発援助《えんじょ》のことを何といいますか。アルファベット３文字で答えなさい。

（５）あなたはこれからの世界にどのようなことが必要だと考えますか。また、今の自分にはどのようなことができるか考えて書きなさい。

**【理　科】**〈第１次試験〉（30分）〈満点：50点〉

注意事項：定規・コンパス・分度器は使用できません。

**1**　ホウセンカを使って、植物と空気との関わりについて次の実験を行いました。下の問いに答えなさい。

〔実験〉

① ある晴れた日の朝、切り込みを入れたふくろをホウセンカにかぶせ、切り込みからふくろの中にストローで息を吹き込んだ。

② ふくろの中の二酸化炭素と酸素の量を気体検知管で調べ、切り込みをふさいだ。

③ 日当たりの良い場所にしばらく置いたあと、②と同様にして、ふくろの中の酸素と二酸化炭素の量を調べた。

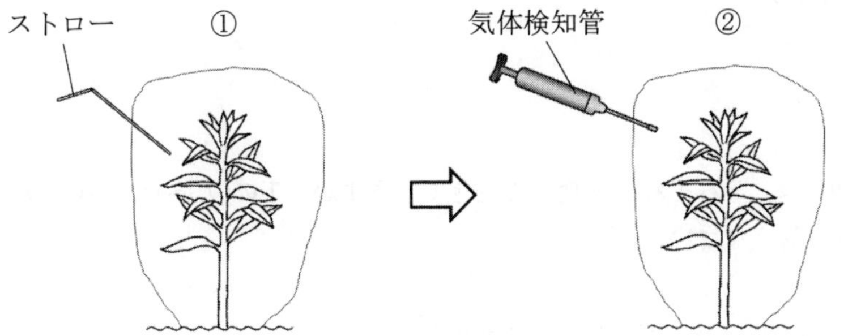


〔結果〕

| | 二酸化炭素の量 | 酸素の量 |
|---|---|---|
| 実験② | 約５％ | 約１６％ |
| 実験③ | 約３％ | 約１８％ |

問１．結果から、日光を当てたときにホウセンカが出す気体は、二酸化炭素と酸素のどちらですか。

問２．ホウセンカに日光を当てたときにつくられたものは何ですか。ただし、問１の気体と水は除きます。

問３．実験の後、切り込みをふさいでからホウセンカを一晩置き、早朝に再び気体検知管で二酸化炭素と酸素の量を調べました。実験③の結果と比べて、量が多くなっている気体は二酸化炭素と酸素のどちらですか。

問４．問３のような結果になったのは、植物が何を行ったからだと考えられますか。

問５．森林が成長すると、密集した木を切ってまばらにする「間ばつ」という作業が行われます。この作業は植物にとって、どのような良い効果があると考えられるかを説明しなさい。

**2**　シオカラトンボとモンシロチョウについて、次の問いに答えなさい。

問１．モンシロチョウは、卵→幼虫→さなぎ→成虫と姿を変えます。この育ち方を何といいますか。

問２．モンシロチョウは幼虫の間に何回、皮をぬぎますか。

問３．シオカラトンボと同じ育ち方をする生物はどれですか。次の(ア)～(エ)から一つ選び、記号で答えなさい。

(ア) カイコガ
(イ) ショウリョウバッタ
(ウ) アゲハチョウ
(エ) クワガタムシ

問４．次の①・②の幼虫は、それぞれ何を食べて生きていますか。下の(ア)～(カ)からそれぞれ一つずつ選び、記号で答えなさい。

① シオカラトンボ　　　　② モンシロチョウ

(ア) クワの葉
(イ) ミカンの葉
(ウ) アブラムシ
(エ) イトミミズ
(オ) キャベツの葉
(カ) 水草

**3** 同じ濃《こ》さの水酸化ナトリウム水溶液《すいようえき》と塩酸を、混ぜた水溶液について調べました。下の問いに答えなさい。

〔実験１〕
表のような水溶液をつくり、青色リトマス紙と赤色リトマス紙にそれぞれつけて、色の変化を調べた。

| 水溶液 | A | B | C | D | E |
|---|---|---|---|---|---|
| 水酸化ナトリウム水溶液 | 40mL | 20mL | 30mL | 60mL | 5mL |
| 塩酸 | 20mL | 30mL | 30mL | 5mL | 60mL |

〔結果１〕

| 水溶液 | A | B | C | D | E |
|---|---|---|---|---|---|
| 青色リトマス紙 | 変化なし | 赤色に変化 | ③ | 変化なし | ④ |
| 赤色リトマス紙 | ① | ② | 変化なし | 青色に変化 | 変化なし |

〔実験２〕
実験１でつくった水溶液Ａ～Ｅをムラサキキャベツ水溶液に加え、色の変化を調べた。

〔結果２〕

| 水溶液 | A | B | C | D | E |
|---|---|---|---|---|---|
| ムラサキキャベツ水溶液 | 緑色 | うすい赤色 | むらさき色 | 黄色 | 赤色 |

問１．結果１の①～④にあてはまる言葉を、次の(ア)～(ウ)からそれぞれ一つずつ選び、記号で答えなさい。同じ記号を２回用いても構いません。

（ア）赤色に変化　　（イ）青色に変化　　（ウ）変化なし

問２．水溶液Ａ、Ｃ、Ｅの性質を、次の(ア)～(ウ)からそれぞれ一つずつ選び、記号で答えなさい。

（ア）酸性　　（イ）中性　　（ウ）アルカリ性

問３．水溶液ＤとＥを混ぜ、ムラサキキャベツ水溶液に加えると、何色に変化しますか。

**4** ものの燃え方について、次のような実験を行いました。下の問いに答えなさい。

〔実験〕

図のように装置を組み立て、ろうそくに火をつけてしばらく待った。

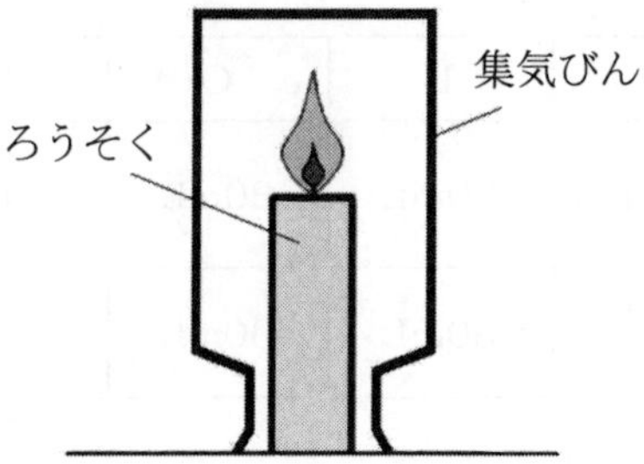


問１．ろうそくの火は、どのように変化すると考えられますか。次の(ア)～(ウ)から一つ選び、記号で答えなさい。

（ア）変化せず、そのまま燃え続ける。
（イ）激しく燃えるようになる。
（ウ）やがて火は消える。

問２．実験の前後で、装置の中に存在する①ちっ素、②酸素、③二酸化炭素の量は、それぞれどのように変化すると考えられますか。次の(ア)～(ウ)から一つずつ選び、記号で答えなさい。

（ア）変化しない。
（イ）増える。
（ウ）減る。

問３．キャンプファイヤーをする時、木はどのように組めばよいですか。次の(ア)と(イ)のどちらか、記号で答えなさい。また、そのような組み方をする理由を説明しなさい。

（ア）

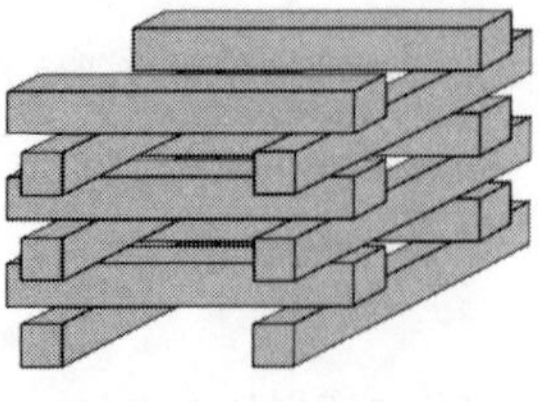

（イ）

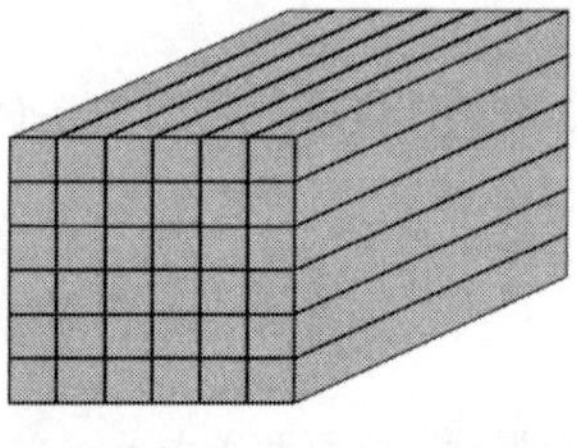

**5**　鉄しんに導線を巻いて、次のような電磁石《でんじしゃく》をつくりました。下の問いに答えなさい。

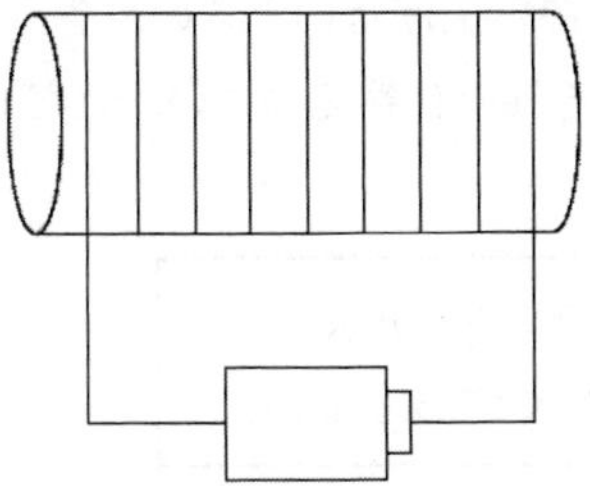

（ア）１００回巻き

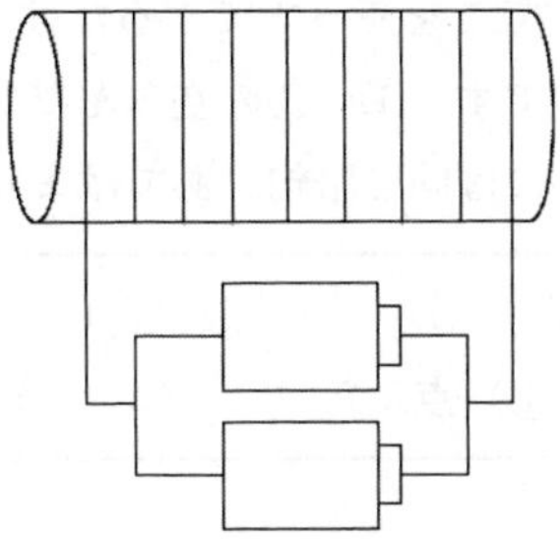

（イ）１００回巻き

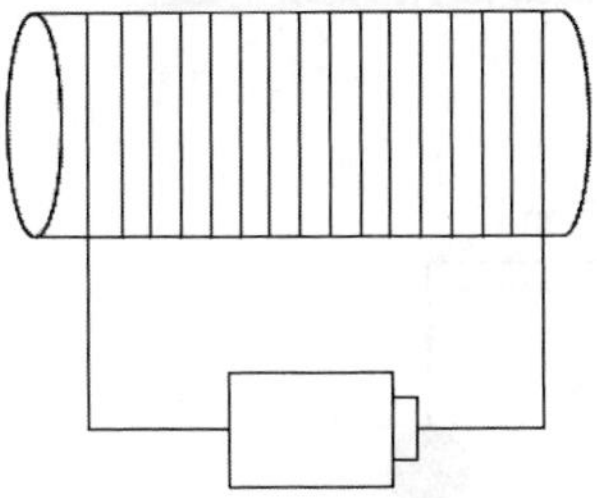

（ウ）２００回巻き

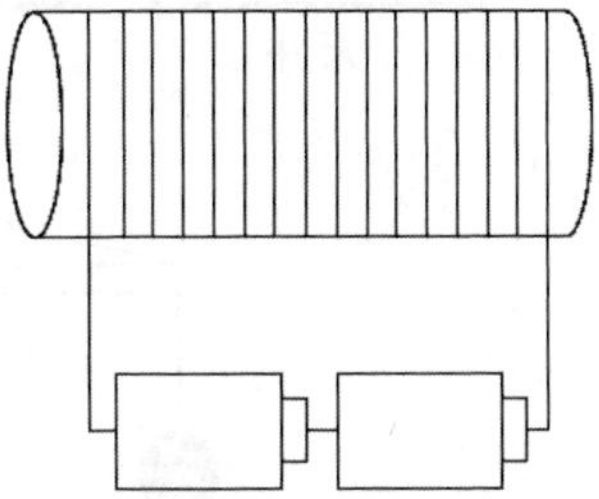

（エ）２００回巻き

問１．次の①、②の関係を調べるには、図の(ア)～(エ)のうち、何と何を比べるのが最もよいですか。

① 電流の大きさと電磁石の強さの関係
② コイルの巻き数と電磁石の強さの関係

問２．最も強い電磁石はどれですか。図の(ア)～(エ)から一つ選び、記号で答えなさい。

問３．強さがほとんど同じ電磁石は、図の(ア)～(エ)のうち、何と何ですか。

問４．ゴミ処理場では、大きな鉄のかたまりを、強力な電磁石を使って運んでいることがあります。
鉄を運ぶのに、磁石よりも電磁石を使うと便利なのはなぜですか。説明しなさい。

**6**　てこについて、次の問いに答えなさい。

問１．次の文章は、てこを使ってできるだけ小さい力でものを持ち上げたいときの、各点の位置関係を表したものです。①～③の空らんにあてはまる語句をそれぞれ答えなさい。ただし、同じ記号の空らんには同じ語句があてはまります。

（　①　）点から（　②　）点までの長さを短くし、
(①) 点から（　③　）点までの長さを長くするとよい。

問２．次の図のように、天井から糸でつるした棒におもりをつけると、棒は水平になりました。おもりＸの重さは何gですか。

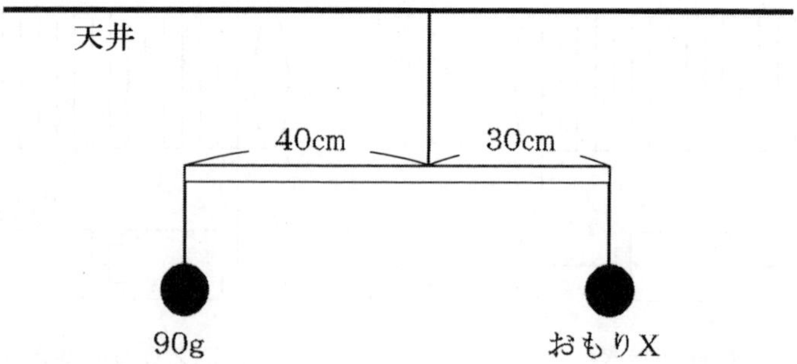


問３．次の図のように、実験用てこにおもりをつるしたとき、右うでが下にかたむくものはどれですか。図の(ア)～(カ)からすべて選び、記号で答えなさい。ただし、てこのとなり合う穴の間の長さはすべて等しいものとします。

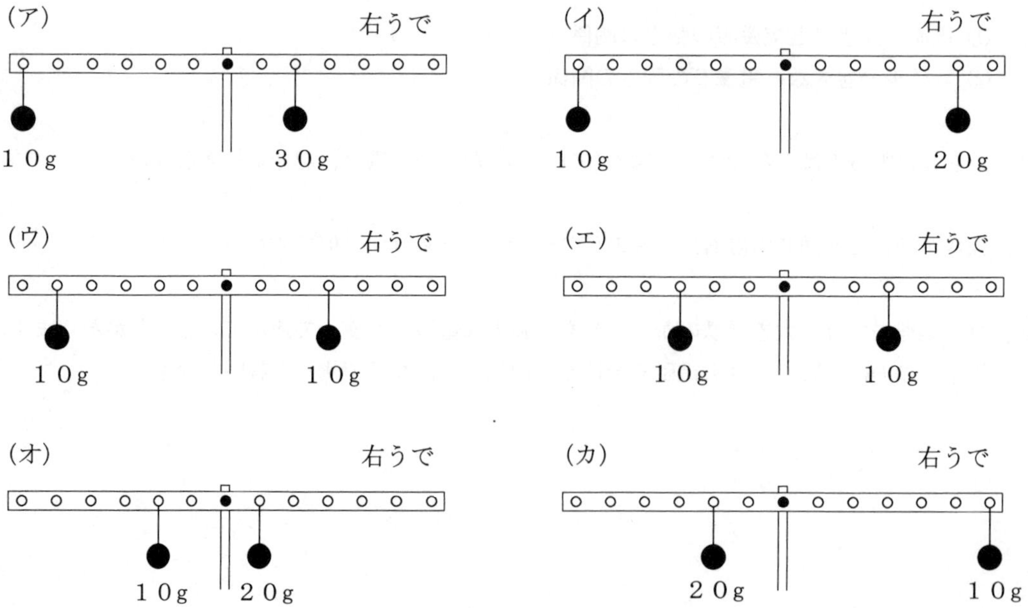

問４．次の図のように、実験用てこの右うでにおもりがつるしてあります。左うでのどこに１０gのおもりを 1 つつるせば、水平に保つことができますか。てこの穴（○）を、下の例のように、解答用紙に矢印で示して答えなさい。ただし、てこのとなり合う穴の間の長さはすべて等しいものとします。

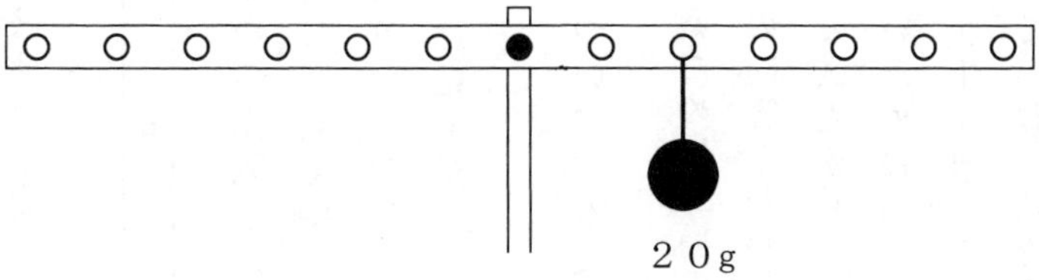


（例）

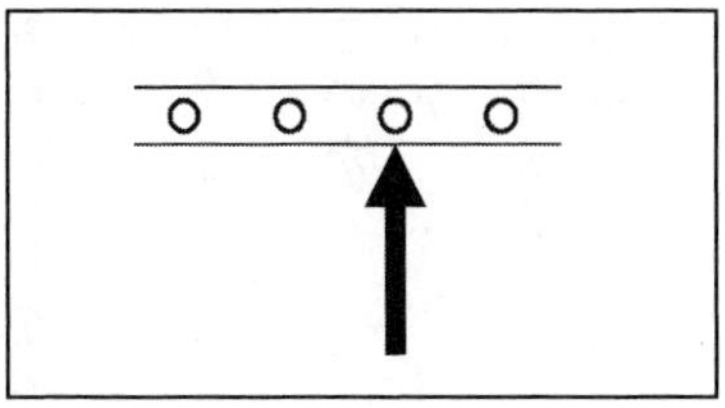

**7**　次の図は、月のいろいろな見え方を示したものです。下の問いに答えなさい。

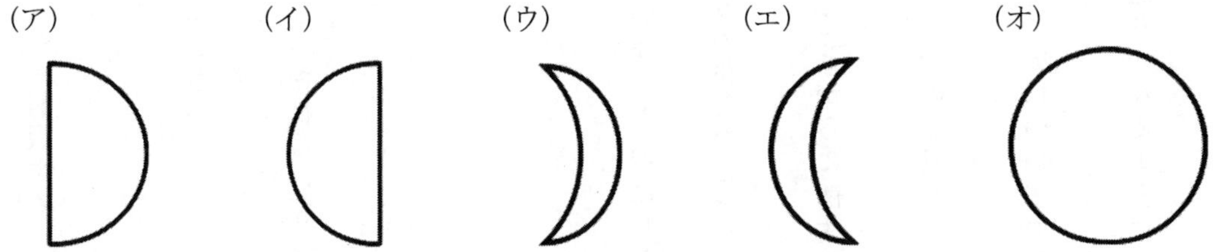


問１．図の(オ)は、満月を示しています。一日の中で、満月が最も高い位置に見えるのは、どの方角にあるときですか。

問２．図の(ア)〜(オ)の月を、満月から月の見え方が変わる順番に並べかえなさい。

問３．月の表面には、たくさんの「くぼみ」があります。この「くぼみ」は何とよばれていますか。

問五　――線②「『翻訳する』」とあるが、「翻訳」という語を辞書で調べると「ある国の言葉で書かれたものを、ほかの国の言葉になおすこと」とあります。この意味にあてはめると、本文での「翻訳する」とはどうすることになるか。四十字以内でわかりやすく答えなさい。

問六　――線③「それ」が指す内容を本文から十五字でぬき出して答えなさい。

問七　空らん［　E　］にあてはまる表現として、もっともふさわしいものを次から選び、記号で答えなさい。

ア　自分と異なる意見を持っているのが
イ　自分と同じ意見を持っているのが
ウ　相手がどういう意見を持っているかが
エ　なぜその意見を持っているのかが

問八　次の１～５について、本文の内容と合っているものはＡ、合っていないものはＢと答えなさい。

１　相手を知るために互いの趣味を語り合うことは役に立つが、自分の得意なことに対してどんなにくわしく話しても、相手がその内容をわからなければ、理解には至らない。

２　仲の良い友人だからといっても、その人が経験したことのないことがらに関する話をしても、相手は実感することができないため共感には結びつかない。

３　コミュニケーションをするうえで何よりも重要なことは、まず自分の意見を相手に理解してもらえるようにわかりやすく、ていねいに説明することだ。

４　初対面の人とのコミュニケーションをすすめるためには、まず互いについての語り合いを通して相手との接点を探し、共感を深めることが大切である。

５　自分が正しいと思うことを主張し、相手の意見を自分の思い通りになるように変えさせれば、コミュニケーションは成立したことになる。

問一　空らん［Ａ］～［Ｄ］にあてはまる語を次から選び、それぞれ記号で答えなさい。

ア　たとえば　　イ　だから　　ウ　また　　エ　なぜなら　　オ　でも

問二　～～線Ⅰ「曲者」、Ⅱ「稀」の本文中の意味を次から選び、それぞれ記号で答えなさい。

Ⅰ「曲者」

ア　くだらないもの

イ　めんどうくさいもの

ウ　用心すべきもの

エ　むずかしいもの

Ⅱ「稀」

ア　めずらしいこと

イ　あたりまえなこと

ウ　すばらしいこと

エ　すぐれていること

問三　空らん［　　］の部分には、次の１から４の文を並べかえたものが入ります。どのように並べかえたらよいか、その順番を示したものとしてもっともふさわしいものをア～エから選び、記号で答えなさい。

１　相手が話し好きであれば、あなたは聞き手に回りましょう。

２　それによって、コミュニケーションの方法も決まっていきます。

３　すると、第一印象とは異なる相手の素《す》顔《がお》が見えてきます。

４　相手がどういう考えや価値観を持っているのかをじっくり拾い、自分自身の考えや価値観と照らし合わせていきます。

ア　２→３→１→４　　イ　１→４→２→３

ウ　２→１→４→３　　エ　１→４→３→２

問四　――線①「そうなんですが、そうでもない」のはなぜか、その理由としてもっともふさわしいものを次から選び、記号で答えなさい。

ア　よく知らない相手だと、その人を理解するために相手の説明を聞きもらさないようにしなければならないから。

イ　ただ話を聞くだけでなく、そこから自分なりの理解をすることで自分のことのように感じることが必要だから。

ウ　話を聞くことが大事であっても、つい自分のことを理解してほしい気持ちが先走って自分の話になりがちだから。

エ　話を聞く相手によっては、なかなか共通点を見いだしにくく、話を聞くこと自体が無意味なものに思えるから。

イな気分みたいなものかな?」と尋《たず》ねればいいんです。

一瞬、意外そうな顔をされたとしても、あなたがバンド活動をしていると事前に伝えておけば、相手は「そうかも」と共感してくれるかもしれません。

もう一つピンとこないようなら、「③それって、どんな感じ?」と尋ねてくるでしょう。今度はあなたが、自分の興奮を素直に話せばいいんです。

このように少しずつ接点を見つけ、共感を探していくやりとりを重ねると、徐々《じょじょ》に相手への理解が深まっていきます。

相手を理解するというのは、相手と同じ考えを持つことではありません。【D】、理解しただけでは、わかり合えたことになりません。

「理解した」とは、ある分野で【E】わかっただけです。

その結果、同意できる点とできない点が見つかるはずです。

まずは、双方が同じ考えだとわかった点について、相手に伝えましょう。

そのときに共感が生まれます。他人の考えと隅《すみ》から隅まで同じということは、ありえません。でも、すべての価値観が異なるというのもⅡ稀《まれ》なのです。

コミュニケーションを進めるためには、共感が基盤《きばん》となります。その共感を深めることで、互いにわかり合える部分ができる。それを支えに、異なる価値観について意見交換をしていくと、相手を敵視したり、「絶対にわかり合えない」と決めつけたりするのを避《さ》けることができます。

決めつけたり、相手の言葉や考えを遮断《しゃだん》したりする、その瞬間に、コミュニケーションは終わります。

可能な限り、そういう事態を避ける。最終的に理解し合えない点が多いという結論に至ったら、互いの関係をどうしようかと考えればいいのですから。

コミュニケーションを始めた段階で大切なのは、こういう人なんだと認められるだけの情報交換をすること。それで十分です。

（真山 仁『〝正しい〟を疑え!』岩波書店）

自分を知ってもらいたい、意見を聞き入れてもらいたい、その気持ちはわかります。［B］、はやる心を少しこらえて、まずは相手を知る——。

コミュニケーションは、そこから始まります。

①話を聞くだけでコミュニケーションが上手《じょうず》になるなら、誰だってできそう。

そうなんですが、そうでもない。聞き方にコツがあるのです。

たいていの場合、初対面の人の話をすんなり理解するのは難しいものです。生きてきた環境《かんきょう》が違い、そもそもどんな人かもわからないわけですから。何げなく聞いていると、半分も理解できないことがあります。

ただ聞き流しているだけでは、面と向かっていても、相手を知るために聞いているとは言えません。

じゃあ、どうすればいい？

話を聞きながら、脳内で自分の言葉に②「翻訳《ほんやく》する」んです。

［C］、あなたは、スポーツはあまり得意ではなく、友人たちとのバンドでギターを弾《ひ》いているとしましょうか。

話の相手はバレーボールに夢中で、アタッカーとして頑張っている人だとします。

仲間がレシーブしトスしたボールを、アタッカーとして打つ瞬間《しゅんかん》の緊張《きんちょう》と興奮を話してくれます。相手の口調から、アタックの瞬間をいかに素晴《すば》らしいと感じているかはわかりますが、漠然《ばくぜん》としたものです。

そこで、相手の興奮をギターを演奏している自分自身に置き換《か》えてみてください。

アタックの瞬間とは、ライブ中にあなたがギターのソロ演奏を務めるとき、に近いのではないでしょうか。

そう考えると、その興奮が一気に「自分ごと」として感じ取れます。

相手の話を、自分が理解できる言葉や風景に置き換える、これを「自分語にする」と定義しましょう。その瞬間、あなたと相手は急接近します。

これこそが、私の言う「聞く」ことなのです。

そんなの難しそうだな、と思うかも知れませんね。自分語への翻訳が正しいかどうかもわからないし。

そんなときは、話の切れ目を見計らって、「私はバレーボールのことはよくわからないんだけど、ギターでソロ演奏するハ

**四**　**次の文章を読み、あとの問いに答えなさい。**

コミュニケーション能力、いわゆる「コミュ力」とは、弁が立つことだと考えている人が多いと思います。

言葉で相手を納得《なっとく》させたり、時には言い負かす力がある、そういうイメージですね。

でも、それは間違《まちが》いです。

言葉巧《たく》みに相手を誘導《ゆうどう》する人を見ると、羨《うらや》ましいと思うかもしれませんが、この「言葉巧み」というのがI曲者《くせもの》です。

早口でまくし立てたり、相手の反論を徹底的《てっていてき》につぶしたりする人は、議論では勝てても、相手の信頼《しんらい》を得られないことがあります。［　A　］、自分の主張を押《お》しつけているだけだからです。

そもそもコミュニケーションとは、一方通行ではありません。自分と他者が意見を交換《こうかん》して、理解し合うことです。

つまり、言いくるめられるのとは別次元の「納得」がなければ、コミュニケーションが成立したことにはなりません。

そのために重要なのは、話す力ではなく、実は聞く力なのです。

「聞き上手は、話し上手」と、昔から言われています。それには理由があります。

コミュニケーションの第一歩は、相手がどういう人かを知り、何を考えているのか探《さぐ》ることです。

自分の考えと同じ点、違う点がわからなければ、双方《そうほう》が納得できるやりとりは成立しませんからね。

そのために、まず相手の話を聞きます。

でも、引っ込《こ》み思案で積極的に話さない人もいますよね。その場合は、あなたから話を切り出してみましょう。

そのときに心がけるのは、相手を知るための質問です。自己紹介《しょうかい》から始めるのもいいでしょうが、それは相手が話しやすい雰囲気《ふんいき》をつくるためです。

いきなり議論や意見交換を始めようとはしないでください。互いについて語り合い、相手を知ることに徹します。

コミュニケーションを苦手だと感じるのは、この準備を怠《おこた》っている場合が多いようです。

問五　――線⑤「それは先生だって同じです」とはどういうことか。「先生も」の書き出しに続けて、三十字以内で答えなさい。

問六　――線⑥「子どものわたしにすらわかっていたこと」とあるが、その内容としてあてはまらないものを次から二つ選び、記号で答えなさい。

ア　今の合唱クラブではコンクールに出ても結果はだせないということ。
イ　穂乃花の部長としてのふるまいはとてもきびしかったということ。
ウ　先生は部長としての穂乃花が怖くて何も言えなかったということ。
エ　長谷川先生も練習ではいつもきびしい姿勢だったということ。
オ　合唱部員の欠席が多いのは、穂乃花にも責任があるということ。

問七　□に入る表現としてもっともふさわしいものを次から選び、記号で答えなさい。

ア　愉快《ゆかい》な気持ち　　イ　清々《すがすが》しい気持ち　　ウ　動揺《どうよう》する気持ち　　エ　興奮する気持ち

問八　――線⑦「くっきりとしていた入道雲の青い輪郭が、にじんで、ゆれた」のはなぜか、わかりやすく答えなさい。

問九　本文から読みとることのできる「わたし（真子）」の人物像として、もっともふさわしいものを次から選び、記号で答えなさい。

ア　責任感が強く、どんな困難なことがあっても人にたよらず、自分の力で切り開いていこうとする前向きな女の子。
イ　注意深く考え、まわりの意見に耳をかたむけるが、自分のやりたいことには消極的になってしまう女の子。
ウ　正義感が強く、人の気持ちをよく考え理解できるが、自分の意見をつらぬくことのできない弱さもある女の子。
エ　気が強く負けずぎらいであり、間違っていると思ったことは、まわりを気にすることなく主張できる女の子。

問二　――線①「息を殺して」、②「しびれを切らした」の本文中の意味を次から選び、それぞれ記号で答えなさい。

①「息を殺して」
ア　呼吸がしにくくて苦しくなる
イ　息を止めるようにじっとする
ウ　息もしないほど夢中になる
エ　非常におどろいてはっとする

②「しびれを切らした」
ア　困りはててしまった
イ　落ち着きはらっていた
ウ　助けを求めようとした
エ　がまんできなくなった

問三　――線③「隠さないで言いなよ」とあるが、芽衣は、だれが、何を「隠して」いるのではないかと疑っているのか、わかりやすく答えなさい。

問四　――線④「背中にナイフをつきつけられて、脅されているみたいだった」という表現についてクラスの生徒が話し合っている。この中で、もっとも正しいことを言っている生徒はだれか、記号で答えなさい。

Aさん　何人もの部員がズル休みをしてしまうくらい、合唱クラブがまとまっていないことに今まで気がつかないでいたことを知って、先生があわてているって感じだね。
Bさん　穂乃花がきびしすぎる指導をしてしまう性格であることを見ぬけないで、部長という役割につけてしまったことを今になって失敗したなと先生は思っているんだよ。
Cさん　先生が注意しているというのに穂乃花の答え方があまりに弱々しく、先生の言いたいことが伝わっていないのではないかと、なんだかイライラしている感じもするよね。
Dさん　クラブがきびしすぎて、クラブを休んだり、学校に来られない生徒がいることを周りからも言われ、先生自身の指導にも原因があるのかもしれないと思いはじめて心が落ち着かないんじゃないの。
Eさん　このままコンクール当日になってしまうと、部員数が少なくて合唱がなりたたなくなってしまうため、部員を引き留めることに必死になっているんだよ。

「長谷川先生も？」
「先生だって人間だもの。生まれたときから〈先生〉って特別な生き物だったんじゃなくて、真子ちゃんと同じ、ただの子どもの延長線上にいるんだよ。もちろん、わたしもね」
「子どもの、延長線上……」
「だから、まちがったことをしちゃうこともあるの。そういうときはちゃんと、『先生、それはまちがってます』って言っていいんだよ」
ニコッと笑って、「じゃあね」と先生は保健室に向かって行く。
「明日、先生も半地下合唱団のステージ、見にいくから」
南先生に「さよーなら」と一礼して、先生の姿が見えなくなってからも、わたしはしばらく、その場にたたずんでいた。
開け放たれた昇降口のドアから、とても爽《さわ》やかな香りの風が吹《ふ》きこんできた。
風に導かれるように外に出て、空を見上げた。
空飛ぶお城のような大きな入道雲が浮《う》かんでいて、数日前に梅雨《つゆ》が明けたことを、わたしは思い出した。
自分がどれだけ臆病《おくびょう》で、卑怯《ひきょう》だったか、空の青さと雲の白さに思い知らされた気がした。
このままじゃダメだ。何とかしないと。どうしよう、どうしよう。何が問題なのか見えていたくせに、いつも「でも……」と行動を起こさない理由を探してた。
長谷川先生や穂乃花を怒らせたらまずいから。クラブのメンバーとの関係にひびが入ったら嫌だから。練習の空気をもっと悪くしてしまうかもしれないから。わたしが行動しても、何も変わらないかもしれないから。
何もできなかったんじゃない。何もしないまま、春を迎《むか》えて、梅雨が始まって、夏が来てしまった。
⑦くっきりとしていた入道雲の青い輪郭《りんかく》が、にじんで、ゆれた。ソフトクリームがとけるみたいに、雲がゆがむ。
目元に両手を持っていって、一度だけ、強く強くこすった。

（額賀 澪『ラベンダーとソプラノ』岩崎書店）

問一　空らん［Ａ］～［Ｄ］にあてはまる語を次から選び、それぞれ記号で答えなさい。

ア　グッと　　イ　ちらりと　　ウ　はっきり　　エ　がっくり　　オ　ビクリと

大きく喉《のど》を鳴らしてから、わたしは続けた。
「わたしは」
先生とわたしの身長は、ほとんど一緒だ。目線の高さも同じ。だから、お互《たが》いの顔が、目が、正面からよく見えた。
先生の目は、穴ぼこが開いたみたいにぼんやりとした色をしていた。
「わたしは、合唱が好きだし、みんなで全国大会で金賞が取りたいし、練習だって頑張《がんば》ってやりたいと思ってます。でも、今の合唱クラブは大嫌《だいきら》いです」
大きく息を吸い、ステージを下りた。びっくりさせてしまったかもしれない。［　D　］周囲を見たら、声も上げずに泣いている子が何人かいた。いきなり大声を出して、びっくりさせてしまったかもしれない。

体育館のすみっこにおいてあった手さげカバンをかかえて、体育館を出た。
誰も、わたしを呼び止めなかった。

「お、真子ちゃんだ」
昇降口《しょうこうぐち》でくつに履《は》き替《か》えていたら、職員室からちょうど南先生が出てきた。
「合唱の練習は？　もう終わったの？」
「怒って飛び出してきちゃいました」
正直に言っても、南先生は驚《おどろ》かなかった。「へえ、そっか」と笑顔《えがお》まで見せた。
「このままクラブやめちゃうのかな、わたし」
不思議だった。やめたくない気持ちと、やめちゃうのかなという予感が、きれいに半分ずつある。悲しいとかくやしいとか怖いではなく、［　　　　］と一緒《いっしょ》に。
「そのわりには、スッキリした顔をしてるね」
南先生には、わたしの胸の中が見えているらしい。
「言いたいことがやっと言えたから。何とかなるような気がするんです」
「そうだね。言いたいことを言うって、難しいけど大事なことだよ」
――長谷川先生もね。
ぽつりと続けた南先生に、わたしは「え？」と顔を上げた。

長谷川先生は、人形のようにぎこちない動きで、穂乃花を見た。

「横山《よこやま》穂乃花さん、あなたが下級生にきびしすぎるのが心の傷になってしまってるって、そうおっしゃる親御さんがいるんだけど」

「……え？」

穂乃花の声は、か細かった。声というか、吐《と》息《いき》みたいだった。

「わたしのせい、ですか？」

「本人だけじゃなくて親御さんまでそう言ってるんだから、あなたも自分の言葉や行動を反省して。後輩《こうはい》に指導するのは大切だけど、まさか部長だからって、いじめみたいなことをしてるんじゃないでしょうね？　菅野《かんの》さんが教室に来られないのも、担任の先生から合唱クラブのせいだって言われてるんだから——」

先生の話し方はとても静かだ。なのに焦《あせ》りがにじんでいる。④背中にナイフをつきつけられて、脅《おど》されているみたいだった。

「ちょっと待ってください！」

気がついたら叫《さけ》んでいた。お腹《なか》の底から言葉があふれて、口から飛び出した。

大きく一歩、長谷川先生の前に進み出た。

「穂乃花はきびしかったし、みんな穂乃花が怖かったと思います。わたしも怖かったです。でも、⑤それは先生だって同じです。先生だって穂乃花がやってることをわかってて、ずっと何も言ってなかったじゃないですか！」

穂乃花の部長としてのふるまいは、きびしくて険しくて、行き過ぎだった。

でもそれは、先生が練習できびしいことばかりを言って、穂乃花に「あなたが部長としてちゃんとやりなさい」と言ってきたからだ。

「穂乃花が全然悪くないわけじゃないけど、でも……いまさら、全部全部、穂乃花のせいにするのはひどいです。先生は大人なんだから、いくらでも解決する方法があったはずなのに」

でも——どうしよう、どうしようと思いながら何もできなかったわたしも、同罪だ。言いながら、胸の奥《おく》がずきりと痛んだ。

先生に何を言われるのか。もしかしたら引っぱたかれるんじゃないかと、身がまえた。

でも、先生は動かなかった。まばたきもせず、わたしを見ていた。

⑥もしかして、図星なの？

子どものわたしにすらわかっていたことが、どうして先生にわからないの？

アルトパートの美結は、泣きそうな顔で「わかんないです……」と首を横に振《ふ》った。

「本当にわかんないの？」

質問を重ねる穂乃花に、わたしとこの前もめたばかりの芽衣が「③隠《かく》さないで言いなよ」と、まるで犯人を尋問《じんもん》するような口調で参戦する。

「……昨日、ちょっと具合が悪そうでした」

「体調不良で休んでるってこと？」

穂乃花が一歩、美結に近づく。美結の肩《かた》が［A］震《ふる》えて、わたしはあわてて二人の間にわって入った。

「連絡もらってないって言ってるんだから、美結にこれ以上聞いたってしょうがないよ」

「他人事《ひとごと》みたいな顔で言わないでよ。パートリーダーの真子は何も聞いてないの？」

「何も聞いてないよ。体調不良かもしれないし、どうしても外せない用事があったのかもしれないでしょ？」

「なら、休むって連絡をすればいい話じゃない」

「具合が悪いから休みますって連絡できないくらい、長谷川《はせがわ》先生や、わたしたちが怖《こわ》いってことじゃないの？」

言った瞬間《しゅんかん》、穂乃花の目が赤く光ったように見えた。

ビンタするなら、してみろ。

奥歯《おくば》に［B］力を入れた瞬間、体育館に長谷川先生が入ってきた。

穂乃花は一瞬だけ頬《ほお》を強《こわ》ばらせたけれど、いつも通り号令をかけようとした。

ところが、長谷川先生は「いいから」とそれを止めてしまう。

「八人、休んでるよね？」

穂乃花の横に立った長谷川先生は、呆《あき》れていた。

眉《まゆ》をハの字に下げて、肩を［C］落としていた。

「さっき、それぞれのお家《うち》から連絡がありました。男子五人は体調不良で休み」

「先生、その五人は絶対にズル休みです」

早速《さっそく》、葵が言いつけた。本当のところはわからないけれど、昨日の勇人の「はいはい、ごめんなさーい」というふて腐《くさ》れた態度を思い出すと、たぶんズル休みなんだろう。

「残りの三人は、親御《おやご》さんから『クラブをやめたい』という連絡がありました」

**三**　**次の文章を読み、あとの問いに答えなさい。**

わたし（真子《まこ》）の所属する小学校の合唱クラブは全国コンクールにいつも出場していた。先生に指名され部長になった穂乃花《ほのか》を中心に、金賞をとらなければという強い気持ちがいつしか合唱クラブ部員をしばりつけ、部員の心がバラバラになっていった。そんなとき真子は、商店街の小学生からおとなたちまで個性豊かなメンバーが参加する「半地下合唱団」の存在を知り、楽しく好きな歌を好きに歌う場として通うようになる。

コンクールの県予選まで一週間を切った。今が一番大事なときだ。

たった一週間だけど、残された時間でびっくりするくらい、うまくなれるんだって、去年、一昨年《おととし》のコンクールを経験したわたしは知ってる。

なのに、集合時間をすぎても、八人が体育館に現れなかった。

三十人の合唱クラブのうち八人がいないと、パートごとに整列しても穴ぼこが目立つ。勇人《ゆうと》を始めとした男子のメンバーが、みんな来ていない。

「勇人たち、嫌《いや》がらせしてるんだよ」

「昨日、自主練サボったのを、わたしたちが怒《おこ》ったから、仕返しにサボってるんでしょ、サイテー」

芽衣《めい》と葵《あおい》が、そんなことを言い合っている。

一言発せられるたび、どんどん体育館の空気はよどんでいく。

「いない子から連絡《れんらく》をもらってる人は手を挙げて」

前に立つ穂乃花がみんなを見回して言ったけれど、手を挙げる子はいない。本当は連絡をもらってるけど、この空気じゃ、名乗り出ることができないのかもしれない。

「誰《だれ》もいないの？」

後ろから誰かにこづかれているような、よゆうのない声で穂乃花は聞いた。でも、体育館は①息を殺してシーンとするばかりだ。

「②ねえ、美結《みゆ》はアカリと仲いいよね？　何か聞いてないの？」

しびれを切らした穂乃花が、姿を見せないメンバーと仲良しの子に聞く。

# 2024年度 聖セシリア女子中学校

## 【国　語】〈第一次試験〉（五〇分）〈満点：一〇〇点〉

注意事項：解答するときは、なるべく漢字を使用しなさい。

**一** **次の――線のカタカナを漢字に直し、漢字は読み方を答えなさい。**

1　産地から野菜をタクハイする。
2　自国のリョウドだと主張する。
3　ソウギョウ五十年のデパート。
4　ヨクアサには雨がやむだろう。
5　キシベを散歩する。
6　所得に合わせてカゼイされる。
7　兄はタンサン飲料が好きだ。
8　夏に河原で遊ぶ。
9　みんなの期待に応える。
10　月が湖に映る。

**二** **例にならって、次の１、２について、それぞれの条件を満たした短文を一文で作りなさい。なお、ことばの順番を変えたり、活用（文の流れの中でことばの形を変化させること）させたりしてもかまいません。**

例　「さほど」、「及《およ》ぶ」ということばを使った主語・述語の整った文。

　　私の兄は世界記録更新《こうしん》を期待された選手であったが、さほど結果が出ず、記録更新には及ばなかった。

1　「やむをえない」、「天気」ということばを使った主語・述語の整った文。
2　「頭が下がる」、「他者」ということばを使った主語・述語の整った文。

2024年度

# 聖セシリア女子中学校 ▶解説と解答

## 算　数　＜第１次試験＞（50分）＜満点：100点＞

### 解　答

**1** (1)　28　(2)　$\frac{3}{10}$　(3)　123　(4)　$1\frac{13}{15}$　(5)　$\frac{17}{30}$　(6)　$\frac{1}{6}$　(7)　1100円

**2** (1)　８分後　(2)　９人　(3)　6030人　(4)　3300円　**3** (1)　125度　(2)　$9.87cm^2$

(3)　$734.76cm^3$　**4** (1)　時速4.5km　(2)　(A)　15　(B)　66　(3)　33分後，82分後

**5** (1)　きゅうり　(2)　218番目　(3)　265本　(4)　なす／２本多い

### 解　説

**1　四則計算，計算のくふう，逆算，売買損益**

(1)　$90\div15+2\times15-8=6+30-8=36-8=28$

(2)　$\frac{4}{5}+\frac{3}{4}\times\frac{2}{3}-1=\frac{4}{5}+\frac{1}{2}-1=\frac{8}{10}+\frac{5}{10}-1=\frac{13}{10}-\frac{10}{10}=\frac{3}{10}$

(3)　$A\times B+A\times C=A\times(B+C)$となることを利用すると，$1.23\times300+12.3\times20-123\times4=1.23\times300+1.23\times10\times20-1.23\times100\times4=1.23\times300+1.23\times200-1.23\times400=1.23\times(300+200-400)=1.23\times100=123$

(4)　$\left(1\frac{1}{4}+\frac{11}{14}\div\frac{2}{7}\right)\div1\frac{1}{4}-1\frac{1}{3}=\left(1\frac{1}{4}+\frac{11}{14}\times\frac{7}{2}\right)\div\frac{5}{4}-1\frac{1}{3}=\left(\frac{5}{4}+\frac{11}{4}\right)\div\frac{5}{4}-1\frac{1}{3}=\frac{16}{4}\div\frac{5}{4}-1\frac{1}{3}=4\times\frac{4}{5}-1\frac{1}{3}=\frac{16}{5}-\frac{4}{3}=\frac{48}{15}-\frac{20}{15}=\frac{28}{15}=1\frac{13}{15}$

(5)　$\frac{1}{15}+\left(2\frac{1}{4}\div12.375\times2\frac{3}{4}\right)=\frac{1}{15}+\left(2\frac{1}{4}\div12\frac{3}{8}\times2\frac{3}{4}\right)=\frac{1}{15}+\left(\frac{9}{4}\div\frac{99}{8}\times\frac{11}{4}\right)=\frac{1}{15}+\left(\frac{9}{4}\times\frac{8}{99}\times\frac{11}{4}\right)=\frac{1}{15}+\frac{1}{2}=\frac{2}{30}+\frac{15}{30}=\frac{17}{30}$

(6)　$\frac{5}{12}\div\square\times\frac{4}{15}=\frac{2}{3}$より，$\frac{5}{12}\div\square=\frac{2}{3}\div\frac{4}{15}=\frac{2}{3}\times\frac{15}{4}=\frac{5}{2}$　よって，$\square=\frac{5}{12}\div\frac{5}{2}=\frac{5}{12}\times\frac{2}{5}=\frac{1}{6}$

(7)　原価を１とおくと，原価の20％は，$1\times0.2=0.2$なので，定価は，$1+0.2=1.2$と表される。また，定価の10％引きは，定価の，$100-10=90$（％）だから，定価の10％引き後の値段は，$1.2\times0.9=1.08$となる。よって，原価の1.08倍が1188円なので，原価は，$1188\div1.08=1100$（円）と求められる。

**2　旅人算，つるかめ算，比の性質，分配算**

(1)　姉が出発するとき，右の図のように，妹は家から，$100\times12=1200$（m）はなれたところにいる。姉が出発した後，２人の間のきょりは１分間に，$250-100=150$（m）ずつちぢまるので，姉が妹に追いつくのは，姉が出発してから，$1200\div150=8$（分後）と求められる。

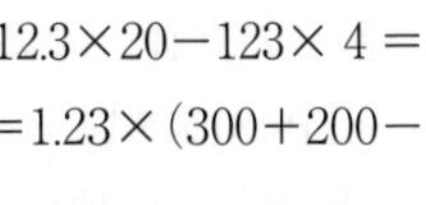


(2)　12人全員が大人とすると，入園料の合計は，$1500\times12=18000$（円）となり，実際よりも，$18000-11700=6300$（円）高い。そこで，大人を子供にかえると，入園料の合計は，１人かえるごとに，$1500-800=700$（円）ずつ安くなるので，子供の人数は，$6300\div700=9$（人）と求められる。

(3)　（大人の入園者数）$\times\frac{1}{3}=$（子供の入園者数）$\times\frac{1}{4}=1$とおくと，大人の入園者数と子供の入園者数の比は，$\left(1\div\frac{1}{3}\right):\left(1\div\frac{1}{4}\right)=3:4$となる。すると，比の，$3+4=7$にあたる人数が14070

人なので，比の１にあたる人数は，14070÷７＝2010(人)となり，大人の入園者数は，2010×３＝6030(人)と求められる。

⑷　費用を同じにしたあとの１人あたりの金額は，8250÷３＝2750(円)である。３人の乗り物の料金の合計，つまり，Ｂが遊園地で支《し》払《はら》った金額はこれより，50＋500＝550(円)多いから，乗り物の料金の合計は，2750＋550＝3300(円)とわかる。

## 3 角度，面積，体積

⑴　右の図１で，★の角の大きさは，三角形ABCの外角から，角Aと角Bの大きさの和に等しいので，56＋33＝89(度)となる。同様に，角$X$の大きさは，三角形CDEの外角から，★の角と角Eの大きさの和に等しいので，89＋36＝125(度)と求められる。

図１

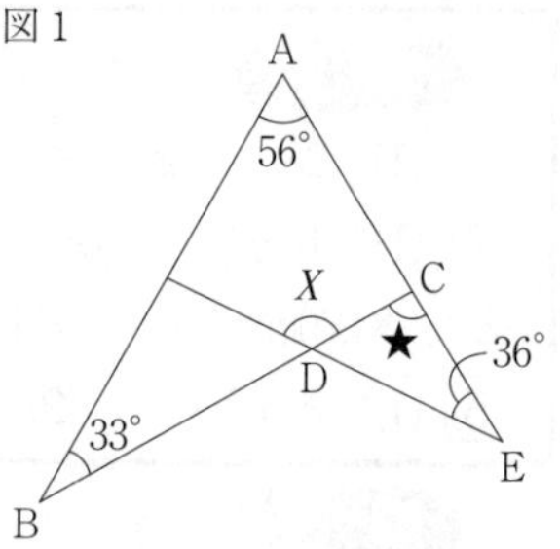


⑵　３個の白いおうぎ形の中心角の和は，三角形の内角の和と等しいので180度である。よって，３個の白いおうぎ形の面積の和は，$3 \times 3 \times 3.14 \times \frac{180}{360} = 14.13$(cm$^2$)とわかる。また，全体の直角三角形の底辺は，２＋３×２＝８(cm)，高さは，３×２＝６(cm)なので，面積は，８×６÷２＝24(cm$^2$)となる。よって，斜線《しゃせん》部分の面積は，24−14.13＝9.87(cm$^2$)と求められる。

⑶　問題文中の図形を，直線$\ell$を軸《じく》として１回転させると，右の図２の立体となる。図２で大きな円すいの底面積は，９×９×3.14＝81×3.14(cm$^2$)，高さは，３＋６＝９(cm)なので，体積は，(円すいの体積)＝(底面積)×(高さ)÷３より，81×3.14×９÷３＝243×3.14(cm$^3$)である。また，小さな円すいの底面積は，３×３×3.14＝９×3.14(cm$^2$)，高さは３cmなので，体積は，９×3.14×３÷３＝９×3.14(cm$^3$)となる。よって，図２の立体の体積は，243×3.14−９×314＝(243−９)×3.14＝234×3.14＝734.76(cm$^3$)と求められる。

図２

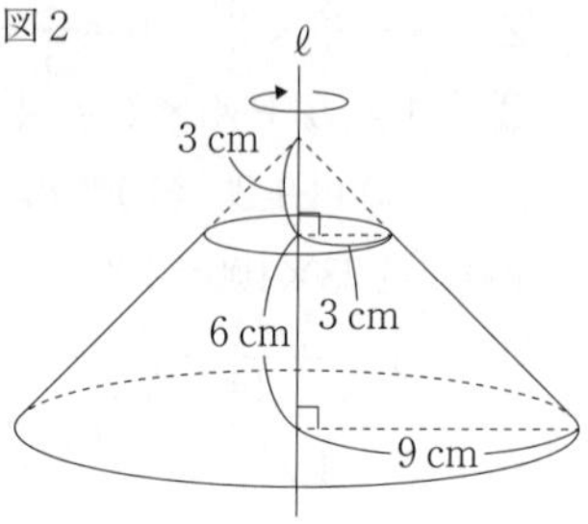


## 4 グラフ―速さ

⑴　右の図で，林さんは12分間で家から駐輪場《ちゅうりんじょう》までの900mを歩いたので，歩く速さは分速，900÷12＝75(m)である。１時間＝60分，１km＝1000mより，分速75mを時速に直すと，時速，75×60÷1000＝4.5(km)となる。

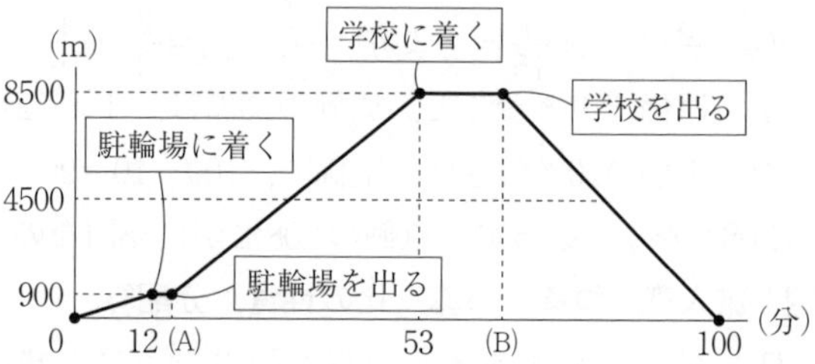


⑵　右上の図より，駐輪場から学校までの道のりは，8500−900＝7600(m)であり，この7600mを時速12kmで進む。時速12kmは分速，12×1000÷60＝200(m)なので，駐輪場を出てから学校に着くまでの時間は，7600÷200＝38(分)となる。すると，家を出てから駐輪場を出るまでの時間は，53−38＝15(分)と求められるので，(A)に当てはまる数は15となる。また，学校を出てから家に着くまで，8500mの道のりを時速15kmの速さで進む。時速15kmは分速，15×1000÷60＝250(m)なので，学校を出てから家に着くまでの時間は，8500÷250＝34(分)である。よって，家を出てから学校を出るまでの時間は，100−34＝66(分)であり，(B)に当てはまる数は66とわかる。

⑶　家から4500mの場所をＰ地点とすると，行きは，駐輪場からＰ地点までの，4500−900＝3600

(m)を分速200mで進むので，駐輪場からＰ地点までかかる時間は，3600÷200＝18(分)とわかる。よって，Ｐ地点をはじめて通過するのは家を出てから，15＋18＝33(分後)とわかる。また，帰りは，Ｐ地点から家までの4500mを分速250mで進むので，Ｐ地点から家までかかる時間は，4500÷250＝18(分)となる。よって，Ｐ地点を２回目に通過するのは家を出てから，100－18＝82(分後)と求められる。したがって，Ｐ地点を通過するのは家を出てから33分後と82分後である。

**５ 周期算**

⑴　野菜は，右の図のように９本を１つの周期として並ぶので，図のように組分けし，組に番号をつける。49番目の野菜は，49÷９＝５あまり４より，５＋１＝６(組)のなかの４番目の野菜なので，きゅうりである。

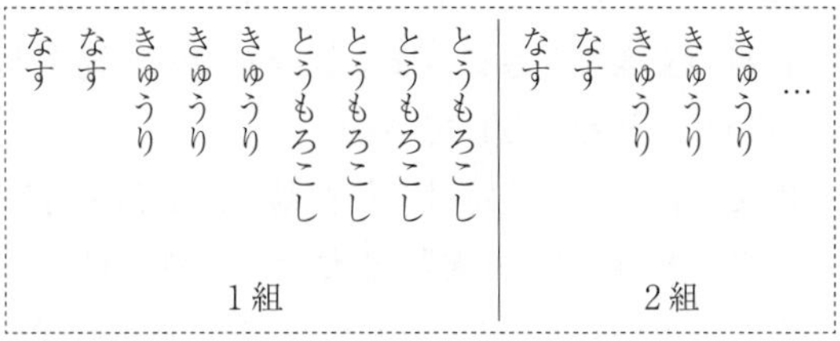


⑵　なすはそれぞれの組に２本あるので，50本目のなすは，50÷２＝25より，25組のなかの２本目のなすである。24組までに野菜は，９×24＝216(本)あるので，50本目のなすは，216＋２＝218(番目)と求められる。

⑶　600番目の野菜は，600÷９＝66あまり６より，66＋１＝67(組)のなかの６番目の野菜である。66組までにとうもろこしは，４×66＝264(本)ある。また，67組では６番目までに１本のとうもろこしがあるので，はじめから600番目までにとうもろこしはあわせて，264＋１＝265(本)ある。

⑷　600番目の野菜は，⑶より，67組のなかの６番目の野菜である。よって，600番目までに，なすは，２×66＋２＝134(本)，きゅうりは，３×66＋３＝201(本)，とうもろこしは265本あり，これが２人が取る野菜の合計である。また，300番目の野菜は，300÷９＝33あまり３より，33＋１＝34(組)のなかの３番目の野菜である。34組の１番目から３番目までの野菜は，なす２本ときゅうり１本なので，はじめから300番目までに，なすは，２×33＋２＝68(本)，きゅうりは，３×33＋１＝100(本)，とうもろこしは，４×33＝132(本)あり，これがＡ子さんが取る野菜である。残りの野菜をＢ子さんが取るので，Ｂ子さんが取る野菜には，なすが，134－68＝66(本)，きゅうりが，201－100＝101(本)，とうもろこしが，265－132＝133(本)ある。したがって，Ａ子さんがＢ子さんより多く取る野菜は，なすだけであり，なすが，68－66＝２(本)多いとわかる。

## 社　会　＜第１次試験＞（30分）＜満点：50点＞

**解　答**

**１** **問１**　縄文土器　**問２**　イ　**問３**　⑴　（例）　戦争が起きていた時代。　⑵　前方後円墳　**問４**　⑴　エ　⑵　**ア**　最古　**イ**　木造　**問５**　⑴　①　ウ　②　校倉造　⑵　イ　⑶　①　イ　②　**a**　（例）　宋との貿易　**b**　オ　**問６**　⑴　（例）　攻められにくく，守りやすいから。　⑵　①　**ア**　寝殿造　**イ**　書院造　②　**a**　応仁の乱　**b**　イ　**問７**　⑴　①　織田信長　②　ア　⑵　①　徳川家康　②　（例）　キリスト教の禁止を徹底すること。（貿易の利益を幕府が独占すること。）（海外の情報を幕府が独占すること。）　③　参勤交代　④　ウ　⑤　イ　**問８**　⑴　生糸　⑵　琵琶湖　⑶　八幡製鉄所

**２** **問１**　⑴　イ　⑵　エ　**問２**　ア　**問３**　⑴　８月６日　⑵　難民　⑶　平和維

持活動　(4)　ODA　(5)　(例)　過去の戦争のことを知り，その悲惨さを後世に伝えていくことが必要だと考える。自分にできることは資料館を見学するなどして，少しでも多く戦争のことを知ることである。

**解　説**

**1　各時代の歴史的なことがらについての問題**

**問１**　今から１万年前ごろは，縄文時代にあたる。縄文時代の人々は，黒褐《かっ》色で厚手《あつで》だがもろく，縄目の文様などさまざまな装飾のついた縄文土器をつくり，食料の煮炊《にた》きや盛りつけ，貯蔵《ちょぞう》などに利用したと考えられている。

**問２**　吉野ヶ里遺跡は，佐賀県にある弥生時代最大級の環濠《かんごう》集落跡《あと》である。弥生時代には，大陸から金属器(鉄器・青銅器)が伝わり，鉄器は主に武器などの実用品に，青銅器は主に銅鐸《どうたく》などの祭器として用いられた(イ…×)。なお，弥生時代の日本の様子は，中国の歴史書『漢書』地理志(紀元前１世紀)や『後漢書』東夷《とうい》伝(１世紀)，『魏志《ぎし》』倭人《わじん》伝(３世紀)に記されている。

**問３**　(1)　〈写真１〉のはにわがよろいを身につけて刀を持った武人の形をしていることから，当時は争いがあった時代と想像できる。古墳からはさまざまな形をしたはにわが出土しており，当時の暮らしを知る手掛《が》かりになっている。　(2)　前方後円墳は，四角形(方形)と円形を組み合わせた鍵穴《かぎあな》のような形をした古墳で，大規模なものが多い。〈写真２〉の大仙(大山《だいせん》)古墳は大阪府堺《さかい》市にある日本最大の古墳で，仁徳天皇の墓と伝えられている。

**問４**　(1)　写真は，607年に聖徳太子によって創建された法隆寺の五重塔《とう》と金堂である。聖徳太子は飛鳥時代に推古天皇の摂政《せっしょう》として政治を行い，604年には役人の心がまえを憲法十七条で示した(エ…○)。なお，大王《おおきみ》は古墳時代から大和朝廷で使用されている呼称《こしょう》である。飛鳥時代後半には天皇という呼び方が使用されるようになったと考えられている(ア…×)。聖徳太子は603年に冠位十二階の制を定め，家柄《いえがら》や血筋ではなく能力に応じて役人を取り立てられるようにした(イ…×)。607年，朝廷は隋《ずい》(中国)に小野妹子を遣隋《けんずい》使として派遣した(ウ…×)。　(2)　法隆寺は現存する世界最古の木造建築物として高く評価されており，1993年には「法隆寺地域の仏教建造物」の１つとしてユネスコ(国連教育科学文化機関)の世界文化遺産に登録された。

**問５**　(1)　①　東大寺の正倉院には，聖武天皇が愛用した品のほか，遣唐《けんとう》使が唐(中国)から持ち帰ったアの螺鈿紫檀五弦琵琶《らでんしたんのごげんびわ》やイの瑠璃坏《るりのつき》，エの漆胡瓶《しっこへい》など，多くの宝物が納められた。なお，ウは有田焼の皿である。有田焼は江戸時代に現在の佐賀県でつくられるようになった陶磁器で，伝統的工芸品に指定されている。　②　断面が三角形の長い木材を組んで壁《かべ》とする校倉《あぜくら》造には，湿度《しつど》を調整する機能があり，正倉院に用いられていることで知られる。　(2)　写真は，平安時代の11世紀半ばに藤原頼通が京都府宇治市に建てた平等院鳳凰《ほうおう》堂である。平安時代の894年，菅原道真の提案を受けて遣唐使の派遣が停止されると，唐の影響《えいきょう》が少なくなったことから，しだいに日本風の文化が形成されていった(ａ…○)。また，11世紀中ごろになると末法思想が広がり，阿弥陀《あみだ》仏にすがれば極楽浄土《ごくらくじょうど》に往生《おうじょう》できるという浄土教(浄土信仰)がさかんになった。平等院鳳凰堂も阿弥陀仏を祀《まつ》るためにつくられた阿弥陀堂の１つである(ｃ…○)。なお，奈良時代の741年，聖武天皇は国ごとに国分寺と国分尼《に》寺を建てるよう命令を出した(ｂ…×)。朝廷から与えられた口分田を農民たちが耕し，税として米などを納める班田収授は，荘園の発達にともない，平安時代の初めごろには実施されなくなった(d…×)。　(3)　①　平泉はイの岩手県南部に位置する町で，平安時代には東北地方一帯を支配した奥州《おうしゅう》藤原氏の根拠《こんきょ》地があった。なお，写真は奥州藤原氏初代の清衡《きよひら》が平泉に建てた中尊寺金色堂の内部である。　②　**a**　平清盛は大輪田泊《おおわだのとまり》(現在の神戸港の一部)を修築し，宋《そう》(中国)と新たに交易を行った。日宋貿易によって得られた利益は，平氏政権の重要な経済基盤《きばん》となった。　**b**　平清盛は一族の繁栄《はんえい》を祈願《きがん》して，写真の平家納経という経典を，オの厳島《いつくしま》神社(広島県廿日市《はつかいち》市)に奉納《ほうのう》した。なお，アは札幌(北海道)，ウは鎌倉(神奈川県)，エは名古屋(愛知県)，カは鹿児島を指している。

**問６**　(1)　南が海に面し，残りの三方を山に囲まれた鎌倉は，敵から攻《せ》められにくく，味方にとっては守りやすいという利点があるため，源頼朝はこの地に幕府を開いたといわれている。　(2)　①　**ア**　寝殿《しんでん》造は，平安時代の貴族の屋敷《やしき》に用いられた建築様式である。中心となる寝殿内の広い空間をすだれや障子などで仕切って生活していた。なお，〈写真１〉は，室町幕府第３代将軍の足利義満が京都北山に建てた鹿苑《ろくおん》寺金閣である。　**イ**　室町時代になると，禅《ぜん》宗の影響を受けた書院造の様式が広がった。書院造は，部屋に畳《たたみ》を敷《し》きつめ，ふすまや障子で部屋を仕切ることなどを特徴《とくちょう》とする建築様式で，現在の和室のもとになっている。　②　**a**　1467年，室町幕府第８代将軍の足利義政の後継《あとつ》ぎ争いに有力守護大名の勢力争いなどが結びつき，応仁の乱が起こった。なお，〈写真２〉は足利義政が京都東山に建てた慈照《じしょう》寺銀閣である。　**b**　応仁の乱は，都が置かれた京都を中心に11年続いた。その結果，室町幕府は権威《けんい》を失い，焼け野原となった京都の町から人々は地方に逃《のが》れた(イ…×)。

**問７**　(1)　①　尾張(愛知県西部)出身の戦国大名であった織田信長は，全国統一事業の拠点として琵琶《びわ》湖の東岸に安土城を建設した。しかし，1582年に家臣の明智光秀に裏切られて本能寺の変で自害し，全国統一はかなわなかった。　②　1573年，織田信長は室町幕府第15代将軍の足利義昭を京都から追放し，室町幕府を滅《ほろ》ぼした(b…○)。また，仏教勢力の拡大を抑《おさ》えるためにキリスト教を保護し，京都や安土にキリスト教の施設をつくることを許可するなど，キリスト教の布教を認めた(c…○)。なお，検地や刀狩を行い，身分統制令によって武士・商人・農民の身分を固定化することで兵農分離を進めたのは，豊臣秀吉である(a，d…×)。　(2)　①　徳川家康は，1600年の関ヶ原の戦いに勝利して政治の実権を握《にぎ》ると，1603年に征夷大将軍に任じられ，江戸に幕府を開いた。なお，写真は家康を祀った日光東照宮である。　②　神の前ではみなが平等であると説くキリスト教の教えは，幕府の支配体制の妨《さまた》げになると考えられた。また，大名(特に西国の大名)が貿易によって経済力を高めることも江戸幕府は警戒《けいかい》した。そこで，キリスト教の禁止を徹底《てってい》することや，外国との貿易で得られる利益や海外の情報を独占《どくせん》することを目的として，外国との交流を厳しく制限する鎖国を行った。　③　江戸幕府第３代将軍の徳川家光は1635年に武家諸法度を改定し，大名に対して１年ごとに江戸と国元を往復することを義務づける参勤交代を制度化した。大勢の家臣らを従え，江戸や国元に向かう大名行列の宿泊《しゅくはく》場所として，各地を結ぶ主要な街道沿いには宿場町が整備された。　④　ウは，古代から主に貴族の遊びとして楽しまれた蹴鞠《けまり》の様子である。なお，アは歌舞伎《かぶき》，イは人形浄瑠璃《じょうるり》(文楽)，エは浮世絵で，いずれも江戸時代に庶民《しょみん》の娯楽《ごらく》として人気を集めた。　⑤　本居宣長《もとおりのりなが》は，『古事記』を研究して『古事記伝』を著《あらわ》し，儒教《じゅきょう》や仏教が伝わる前の日本人の考え方を解明するイの国学を大成した。なお，アの儒学は古代中国の思想家孔子《こうし》の考え方などを学ぶ学問，ウの蘭学《らんがく》はオランダ語を通じてヨーロッパの学問や技術，文化などを学ぶ学問，エの心学は一般に儒学(陽明学)と禅を組み合わせた学問である。

**問８**　⑴　幕末に欧米諸国との貿易が開始されると，蚕のまゆを原材料とする生糸が日本の主要な輸出品となり，その後も長く日本の貿易を支えた。なお，〈写真１〉は明治時代初めに群馬県に建設された富岡製糸場である。　⑵　琵琶湖は滋賀県の中央に広がる日本最大の湖で，近畿地方の広い地域に水を供給していることから「近畿の水がめ」とも呼ばれる。なお，〈写真２〉は京都市にある南禅《なんぜん》寺水路閣という水路橋で，琵琶湖の水を京都へ引くためにつくられた琵琶湖疏水《そすい》の一部である。　⑶　八幡製鉄所は現在の福岡県北九州市に建設された官営の製鉄所である。石炭の産出地や，鉄鉱石の輸入先であった中国にも近かった九州は，鉄鋼《てっこう》の原材料を得やすかったため，製鉄所の建設地として選ばれた。なお，〈写真３〉は軍艦《ぐんかん》島として知られる長崎県の端島炭坑《はしまたんこう》である。石炭は産業にとって非常に重要な資源であったことから，「黒いダイヤ」と呼ばれた。

**２　現代の日本や国際社会についての問題**

**問１**　⑴　地図中イのイギリスはヨーロッパ西部にある島国で，アメリカ・フランス・ドイツ・イタリア・カナダ・日本とともにＧ７に数えられる。世界で最初に産業革命を起こした国で，19世紀には「世界の工場」と称された。なお，アはアメリカ，ウはドイツ，エはサウジアラビアを示している。　⑵　2023年のSDGs達成度は，フィンランド・スウェーデン・デンマークなどの北欧やドイツ・ベルギーなど西ヨーロッパの国が高く，日本は世界第21位であった(エ…×)。

**問２**　敗戦後の日本では，GHQ(連合国軍最高司令官総司令部)の主導のもと民主化政策が進められ，その１つとして1945年に衆議院議員選挙法が改正された。これによって，満20歳《さい》以上の男女に選挙権，満25歳以上の男女に被選挙権が与えられ，初めて女性の参政権が認められた(ア…○)。

**問３**　⑴　太平洋戦争末期の1945年８月６日，アメリカ軍によって広島に原子爆弾が投下された。人類史上最初の核兵器による攻撃《こうげき》で広島市街は壊滅《かいめつ》状態となり，多くの命が失われた。　⑵　難民とは，紛争や災害《さいがい》などによって住んでいた場所から逃れざるを得なくなった人のことである。紛争だけでなく，人種や宗教，国籍などを理由に迫害《はくがい》を受け，他国に逃れて難民となる人もいる。

⑶　平和維持活動(PKO)は，紛争を解決するために停戦や軍の撤退《てったい》を監視《かんし》したり，治安維持や復興支援《しえん》を行ったりする国際連合の活動である。日本では1992年にPKO協力法が成立し，自衛隊の海外派遣が可能になった。　⑷　政府開発援助は，ODAと略される。ODAには資金援助だけでなく技術協力もふくまれ，医療《いりょう》や教育などさまざまな分野での人材育成なども行われている。

⑸　戦争や紛争の悲惨《ひさん》さを後世に伝える以外にも，気候変動や食糧《しょくりょう》問題，水不足の問題など，国際社会が抱える問題について，これから世界で必要になると思われることを挙げ，それについて自分ができることを述べるとよい。

## 理　科　＜第１次試験＞（30分）＜満点：50点＞

**解　答**

**１**　**問１**　酸素　**問２**　でんぷん　**問３**　二酸化炭素　**問４**　呼吸　**問５**　（例）一枚一枚の葉に日光がよく当たり，木が十分な栄養をつくることができる効果。　**２**　**問１**　完全変態　**問２**　４回　**問３**　(イ)　**問４**　①　(エ)　②　(オ)　**３**　**問１**　①　(イ)　②　(ウ)　③　(ウ)　④　(ア)　**問２**　A　(ウ)　C　(イ)　E　(ア)　**問３**　むらさき色

**4** **問１** (ウ)　**問２** ① (ア)　② (ウ)　③ (イ)　**問３** **組み方**…(ア)　**理由**…(例) 木と木の間のすき間から空気が入れかわり，酸素を取り入れやすいから。　**5** **問１** ① (ウ)と(エ)　② (ア)と(ウ)　**問２** (エ)　**問３** (ア)と(イ)　**問４** (例) 電磁石は，電流を流したり止めたりすることで，鉄をくっつけたり離したりすることができるから。　**6** **問１** ① 支　② 作用　③ 力　**問２** 120g　**問３** (イ)，(カ)　**問４** 解説の図を参照のこと。
**7** **問１** 南　**問２** (オ)→(イ)→(エ)→(ウ)→(ア)　**問３** クレーター

## 解　説

### 1　植物のはたらきについての問題

**問１**　表より，日当たりの良い場所に置いた実験③では，実験②より酸素の量が増えていることが読み取れる。よって，日光を当てたとき，ホウセンカは酸素を出すとわかる。

**問２**　植物に日光を当てると，水と二酸化炭素からでんぷんと酸素がつくられる。植物のこのようなはたらきを光合成という。なお，はく息には二酸化炭素が多くふくまれているので，ふくろの中にストローで息を吹《ふ》き込《こ》み，光合成に必要な二酸化炭素の量を多くしたと考えられる。

**問３，問４**　ホウセンカを一晩置いたときには，ホウセンカに光が当たっていない。このため，ホウセンカは光合成を行うことができず，呼吸だけを行う。呼吸では酸素を取り入れ二酸化炭素を出すので，二酸化炭素の量が多くなっている。

**問５**　植物が成長するためには，日光がよく当たる必要がある。そこで，間ばつを行うと一枚一枚の葉に日光がよく当たるようになり，植物が栄養を十分につくれるようになる。

### 2　シオカラトンボとモンシロチョウについての問題

**問１**　モンシロチョウは，卵→幼虫→さなぎ→成虫のように，さなぎの時期のある育ち方をする。このような育ち方を完全変態という。

**問２**　モンシロチョウの幼虫は１令幼虫から２令幼虫，２令幼虫から３令幼虫，３令幼虫から４令幼虫，４令幼虫から５令幼虫と成長するたびに，合計４回皮をぬいで，その後さなぎになる。

**問３**　シオカラトンボは，卵→幼虫→成虫のように，さなぎの時期のない育ち方をする。このような育ち方を不完全変態という。不完全変態をする生物は，ここではショウリョウバッタが選べる。

**問４**　シオカラトンボの幼虫は水中で生活をしていて，ミジンコやイトミミズ，水生のこん虫などを食べて生きている。また，モンシロチョウの卵はキャベツなどのアブラナ科の植物の葉にうみつけられ，幼虫はこれらの葉を食べて生きている。

### 3　中和についての問題

**問１，問２**　ムラサキキャベツ水溶液《すいようえき》は，酸性の水溶液に加えると赤色，アルカリ性の水溶液に加えると緑色や黄色に変化し，中性の水溶液に加えるとむらさき色のまま変化しない。実験２の結果から，水溶液Ａと水溶液Ｄはアルカリ性，水溶液Ｂと水溶液Ｅは酸性，水溶液Ｃは中性とわかる。次に，青色リトマス紙に酸性の水溶液をつけると赤色に変化し，中性やアルカリ性の水溶液をつけても色は変化しない。また，赤色リトマス紙に酸性や中性の水溶液をつけても色は変化せず，アルカリ性の水溶液をつけると青色に変化する。これらのことから，水溶液Ａはアルカリ性なので①は青色に変化，水溶液Ｂは酸性なので②は変化なし，水溶液Ｃは中性なので③は変化なし，水溶液Ｅは酸性なので④は赤色に変化が当てはまる。

**問３**　水溶液Ｃが中性だから，実験１より，水酸化ナトリウム水溶液と塩酸を同じ体積ずつ混ぜると中性になるとわかる。ここで，水溶液Ｄと水溶液Ｅを混ぜると，水酸化ナトリウム水溶液，60＋５＝65(mL)と，塩酸，５＋60＝65(mL)を混ぜたことになり，水酸化ナトリウム水溶液と塩酸を同じ体積ずつ混ぜたことになる。よって，混ぜた水溶液は中性になるから，ムラサキキャベツ水溶液を加えるとむらさき色になる。

**4　ものの燃え方についての問題**

**問１**　ろうそくが燃えるには酸素が必要である。そのため，ろうそくが燃え続けるためには，つねに新しい空気(酸素)が供給され続ける必要があるが，ろうそくは集気びんでおおわれているため新しい空気が供給されない。すると，ろうそくが燃えるために必要な酸素が不足するので，やがて火は消える。

**問２**　ろうそくが燃えると酸素が使われ，二酸化炭素と水蒸気(水)ができるので，酸素は減り，二酸化炭素は増える。また，ちっ素はものが燃えることには関係しないので，量は変化しない。

**問３**　キャンプファイヤーをするとき，木と木の間のすき間から新しい空気が入り，つねに十分な酸素が供給されると，木は燃え続ける。よって，(ア)のように組めばよい。

**5　電磁石《でんじしゃく》の強さについての問題**

**問１**　①　かん電池を直列につなぐと，コイルを流れる電流は大きくなる。電流の大きさと電磁石の強さの関係を調べるのだから，コイルの巻き数が同じで，電流の大きさがちがう(ウ)と(エ)を比べればよい。　②　コイルの巻き数と電磁石の強さの関係を調べるのだから，ここでは電池のつなぎ方が同じで，コイルの巻き数がちがう(ア)と(ウ)を比べるのが最もよいと考えられる。

**問２**　コイルの巻き数が多いほど，また，電流の大きさが大きいほど電磁石は強くなる。よって，かん電池が直列につながれていて，コイルが200回巻きの(エ)の電磁石が最も強い。

**問３**　コイルの巻き数が同じで，コイルを流れる電流の大きさも同じになっている(ア)と(イ)の電磁石は強さがほとんど同じだと考えられる。

**問４**　電磁石は，電流を流しているときだけ磁石の性質を持つ。そこで，大きな鉄のかたまりを運ぶには，まず電磁石に電流を流して鉄のかたまりをくっつけ，目的とする場所まで運んだあと，電流を止めて鉄のかたまりを離《はな》せばよい。

**6　てこのつり合いについての問題**

**問１**　てこで，力を加える点を力点，てこを支える点を支点，力がはたらく点を作用点という。また，てこを回転させるはたらきの大きさは，(力の大きさ)×(支点からの長さ)で表される。したがって，てこを使ってできるだけ小さい力でものを持ち上げるためには，支点から作用点までの長さを短くし，支点から力点までの長さを長くするとよい。

**問２**　おもりＸの重さを□ｇとすると，棒のつり合いより，90×40＝□×30の関係が成り立ち，□＝3600÷30＝120(ｇ)となる。

**問３**　てこを回転させるはたらきの大きさについて考えると，(ア)では，左回りが，10×６＝60，右回りが，30×２＝60となるので，てこは水平になる。同様に考えていくと，(イ)では，左回りが，10×６＝60，右回りが，20×５＝100だから，右うでがさがる。(ウ)では，左回りが，10×５＝50，右回りが，10×３＝30だから，左うでがさがる。(エ)では，左回り，右回りともに，10×３＝30だから，水平になる。(オ)では，左回りが，10×２＝20，右回りが，20×１＝20だから，水平になる。(カ)では，左回りが，20×２＝40，右回りが，10×６＝60だから，右うでがさがる。以上より，(イ)と(カ)が選べる。

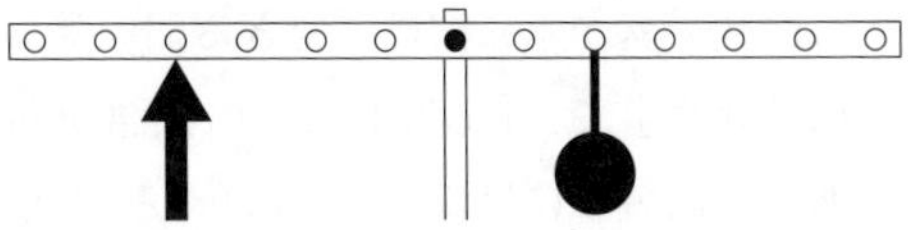

**問４**　支点から10gのおもりをつるす位置までの穴の数を□とすると，10×□＝20×２の関係が成り立ち，□＝40÷10＝４となる。よって，右の図の矢印の位置に10gのおもりをつるせば，てこを水平に保つことができる。

**7　月の見え方についての問題**

**問１**　地球は１日１回，西から東へ向かって自転しているため，太陽や月などの天体は，東の地平線からのぼり，南の空の高いところを通り，西の地平線にしずむ。よって，満月が最も高い位置に見えるのは，南の方角にあるときである。

**問２**　満月から月の見え方が変わる順番に並べると，(オ)の満月→(イ)の下げんの月→(エ)の月→（新月）→(ウ)の三日月→(ア)の上げんの月となる。

**問３**　月の表面に見られるたくさんのくぼみをクレーターという。クレーターはおもにいん石がしょう突してできたと考えられている。

## 国語　＜第１次試験＞（50分）＜満点：100点＞

### 解答

**一**　**１〜７**　下記を参照のこと。　**８**　かわら　**９**　こた(える)　**10**　うつ(る)　**二**　**１**　(例)　やむをえないことだが，明日は台風により天気が悪いので，わたしは家族旅行をあきらめた。　**２**　(例)　どんなときも自分より他者のために行動する兄の姿に，わたしは頭が下がる思いがする。　**三**　**問１**　**A**　オ　**B**　ア　**C**　エ　**D**　イ　**問２**　①　イ　②　エ　**問３**　(例)　美結が，アカリが休んでいる理由を知っているのにわからないと言って隠しているのではないかということ。　**問４**　D(さん)　**問５**　(例)　(先生も)みんなやわたしが怖いと思うようなきびしい指導をしていたこと。　**問６**　ア，ウ　**問７**　イ　**問８**　(例)　空を見上げ，青い空と大きな入道雲を見たとき，合唱クラブがうまくいっていないことに気づいていながら，その解決のために行動できなかった自分がいかに臆病で卑怯だったかということを思い知らされたように感じ，思わずなみだがこみあげたから。　**問９**　ウ　**四**　**問１**　**A**　エ　**B**　オ　**C**　ア　**D**　ウ　**問２**　Ⅰ　ウ　Ⅱ　ア　**問３**　エ　**問４**　イ　**問５**　(例)　相手の話を聞きながら，脳内で自分が理解できる言葉や風景に置き換えるということ。　**問６**　ギターでソロ演奏するハイな気分　**問７**　ウ　**問８**　**１**　A　**２**　B　**３**　B　**４**　A　**５**　B

**●漢字の書き取り**

**一**　**１**　宅配　**２**　領土　**３**　創業　**４**　翌朝　**５**　岸辺　**６**　課税　**７**　炭酸

### 解説

**一　漢字の読み書き**

**1**　荷物や新聞などを，客の家に届けること。　**2**　その国が持っている土地。　**3**　新しく事業を始めること。　**4**　次の日の朝。　**5**　岸のそば。　**6**　税金を課すこと。　**7**　二酸化炭素が水に溶《と》けてできる弱い酸。　**8**　川に沿った，砂や石が多い場所。　**9**　音読みは「オウ」で，「応答」などの熟語がある。　**10**　音読みは「エイ」で，「映写」などの熟語がある。訓読みにはほかに「は(える)」がある。

**二　短文づくり**

**1**「やむをえない」は，“しかたがない”という意味。　**2**「頭が下がる」は，“尊敬する気持ちが起こる”という意味。

**三　出典：額賀澪《ぬかがみお》『ラベンダーとソプラノ』**。合唱クラブに欠席が目立つのはきびしすぎる指導が原因だとうったえた「わたし(真子《まこ》)」は，それまで行動を起こさなかった自分の臆病《おくびょう》さと卑怯《ひきょう》さに気づく。

**問１**　**A**「震《ふる》えて」にかかる言葉が入る。きびしい穂乃花《ほのか》につめ寄られ，美結《みゆ》はおそれを感じたと思われるので，体を震わせたりこわばらせたりするようすを表す「ビクリと」が合う。　**B**　穂乃花にビンタされるのを覚悟《かくご》して奥歯《おくば》をかみしめた場面なので，力を入れるようすを表す「グッと」がよい。　**C**「肩《かた》を落とす」は，がっかりしたようすなので，元気がなくなったようすを表す「がっくり」が入る。　**D**　ステージを下りるときに周囲のようすが少し目に入ったものと思われるので，「ちらりと」がふさわしい。

**問２**　①「息を殺す」は，“緊張《きんちょう》やおそれなどのあまり，息をするのすらおさえてじっとする”という意味。　②「しびれを切らす」は，“長く待たされてがまんできなくなる”という意味。

**問３**　穂乃花がアカリと仲の良い美結に，アカリが休んだ理由を知らないかと聞き，それに芽衣《めい》が調子を合わせる。ぼう線③は，美結が，アカリが休んでいる理由を，知っているのにわからないと言って隠《かく》しているのではないか，と疑っての言葉になる。

**問４**　クラブがきびしすぎるので休んだり，やめたいと考えたりする生徒や，教室自体に来られなくなった生徒がいる事実を知り，長谷川《はせがわ》先生は焦《あせ》りを感じている。このような事態を招いたのは，自分の指導にも原因があるのではないかと感じ，落ち着かずにいるものと思われる。よって，Dが選べる。

**問５**　ぼう線⑤の「それ」は，穂乃花がきびしくてみんなや「わたし」が怖《こわ》かったことを指している。「わたし」は，先生も穂乃花と同じように，みんなや「わたし」が怖いと思うようなきびしい指導をしていたと言っているのである。

**問６**「わたし」がここで長谷川先生に指てきしているのは，穂乃花だけでなく長谷川先生もみんなが怖いと思うようなきびしい態度をとっており，その結果，クラブを休む人が多く出てしまったということである。よって，イ，エ，オはあてはまる。

**問７**　言いたいのに言えなかったことがやっと言えた「わたし」は，怒りのあまりクラブを飛び出してきてしまった。そんな「わたし」の表情を南《みなみ》先生は「スッキリした顔」だと言い，「わたし」も「南先生には，わたしの胸の中が見えているらしい」と感じている。よって，“さっぱりして気持ちが良い”という意味の「清々《すがすが》しい気持ち」が合う。

**問８**　最後の一文に「わたし」は目元を「強く強くこすった」とあることから，「入道雲の青い輪《りん》郭《かく》が，にじんで，ゆれた」のは目になみだがうかんだからだとわかる。青い空と入道雲を見た「わたし」は，クラブがうまくいっていない理由に気づきながら，解決のために行動することがなかなかできずにいた自分がどれだけ臆病で卑怯だったかを思い知らされたように感じ，なみだがこみあげたのである。

**問９** 「わたし」は，穂乃花に追いつめられて怖がっているようすの美結をかばったり，欠席者が多いことの原因を穂乃花一人に押《お》しつけようとする先生に意見したりしているので，「正義感が強く，人の気持ちをよく考え理解できる」といえる。一方で，クラブの問題に気づきながらなかなか行動できなかったので，「自分の意見をつらぬくことのできない弱さもある」といえる。

**四** **出典：真山仁《まやまじん》『“正しい”を疑え！』**。コミュニケーションとは理解し合うことであり，共感が基《き》盤《ばん》となるとして，重要になる「聞き方」のコツなどについて述べている。

**問１** **A** 後に理由を示す「から」があるので，理由を説明するときに使う「なぜなら」が入る。 **B** 前には，「自分を知ってもらいたい」気持ちは理解できるとある。後には，「まずは相手を知る」ことが大事だと続く。よって，前後で相反する内容が置かれるときに使う「でも」が合う。 **C** 前には，相手の話を「脳内で自分の言葉に『翻訳《ほんやく》する』」とある。後にはその例として，バレーボールのアタックの瞬間《しゅんかん》を，ギターでソロ演奏をするときに置き換《か》えることがあげられている。よって，例をあげるときに使う「たとえば」がよい。 **D** 前には，相手を理解するとは「相手と同じ考えを持つこと」ではないとある。後には，「理解しただけでは，わかり合えたこと」にはならないと続く。いずれも，相手を理解することについて説明した内容なので，並立を表す「また」がふさわしい。

**問２** Ⅰ 「曲者《くせもの》」は，あやしい人や油断できない人のことで，本文では“用心が必要なもの”という意味で使われている。 Ⅱ 「稀《まれ》」は，めったにないようす。

**問３** 直前には，「まず相手の話を聞きます」とある。空らん直後には，相手が「積極的に話さない」場合はどうすべきかが書かれているので，空らんの最初は，相手が話し好きな場合はどうするかが書かれた１がよい。よって，答えはイかエにしぼられ，４が二番目に来ることがわかる。相手の考えや価値観を自分のそれらと照らし合わせると相手の素顔が見え，コミュニケーションの方法が決まるのは相手の素顔が見えることによるので，４→３→２と続くエが選べる。

**問４** ぼう線①は，話を聞くだけなら誰《だれ》でもできそうだが，そうでもないという意味である。初対面の相手はそもそもどんな人かもわからず，ただ話を聞くだけではろくに理解できないことになりかねないので，相手の話を理解できるように自分のことに置き換えて考え，自分のこととして感じる必要があると述べられている。したがって，イがあてはまる。

**問５** 本文では「翻訳」の例として，自分には理解が難しい，相手の話すバレーボールでの「アタックの瞬間」を，自分の「ギターのソロ演奏」に脳内で置き換えることをあげている。よって，相手の話を聞きながら，脳内で自分が理解できる言葉や風景に置き換えるということとまとめられる。

**問６** バレーボールの「アタックの瞬間」について語られたときに，それは「ギターでソロ演奏するハイな気分みたいなものかな？」と相手に尋《たず》ねると，ピンとこなかった相手は「それって，どんな感じ？」と尋ねるだろう。よって，「ギターでソロ演奏するハイな気分」がぬき出せる。

**問７** 相手の意見を「理解した」結果，自分が「同意できる点とできない点が見つかる」と次の文にあるので，「理解した」とは，相手がどういう意見を持っているかがわかったということになる。

**問８** **１** 初対面の人の話は，「何げなく聞いていると，半分も理解できないこと」があると筆者は書いているので，合う。 **２** 経験したことのないことがらに関して話をされた場合でも，

「自分が理解できる言葉や風景に置き換える」ことで共感が生まれる可能性があると筆者は考えているので，合わない。　**3**　本文最初の部分に，コミュニケーションとは「一方通行」ではなく，「意見を交換《こうかん》して，理解し合うこと」だとあるので，まず自分の意見を理解してもらうことが重要だとはいえない。　**4**　コミュニケーションは，まず互《たが》いについて語り合い，「相手を知ること」から始めるべきだと本文前半にある。また，語り合って「接点」を見つけ，「共感を探していくやりとりを重ねると，徐々に相手への理解が深ま」ると本文後半にあるので，合う。　**5**　本文の最初の部分に，「言葉で相手を納得《なっとく》させたり，時には言い負かす力がある」のがコミュニケーション能力だという考えは間違《まちが》いだとあるので，合わない。

**2024 年度**

# 聖セシリア女子中学校

【算　数】〈第２次試験〉（50分）〈満点：100点〉

注意事項　１．円周率は3.14を使用しなさい。
　　　　　２．定規・コンパス・分度器は使用できません。

**1**　次の□にあてはまる数を入れなさい。

（１）$120 - 60 \div 12 \times 3 + 25 = \square$

（２）$\dfrac{4}{5} \times \left(\dfrac{1}{2} + \dfrac{1}{4} + \dfrac{1}{6}\right) \div \dfrac{1}{3} = \square$

（３）$1.25 \times 4 + 2.5 \times 5 - 3.75 \times 2 = \square$

（４）$\dfrac{7}{10} - \left(\dfrac{2}{3} + \dfrac{2}{5}\right) \div 1\dfrac{7}{9} = \square$

（５）$13 + \left(0.125 \times \dfrac{8}{11} + \dfrac{5}{11}\right) \div \dfrac{3}{11} = \square$

（６）$\left(\square + \dfrac{1}{7} \times 0.875 \div \dfrac{3}{16}\right) \times \dfrac{3}{4} = 1$

（７）家から時速４５km の車で駅に行くと、１２分で到着しました。駅から時速１５km の自転車で家に帰ると、□分で到着します。

**2** 次の各問いに答えなさい。また、答えを求めるときの式も書きなさい。

（１）姉と妹の最初の所持金の比は３：１でしたが、姉は２００円を使い、妹は１００円を母からもらったので２人の所持金の比は２：１になりました。妹の最初の所持金はいくらですか。

（２）一定の速さで水が流れている１周２４０ｍのプールで、流れと同じ向きに泳いで１周すると２分３０秒かかり、流れと反対向きに泳いで１周すると６分４０秒かかります。このとき、静水時の泳ぐ速さは毎秒何ｍですか。ただし、静水時の泳ぐ速さは一定とします。

（３）長さ１６ｃｍの紙テープ１５枚をのりでつなぎ、全体の長さを２１９ｃｍにします。つなぎめののりしろをすべて同じ幅《はば》にするとき、のりしろひとつ分の幅は何ｃｍですか。

（４）持っているお金で、りんごを４個買うとおつりが３０円、みかんを５個買うとおつりが５０円となります。みかん１個はりんご１個の値段より２０円安いとき、みかん１個はいくらですか。

**3** 次の各問いに答えなさい。

（1）右の図は、長方形を対角線で折り曲げた図形です。
角Xの大きさを求めなさい。

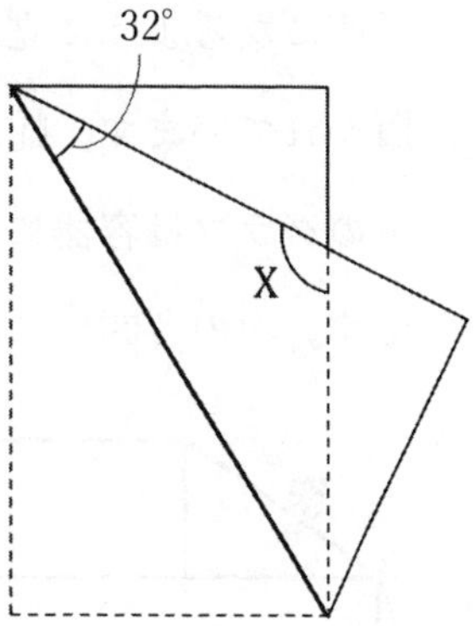


（2）右の図は、大きさの異なる2つの正方形が重なっています。斜《しゃ》線部分の面積を求めなさい。

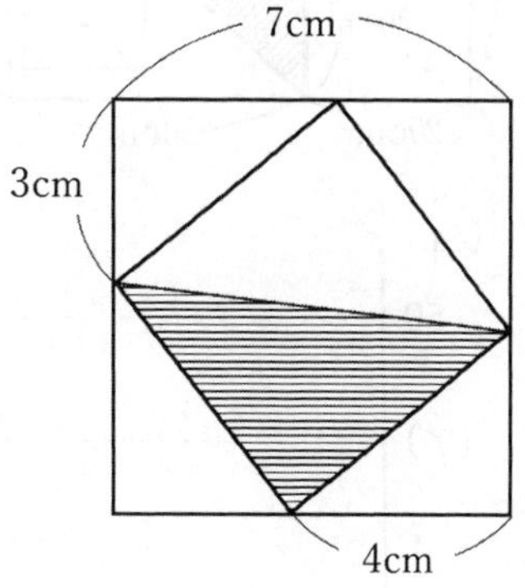


（3）右の図で、円柱から円柱をくりぬいた立体の体積を求めなさい。

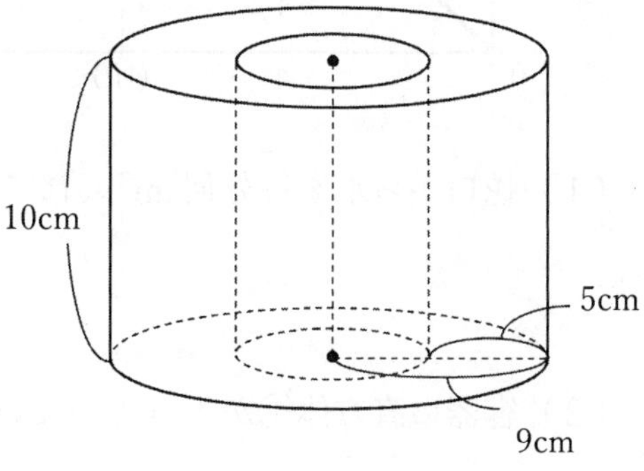

**4** 下の図のように、水が入っていない直方体の容器に高さ２０cmのしきりが底面と垂直になるように立てられています。また、仕切りで分けた一方には直方体①が置かれています。蛇《じゃ》口から水を入れ、容器が満水になったときに水を止めます。下のグラフは容器に水を入れたときの時間と、辺ABにおける水位を表したものです。次の各問いに答えなさい。ただし、仕切りの厚みは考えないものとします。

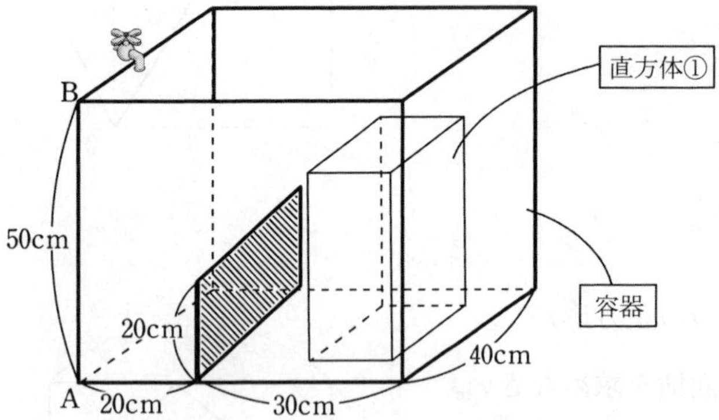


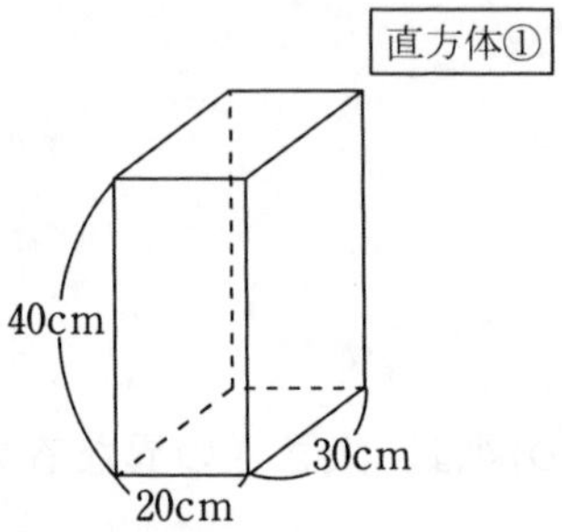


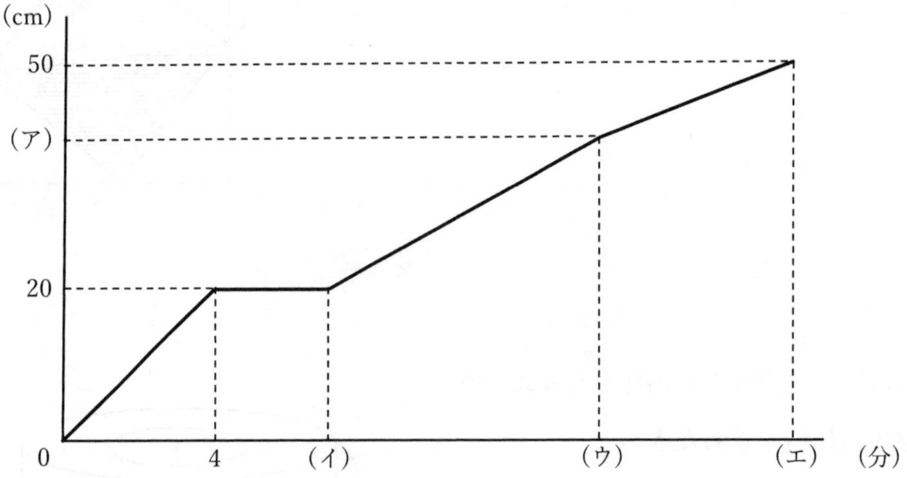


（１）蛇口から水を毎分何cm³入れていますか。

（２）容器に直方体①が入っていない場合、水を入れ始めてから何分後に満水となりますか。

（３）グラフの(ア)、(イ)、(ウ)、(エ)にあてはまる数字をそれぞれ答えなさい。

**5** 「赤色」、「黄色」、「緑色」の３色のＴシャツに番号をつけ、次のように並べました。このとき、次の各問いに答えなさい。

赤色

黄色

緑色

（１）赤色のＴシャツで、番号の小さい方から数えて１２番目の番号を答えなさい。

（２）緑色のＴシャツで、番号の小さい方から数えて３２番目の番号を答えなさい。

（３）番号が１００のＴシャツは何色で、番号の小さい方から数えて何番目になりますか。

（４）黄色のＴシャツで、番号の小さい方から数えてＮ番目の番号はどのような式で表すことができますか。Ｎを使った式で表しなさい。

**【社　会】〈第２次試験〉（30分）〈満点：50点〉**

〈編集部注：実物の試験問題では，地図以外はカラー印刷です。〉

**1**　世界中の人々は、交流し互《たが》いに文化的な影響《えいきょう》をあたえあいながら、時には争い、また和解しながら、生活してきました。日本は海外から様々なものを取り入れながら文化を発展させてきましたが、他国との交流に積極的な時期も消極的な時期もありました。

問１．古代から、日本には中国や朝鮮《ちょうせん》半島から様々な文化が伝来していました。

（１）下の資料は、縄文時代に多くの人々が暮らしていた青森県の遺跡《いせき》で復元された住居や建物です。この遺跡の名前を次のア～エより１つ選び、記号で答えなさい。

ア．三内丸山《さんないまるやま》遺跡
イ．野尻湖《のじりこ》湖底遺跡
ウ．岩宿《いわじゅく》遺跡
エ．稲荷山古墳《いなりやまこふん》

（２）やがて大陸から米づくりが日本に伝来します。今から2300年前頃《ころ》には米づくりが行われていたと考えられている、福岡県内の遺跡の名前を次のア～エより１つ選び、記号で答えなさい。

ア．弥生《やよい》遺跡　　イ．板付《いたづけ》遺跡　　ウ．登呂《とろ》遺跡　　エ．吉野ヶ里《よしのがり》遺跡

（３）中国の歴史書によれば、「倭《わ》(日本)の国はもともと男性が治めていたが、争いがおこったため、３世紀には卑弥呼という女王が治めていた。女王はよくうらないをして人々をひきつける力をもっていた」という内容が書かれています。この女王が治めていた国の名前を書きなさい。

（４）下の資料は、５世紀につくられた大阪府堺《さかい》市にある日本最大の古墳です。この古墳の名前を次のア～エより１つ選び、記号で答えなさい。

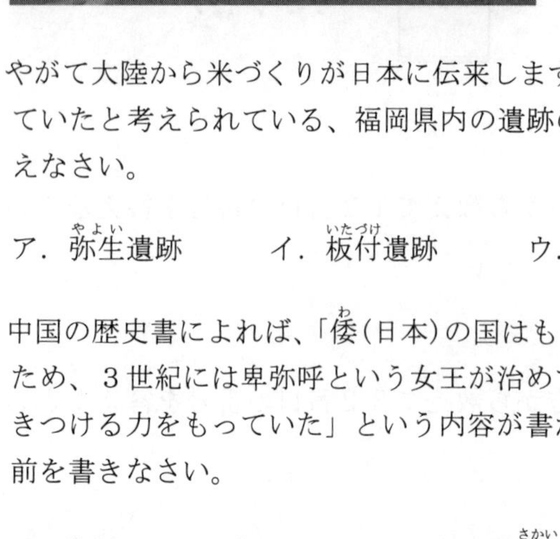

ア．森将軍塚《もりしょうぐんづか》古墳
イ．江田船山《えたふなやま》古墳
ウ．仁徳天皇陵《にんとくてんのうりょう》(大仙《だいせん》)古墳
エ．稲荷山《いなりやま》古墳

（５）５～６世紀頃には、中国や朝鮮半島から多くの渡来人《とらいじん》が日本にわたってきて、様々な技術を伝えました。下の資料は、このころに伝えられた「のぼり窯《がま》」を復元したものです。この窯により、どのような土器がつくられるようになったか書きなさい。

問２．飛鳥時代から奈良時代にかけて、中国の制度や文化を学びながら国づくりがすすめられました。

（１）聖徳太子は、中国の進んだ制度や文化を積極的に取り入れました。仏教を信仰《しんこう》した聖徳太子が奈良県の斑鳩《いかるが》町に建てた寺の名前を書きなさい。

（２）聖徳太子は、政治を行う役人の心構えを示すために十七条の憲法を定めました。その第一条には「人の□が尊いので、大切にしなければならない」ことが書かれています。（□には漢字１字が入ります。）□にあてはまる語を次のア～エより１つ選び、記号で答えなさい。

ア．才　　イ．法　　ウ．和　　エ．情

（３）下の資料は、奈良時代に聖武天皇の求めに応じて中国から来日し、仏教や薬草の知識を伝えた僧侶《そうりょ》の像です。この僧侶の名前を次のア～エより１つ選び、記号で答えなさい。

ア．空海《くうかい》
イ．行基《ぎょうき》
ウ．最澄《さいちょう》
エ．鑑真《がんじん》

問３．平安時代、遣唐使《けんとうし》の派遣を中止した日本では、独自の文化が発展しました。

（１）平安時代に、ある貴族が次の歌をよみました。この歌をよんだ貴族の名前を書きなさい。

| |
|---|
| この世をば　我が世とぞ思ふ《う》　もち月の　かけたることも　なしと思へ《え》ば |

（２）平安時代には、日本風の文化が栄え、かな文字を用いた文学の名作が書かれました。次にあるのは、ある随筆《ずいひつ》の冒頭《ぼうとう》部分です。この随筆の作者の名前を次のア～エより１つ選び、記号で答えなさい。

| |
|---|
| 春はあけぼの　やうやう《ようよう》白くなりゆく　山ぎは《わ》すこしあかりて<br>紫だちたる雲の　細くたなびきたる |

ア．北条政子《ほうじょうまさこ》　　イ．清少納言《せいしょうなごん》　　ウ．吉備真備《きびのまきび》　　エ．紫式部《むらさきしきぶ》

（３）平安時代の末期、平清盛を中心とする平氏が勢力を伸《の》ばしました。＜資料Ⅰ＞は、平氏が広島県の神社に納めた経典で、日本風の絵が描《えが》かれています。＜資料Ⅱ＞は、この神社の建物です。この神社の名前を書きなさい。

＜資料Ⅰ＞

＜資料Ⅱ＞

問４．中世以降も海外との交流は続きました。他国との戦乱もあれば、友好的な交流もありました。

（１）下の資料は、13 世紀に、モンゴル軍が九州北部にせめてきた時の戦いを描いた絵です。モンゴル軍の戦い方の特徴《とくちょう》を説明しなさい。

(2) 下の資料は、中国のすみ絵(水墨画《すいぼくが》)の技術を使い、室町時代にある僧侶が描いた「天橋立《あまのはしだて》図」です。この絵を描いた僧侶の名前を次のア～エより1つ選び、記号で答えなさい。

ア．法然《ほうねん》
イ．一休《いっきゅう》
ウ．雪舟《せっしゅう》
エ．栄西《えいさい》

(3) 下の資料は、16世紀に日本に来航した宣教師です。この宣教師の名前を書きなさい。

(4) 下の資料は、16世紀の南蛮《なんばん》貿易の様子を描いた屏風《びょうぶ》です。この絵に描かれている「海外との交流」や「海外から伝来したもの」、「海外からの影響がよみとれるもの」などを2つ書きなさい。

（５）16 世紀末、天下を統一した豊臣秀吉は、様々な政策を実行しました。秀吉が行った政策としてあやまっているものを次のア～エより１つ選び、記号で答えなさい。

ア．金や銀の鉱山を支配し、多くの収入を得た。
イ．支配地で検地を行い、田畑の広さや収穫《しゅうかく》量、耕作者などを検地帳に記録させた。
ウ．刀狩《かたながり》令を出し、百姓《ひゃくしょう》たちから武器を取り上げて、反抗《はんこう》できないようにした。
エ．朝鮮や中国と友好関係を築き、貿易によって多くの収入を得た。

問５．江戸幕府は、海外との貿易や交流を制限する鎖国《さこく》を実施《じっし》しました。

（１）下の資料は、長崎の出島を描いた様子です。長崎で貿易を許されていた国は２国あります。中国ともう一つの国はどこか、次のア～エより１つ選び、記号で答えなさい。

ア．オランダ
イ．ポルトガル
ウ．スペイン
エ．イギリス

（２）17 世紀なかばに上の（１）の国の商館を出島に移したことで、江戸幕府の鎖国が完成したといわれます。鎖国を完成させた江戸幕府第三代将軍の名前を書きなさい。

問６．19 世紀、鎖国をしていた日本にも欧米《おうべい》列強の使節が来航し、日本は世界の歴史の流れと深く関わっていくことになります。

（１）下の資料は、1854 年に２度目に来航したペリーが日本に上陸する様子を描いています。この時ペリーが上陸したのはどこか、次のア～エより１つ選び、記号で答えなさい。

ア．箱館《はこだて》
イ．横浜
ウ．神戸
エ．長崎

（２）下の資料は、明治政府がフランス人技師の助けをかりて 1872 年に建設した工場です。この工場と絹産業遺産群は、世界文化遺産に登録されています。この工場のある場所を地図のア～エより１つ選び、記号で答えなさい。

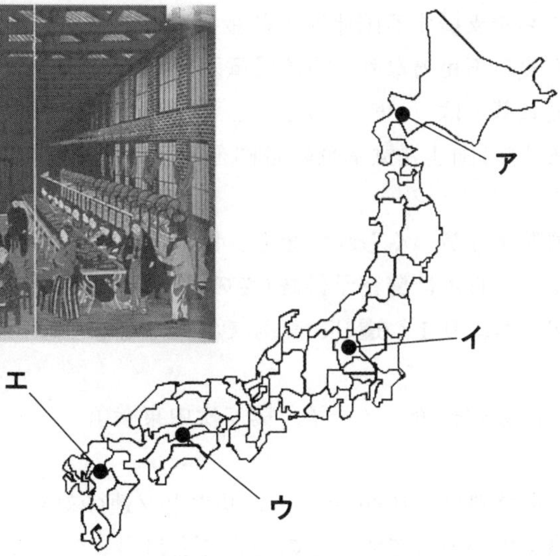


（３）明治時代初期、西洋の考え方を紹介《しょうかい》し、本に「天は人の上に人を造らず、人の下に人を造らずと言へ《え》り」という言葉を書いた人の名前を次のア～エより１つ選び、記号で答えなさい。

ア．木戸孝允　　イ．大久保利通　　ウ．大隈重信　　エ．福沢諭吉

（４）明治政府は、西洋の政治体制などを学び、大日本帝国《ていこく》憲法を発布しました。憲法をつくる時、伊藤博文は皇帝の権力が強いある国の憲法を学んで作成しました。伊藤博文はどこの国の憲法を参考にしたか、次のア～エより１つ選び、記号で答えなさい。

ア．イギリス　　イ．フランス　　ウ．ドイツ　　エ．アメリカ

（５）1904 年、日露《にちろ》戦争がおこり、日露両軍に多くの戦死者がでました。その時、戦場の弟を思い『君死にたま《も》ふ《う》ことなかれ』という詩が日本で発表されました。この詩の作者を次のア～エより１人選び、記号で答えなさい。

ア．与謝野晶子《よさのあきこ》　　イ．平塚らいてう《ひらつからいちょう》　　ウ．樋口一葉《ひぐちいちよう》　　エ．市川房枝《いちかわふさえ》

（６）第一次世界大戦後の 1920 年、国際的な平和を築くことを目指してつくられた国際組織を□□□□といいます。日本も当初は入っていましたが、1933 年に脱退《だったい》しました。□□□□にあてはまる語を答えなさい。（□１つは漢字１字が入ります。）

（７）第二次世界大戦末期、日本の多くの都市は空襲《くうしゅう》により被害《ひがい》を受け、特に２つの都市には原子爆弾《ばくだん》が投下されました。1945 年に原爆が投下された都市の内、2023 年５月に先進国首脳会議（Ｇ７）が開催《かいさい》された都市の名前を書きなさい。

問７．第二次世界大戦後、国際社会の平和を守るために国際連合がつくられました。

（１）国際連合の中には、戦争や食料不足による飢《う》えなど厳しい生活をしている地域の子どもたちを支援《しえん》する国連児童基金という組織があります。第二次世界大戦の直後には、日本も食料不足となり、国連児童基金から脱脂粉乳《だっしふんにゅう》など給食の支援を受けていました。国連児童基金は、一般《いっぱん》に○○○○という略称《りゃくしょう》でよばれます。(○１つはカタカナ１字が入ります。)国連児童基金の略称を書きなさい。

（２）国際連合がつくられた後も、世界では多くの戦争がおこりました。1950 年におこった戦争で、日本に警察予備隊(後の自衛隊)が発足するきっかけとなった戦争はどれか、次のア～エより１つ選び、記号で答えなさい。

ア．朝鮮戦争　　イ．第二次中東戦争　　ウ．ベトナム戦争　　エ．湾岸《わんがん》戦争

（３）下の資料は、1989 年、アメリカとソ連の対立の象徴《しょうちょう》だった壁《かべ》を、その国の市民が乗り越《こ》えている所です。このできごとは「(　　)の壁の崩壊《ほうかい》」とよばれます。(　　)にあてはまる都市の名前を次のア～エより１つ選び、記号で答えなさい。

ア．ロンドン
イ．パリ
ウ．モスクワ
エ．ベルリン

**2**　2023年にＷＢＣ(ワールド・ベースボール・クラシック)が開催され、日本代表の優勝で幕を閉じました。その他にも様々なスポーツの世界選手権がおこなわれ、2024年は世界最大の国際スポーツイベントであるオリンピックが開催されます。スポーツが社会の進歩に果たす役割として、『持続可能な開発のための2030アジェンダ宣言』では「スポーツもまた持続可能な開発における重要な鍵《かぎ》」とされています。スポーツおよびその国際的イベントについて、その可能性を考えてみましょう。

問１．ＷＢＣの準決勝と決勝は、下のグラフの X に入る国でおこなわれました。あとの問いに答えなさい。

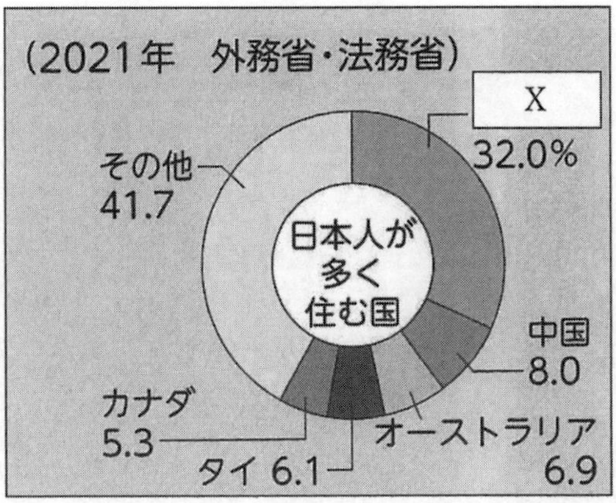


（１）グラフ中の X には、初代大統領の名前のついた特別区を首都とする国が入ります。その国名を答えなさい。

（２）日本代表に選出され活躍《かつやく》したラーズ・ヌートバー選手は日本国籍《こくせき》を持っていませんでした。ヌートバー選手が日本代表に選ばれた理由として、正しいものを次のア～エより１つ選び、記号で答えなさい。

ア．各国代表には４人まで外国籍の選手を入れることが認められていた。
イ． X のメジャーリーグでは大谷翔平《おおたにしょうへい》選手とチームメイトであり、好成績を残していた。
ウ．母親が X からの移民であり、ヌートバー選手は日本プロ野球のチームに所属している。
エ．母親は X に在住しているが、日本国籍を持った日本人である。

問２．2024年に開催されるオリンピック・パラリンピックについて、下の文章はその開催都市を首都とする国について述べたものです。あとの問いに答えなさい。

ヨーロッパの西部に位置するこの国は、その西側には大西洋、東側はドイツと国境を接している国で、近代オリンピックの祖ピエール・ド・クーベルタンの祖国でもある。下の写真にある①セーヌ川に沿って開催され、これまでで最もサステナブルな大会の開催を目指している。歴史的には、18世紀に市民革命がおこり、国民が主役となって統一された国家の形成が促《うなが》された代表的な国としても有名である。その革命のさなかにつくられた「人権宣言」は、近代市民社会の原理を表しているとされ、②この原理は日本国憲法にも大きな影響をおよぼしている。

（１）この国の位置を下の地図のア～エより１つ選び、記号で答えなさい。

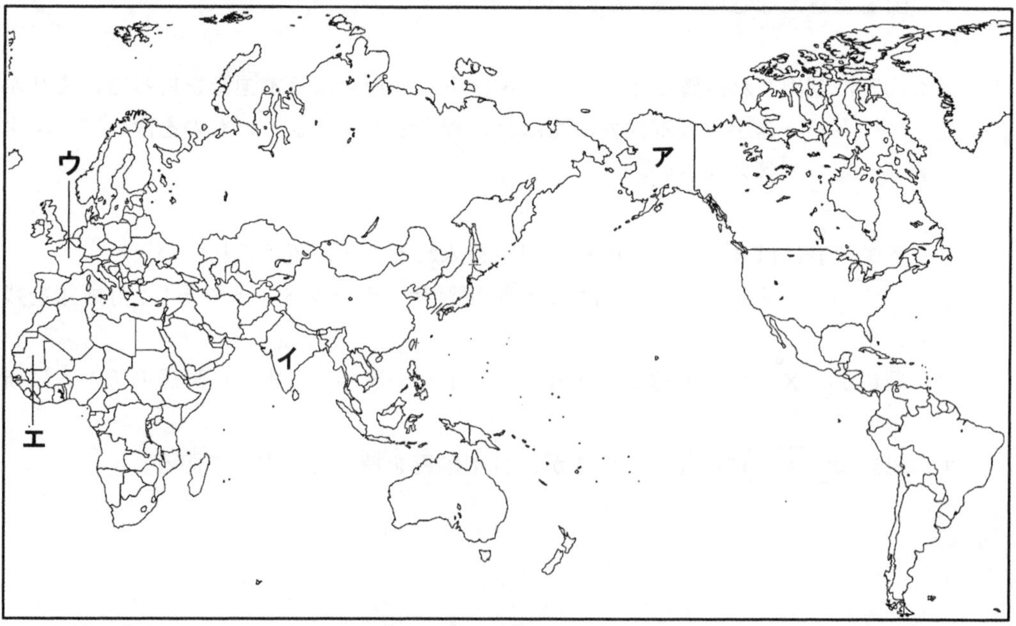

（２）下線部①のセーヌ川の河岸沿い一帯が世界遺産に登録されています。その中の建造物のひとつをモデルとして設計されたともいわれる日本の建造物を次のア～エより１つ選び、記号で答えなさい。

ア

イ

ウ

エ

（３）下線部②について、人権宣言に表されている原理が日本国憲法に影響をおよぼしていることを示している下の２つの条文の（　Ａ　）・（　Ｂ　）には共通の語句が入ります。（　Ａ　）・（　Ｂ　）にあてはまる語句を、次の【語群】より選びそれぞれ答えなさい。

人権宣言

| |
|---|
| すべて（　Ａ　）の根源は、本質的に（　Ｂ　）のうちに存する。いかなる団体も、またいかなる個人も、明示的にその根源から発してはいない権限を行使することはできない。 |

日本国憲法

| |
|---|
| 天皇は、日本国の象徴であり日本国民統合の象徴であつて、この地位は、（　Ａ　）の存する日本（　Ｂ　）の総意に基づく。 |

【語群】

| | | | |
|---|---|---|---|
| 国家 | 実権 | 臣民 | 国民 |
| 民族 | 三権 | 主権 | 政権 |

問３．国際的規模のスポーツには平和を促す役割が期待されていますが、日本国憲法にも下の条文にあるように平和主義の原則がかかげられています。この条文は日本国憲法の第何条か答えなさい。

| |
|---|
| ①日本国民は、正義と秩序《ちつじょ》を基調とする国際平和を誠実に希求し、国権の発動たる戦争と、武力による威嚇《いかく》又《また》は武力の行使は、国際紛争《ふんそう》を解決する手段としては、永久にこれを放棄《ほうき》する。<br>②前項《ぜんこう》の目的を達するため、陸海空軍その他の戦力は、これを保持しない。国の交戦権は、これを認めない。 |

問４．国際連合は、スポーツがＳＤＧｓ(持続可能な開発目標)に掲《かか》げる社会課題の解決に対して最大限貢献《こうけん》することを目指しています。下のＳＤＧｓの17の目標を見て、あなたはスポーツを通じてどの目標が達成できると考えますか。目標の番号を選び、その理由も含《ふく》めてあなたの考えを書きなさい。目標は複数選択《せんたく》してもかまいません。

**【理　科】**〈第２次試験〉（30分）〈満点：50点〉

注意事項：定規・コンパス・分度器は使用できません。

**1**　サクラの枝を使って、次のような実験を行いました。下の問いに答えなさい。

〔実験〕

① 同じ量の水が入った４本の試験管Ａ～Ｄを用意した。試験管ＡとＢには葉のついたサクラの枝を、試験管ＣとＤには葉をとったサクラの枝を、それぞれ別々にさした。
なお、葉や枝の大きさ、葉の数などの条件はそろえて実験した。

② それぞれの試験管の水面に油をうかべ、試験管ＡとＣは気温の高いところに、試験管ＢとＤは気温の低いところに、それぞれ同じ時間置いた。

③ 数日後、それぞれの試験管の水の量を調べた。

〔結果〕

試験管の水の量は、図のように変化していた。

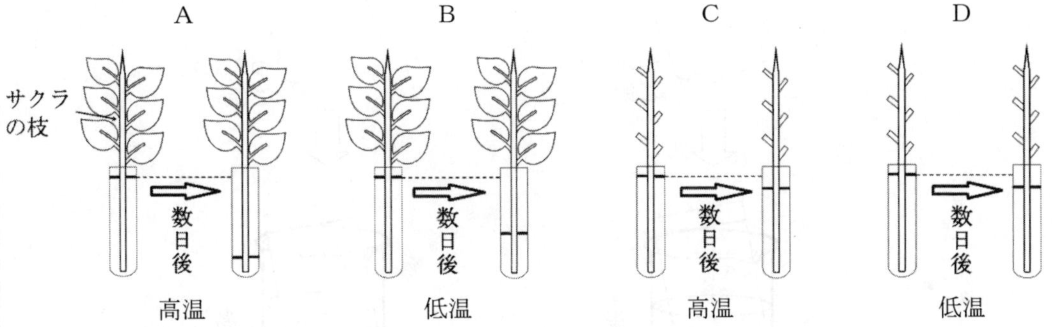


問１．下線部のように、水面に油をうかべるのはなぜですか。説明しなさい。

問２．結果より、水の蒸発は、主に葉から起こっていることがわかります。これは、図のＡ～Ｄのどれとどれの変化を比べればわかりますか。次の(ア)～(エ)から二つ選び、記号で答えなさい。

（ア）ＡとＢ　　（イ）ＡとＣ　　（ウ）ＢとＤ　　（エ）ＣとＤ

問３．この実験から、温度と水の蒸発には、どのような関係があるとわかりますか。説明しなさい。

問４．植物の葉から起こる水の蒸発のことを何といいますか。

**2** だ液のはたらきを調べるために、次のような実験を行いました。下の問いに答えなさい。

〔実験〕

① ２つのふくろに、ご飯を１つぶずつ入れて、ふくろの上から指でつぶした。

② ストローを使って、一方のふくろにだ液を入れた（ふくろA)。もう一方に、だ液と同じくらいの量の水を入れた（ふくろB)。

③ ご飯と混ざるようにそれぞれのふくろの上から指でよくもんでから、湯を入れたビーカーに２つのふくろを入れて、約１０分間待った。

④ ２つのふくろを湯からとり出し、それぞれのふくろの中にヨウ素液を１、２滴《てき》ずつ加えて、色の変化を調べた。

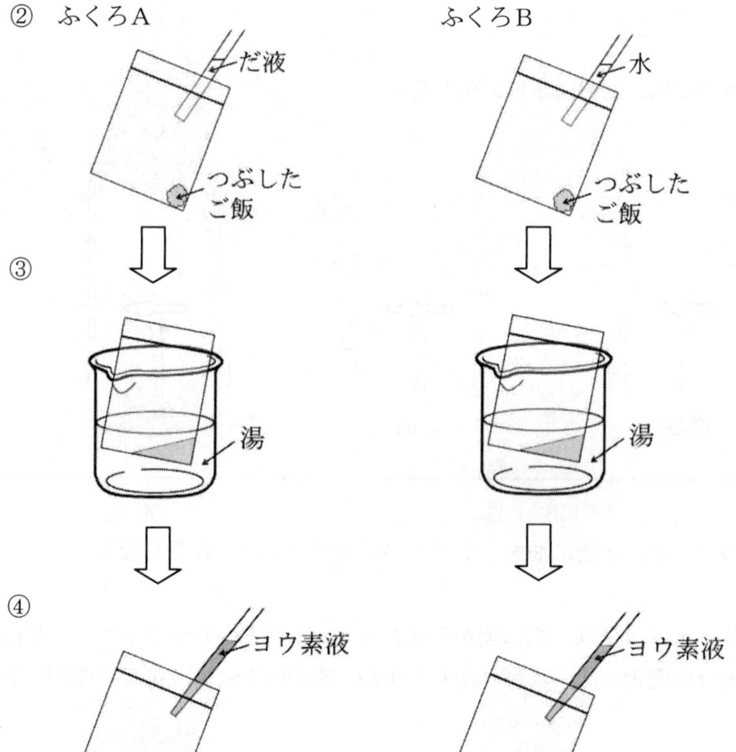


〔結果〕

| | ヨウ素液を加えた結果 |
|---|---|
| ふくろA | 色が変化しなかった |
| ふくろB | 色が変化した |

問１．実験③で使用するお湯の温度として最もよいものはどれですか。次の(ア)～(オ)から一つ選び、記号で答えなさい。

（ア）２０℃　（イ）３５℃　（ウ）５０℃　（エ）８０℃　（オ）１００℃

問２．ふくろＢの中身は何色に変化しましたか。

問３．ふくろＡの中身の色が変化しなかったのはなぜですか。説明しなさい。

問４．だ液などによって消化されたものは、主にどの臓器によって、からだに吸収されますか。

問５．問４の臓器は、消化されたものを吸収しやすいように、内側がどのようになっていますか。

問６．消化管の長さは、動物によってちがいがあります。次の(ア)～(エ)から、消化管の長さが最も長い動物を一つ選び、記号で答えなさい。

（ア）ニワトリ　（イ）ウシ　（ウ）ライオン　（エ）ヒト

**3**　水を熱したときの温度の変わり方を調べる実験を行いました。下の問いに答えなさい。

〔実験〕

右の図のように装置を組み立て、水を熱した。
２分ごとに水の温度を記録した。

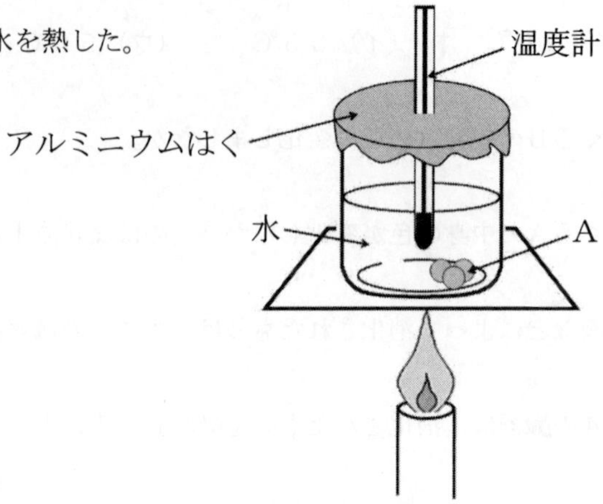


〔結果〕

| 時間［分］ | 0 | 2 | 4 | 6 | 8 | 10 | 12 | 14 |
|---|---|---|---|---|---|---|---|---|
| 温度［℃］ | 15 | 35 | 60 | 80 | 95 | 98 | 98 | 98 |

問１．結果を解答用紙のグラフにかきなさい。

問２．図のビーカーの中に入れるＡの名前を答えなさい。また、Ａを入れるのはなぜですか。説明しなさい。

問３．２０分後には、ビーカーの中の水が減っていました。水が減ったのはなぜですか。説明しなさい。

問４．やかんには、下の図のように口に笛がついているものがあります。お湯が沸《わ》いたときに、やかんの口につけた笛が鳴るのはなぜですか。説明しなさい。

**4**　物質を水に溶《と》かすとき、水の量と温度によって溶ける量が変わります。次のグラフは、それぞれの温度において、物質Ａ、Ｂ、Ｃが水100gに溶ける量を表しています。下の問いに答えなさい。ただし、溶ける量はすべて、最大の量として考えるものとします。

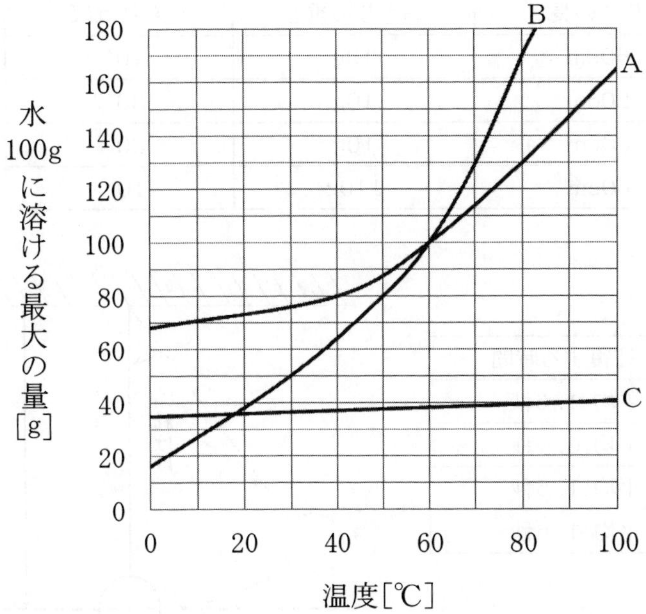


問１．物質Ａが、40℃の水100gに溶ける量は何ｇですか。

問２．物質Ａ、Ｂ、Ｃにおいて、70℃の水50gに溶ける量の大小関係を表すものはどれですか。
次の(ア)〜(カ)から一つ選び、記号で答えなさい。

（ア）Ａ＞Ｂ＞Ｃ
（イ）Ａ＞Ｃ＞Ｂ
（ウ）Ｂ＞Ａ＞Ｃ
（エ）Ｂ＞Ｃ＞Ａ
（オ）Ｃ＞Ａ＞Ｂ
（カ）Ｃ＞Ｂ＞Ａ

問３．50℃の水50gに物質Ａを50g加えて加熱しました。物質Ａが完全に溶ける温度は、最低何℃以上ですか。

問４．70℃の水200gに物質Ｂを300g加えて、よくかき混ぜました。溶けきれない物質Ｂは何ｇですか。

**5** 次のＡ～Ｄの条件で、ふりこが一往復する時間について、調べる実験をしました。下の問いに答えなさい。

〔実験〕

| 条件 | ふりこの長さ | おもりの重さ | ふれはば |
|---|---|---|---|
| A | 60cm | 10g | 10° |
| B | 20cm | 10g | 30° |
| C | 60cm | 10g | 30° |
| D | 60cm | 110g | 10° |

〔結果〕

| 条件 | 一往復する時間 |
|---|---|
| A | 平均 １．６秒 |
| B | 平均 ０．９秒 |
| C | 平均 １．６秒 |
| D | 平均 １．６秒 |

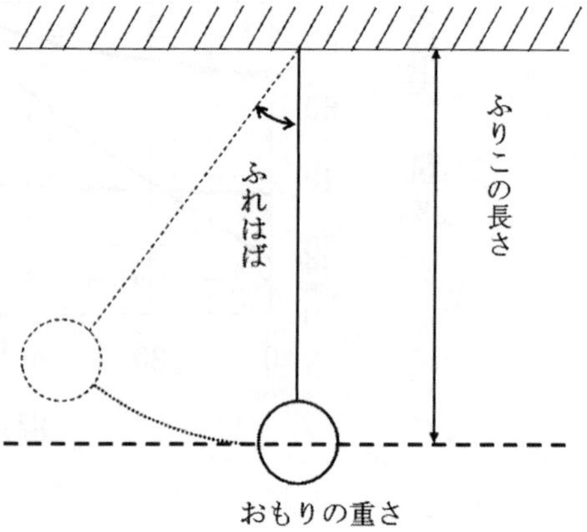


問１．一往復する時間とふりこの長さとの関係について調べるには、Ａ～Ｄのうち、何と何を比べるのが最も良いですか。

問２．一往復する時間とおもさの重さとの関係について調べるには、Ａ～Ｄのうち、何と何を比べるのが最も良いですか。

問３．一往復する時間とふれはばとの関係について調べるには、Ａ～Ｄのうち、何と何を比べるのが最も良いですか。

問４．実験の結果から、一往復する時間と関係があるものは、どれだと考えられますか。次の(ア)～(ウ)からすべて選び、記号で答えなさい。

(ア) ふりこの長さ
(イ) おもりの重さ
(ウ) ふれはば

**6**　同じ乾電池《かんでんち》と同じ豆電球を使って、次の①～④のような回路を作りA～Eの豆電球の明るさをそれぞれ調べました。下の問いに答えなさい。

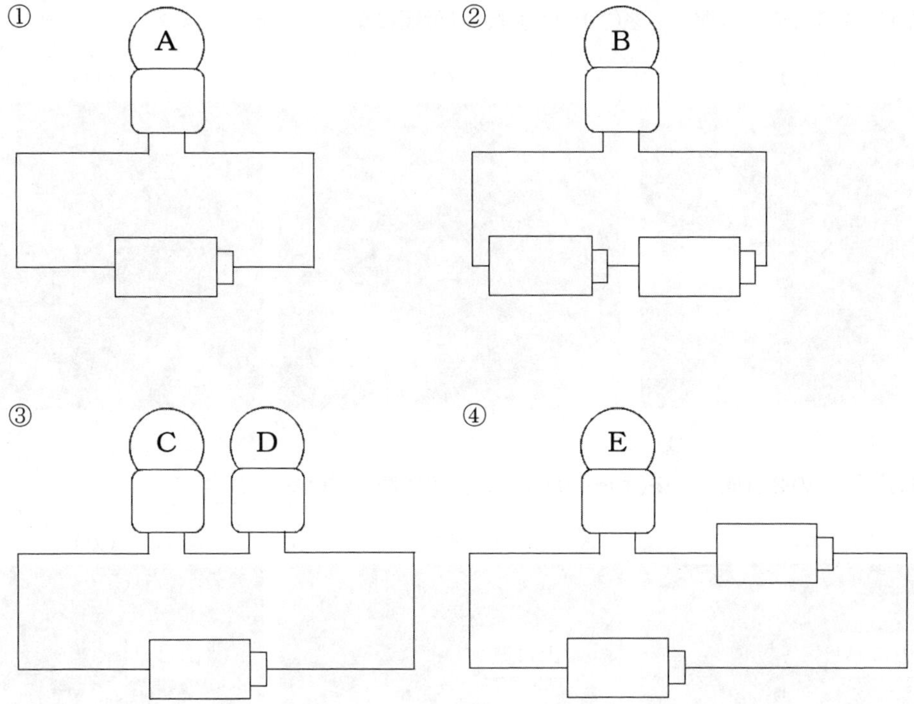


問1．B、D、Eの豆電球の光り方はそれぞれどうなりますか。次の(ア)～(エ)からそれぞれ選び、記号で答えなさい。

(ア) 光らない。
(イ) Aより暗く光る。
(ウ) Aより明るく光る。
(エ) Aと同じくらいに光る。

問2．図③の豆電球のつなぎ方を何といいますか。また、Cの豆電球をゆるめて光らなくすると、Dの豆電球の光り方はどうなりますか。

問3．信号機の電球は、発光ダイオードに変わってきています。その理由を説明しなさい。

**7** 次の図は、１０月と４月に、それぞれ３日連続で撮影された気象衛星の雲画像です。下の問いに答えなさい。

〔図A〕１０月の３日間　※(ア)～(ウ)は、日付順になっていない。

(ア)　(イ)　(ウ)

〔図B〕４月の３日間　※(エ)～(カ)は、日付順になっている。

(エ)　(オ)　(カ)

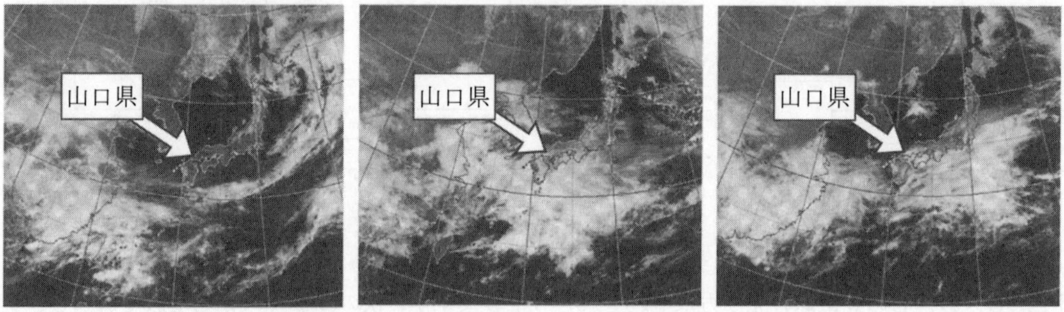


問１．図Aの①は、何といいますか。また、①は日本のどちらの方角で発生しますか。

問２．図Aの気象衛星の雲画像(ア)～(ウ)を日付順に並べ変えなさい。

問３．図Bの季節において、雲はどちらからどちらの方角へ動きますか。東西南北のいずれかで答えなさい。

問４．山口県に住んでいる花子さんは、図Bの３日間のいずれかの日に出かけました。その日は、一日中晴れており、雲ひとつありませんでした。出かけた日の気象衛星の雲画像は、どれですか。上の図の(エ)～(カ)から選び、記号で答えなさい。

問六　空らん Ⅰ 、 Ⅱ にあてはまることばを次から選び、それぞれ記号で答えなさい。

ア　垂直　　イ　横断　　ウ　時間　　エ　水平　　オ　上下　　カ　空間

問七　――線④「夫婦同姓が伝統でもなんでもない」とあるが、なぜそのように言えるのか、説明しなさい。

問八　――線⑤「ヨコの視点で見る」とはどういうことか、四十字以内で説明しなさい。

問九　==線「自分の頭で考える力をつけるにはどうしたらいいのでしょうか」とあるが、次の1～5について、「自分の頭で考える力をつける」ために必要なこととして合っているものにはA、合っていないものはBで答えなさい。

1　調査結果などの客観的な数字や事実をもとにして、論理を組み立てることで相手を説得しようとすること。

2　エビデンスを強化するために、エピソードを数多く集めることで確かな根拠としようとすること。

3　具体的な事例を知ることで理解を深めながら、数字や事実に基づいた根拠とあわせて物事を考えること。

4　断片的な知識ばかり身につけるのではなく、自分の知識を活かすために、様々な視点から物事をとらえること。

5　昔はどうしていたのかや、他の国ではどうしているかをしっかりと検証し、その例にならっていくこと。

問四　――線③「一部の人たちのエピソード」とあるが、このエピソードとしてもっともふさわしいものを次から選び、記号で答えなさい。

ア　働いても生活できないほどわずかな金額しか稼げない。
イ　生活保護が必要な家庭すら、世間体を気にして申請していない。
ウ　体を壊してしまったから仕事ができない。
エ　生活保護をもらいながら、そのお金でパチンコをして遊んでいる。

問五　空らん［　　　］の部分には、次の１から４の文を並べかえたものが入ります。どのように並べかえたらよいか、その順番を示したものとしてもっともふさわしいものをア～エから選び、記号で答えなさい。

１　この場合、日本人男性の平均身長が１７０センチメートルほどであることはエビデンスがあり、１４０センチメートルとか２２０センチメートルの人もいるということは、個別のエピソードです。
２　平均値をとっても、正規分布で見てもそうなっています。
３　日本の成人男性の平均身長は１７０センチメートルほどです（２０２２『統計でみる日本』日本統計協会）。
４　だからといって「日本人の男性は全員１７０センチメートルなんだろう」と言われたらびっくりしますし、かといって、平均値や正規分布を無視して、１４０センチメートルとか２２０センチメートルの人たちばかりを取り上げて、「おれが会ったことのある日本人は１４０センチメートルだったから、日本人は背が低いはずだ」などと決めつけるのも、変な話だということがわかります。

ア　２→３→４→１　　イ　３→２→４→１
ウ　１→３→２→４　　エ　１→４→２→３

夫婦別姓の話はひとつの例に過ぎません。もちろん、結婚したら相手の苗字に変えたいと思う人は、そうすればいいと思います。表札をふたつ出すのがめんどうだと思ったら、どちらかに合わせた方が便利かもしれません。

ただ、大事なことは「伝統だから」「昔からそう決まっているから」という言葉で思考停止してしまわずに、タテとヨコの視点で検証し、自分の頭で考えることです。

人間は時間と空間の中で生きています。時間は絶えず流れて物事は移り変わりますし、空間の位置をちょっとずらせば、事情も変わってきます。その中で、何が普《ふ》遍《へん》的なことなのか、時間と空間の座標軸の中で考えてみる。

そういう土台を自分の中につくることで、初めて知識が活《い》きます。断《だん》片《ぺん》的な知識ばかりを身につけても、ただの丸暗記で終わってしまいます。

（出口 治明『なぜ学ぶのか』小学館）

＊センセーショナル …… 世間の強い関心をよぶさま。

問一　空らん［A］～［C］にあてはまることばを次から選び、それぞれ記号で答えなさい。

ア　たとえば　　イ　あるいは　　ウ　しかし　　エ　だから　　オ　つまり

問二　――線①「データ・ファクト・ロジック」とあるが、この論理にもとづいた発言としてもっともふさわしいものを次から選び、記号で答えなさい。

ア「今はやっているヒーローアニメのグッズを、みんな買っているので、私にも買ってほしい。」

イ「博物館の年間パスポートを買ってほしい。博物館に何度も行くことで、私の知識も増えると思うんだ。」

ウ「海外旅行をした小学生の７割が、英語の成績を上げたという調査結果があるので、私も海外へ行きたい。」

エ「本をたくさん読むと思考力が身につくと聞いたことがあるので、私は本をたくさん読もうと思う。」

問三　――線②「裏打ち」の使い方としてもっともふさわしいものを次から選び、記号で答えなさい。

ア　自信に裏打ちされた主張を述べる。

イ　計画を裏打ちしたため、失敗した。

ウ　定例会議をみなで裏打ちする。

エ　心が裏打ちされているので安心だ。

エピソードで語ること自体、間違《まちが》っているわけではありません。そうした事例があることは事実ですし、数字だけを見ているよりも、具体的なエピソードを紹介《しょうかい》することで、理解が深まることもたくさんあります。

自分の頭で考えるもうひとつの方法は、「タテ」「ヨコ」思考を身につけることです。

「タテ」は［Ⅰ］軸《じく》です。昔はどうだったのか、［Ａ］未来はどうなるのか、考えてみることです。

「ヨコ」は［Ⅱ］軸です。ほかの国や地域ではどうか、世界を水平にして見る視点です。

人間は、どうしても目の前の出来事にとらわれて世界を見てしまいがちです。そんなとき、「タテ・ヨコ思考」で見てみることで、違う視点で考えることができます。

［Ｂ］夫婦別姓《ふうふべっせい》の議論があります。日本では、結婚《けっこん》すると男性か女性、どちらかの苗字《みょうじ》（姓）を選ばなければなりません。男性が女性の家の苗字を名乗ってもいいのですが、実際には、女性が男性の苗字に合わせることがほとんどです。

苗字が変わると、キャッシュカードやクレジットカードの届出を変えたり、印鑑《いんかん》を変えたりしなければならないので、いろいろと手続きがあります。ちなみに、もし離婚《りこん》したら、またやり直しです（日本の離婚率は35パーセントほどと言われていますから、少なからぬ人がこの手続きを繰《く》り返しているわけです）。

さすがにそれはめんどうだという声も多く、「選択《せんたく》的夫婦別氏（姓）制度」、つまり夫婦が望んだ場合には、結婚したあともそれぞれ元の苗字を名乗れるように法律を変えようという動きがあります。［Ｃ］、これに反対する人も多く、なかなか進んでいません。

反対する人の意見を聞くと「日本の伝統が失われてしまう」「代々続いてきた家を守るためにも夫婦は同じ苗字を名乗るべきだ」と言います。

この議論をタテの視点で見てみましょう。

鎌倉《かまくら》幕府を開いた源頼朝《みなもとのよりとも》の奥さんは誰でしょうか。北条政子《ほうじょうまさこ》ですね。④夫婦同姓が伝統でもなんでもないことは、歴史の教科書を読めば、すぐにわかることです。そもそも夫婦同姓が法律で定められたのは明治時代のことです。江戸《えど》時代以前には、庶民《しょみん》は姓を持たないことも珍《めずら》しくありませんでした（江戸時代までは、苗字を名乗ることができるのは、公家《くげ》や武家など一部の人たちに限られていました。１８７５年にできた「平民苗字必称《ひっしょう》義務令」という法律によって、すべての国民が苗字を名乗ることが義務になったのです）。

では、⑤ヨコの視点で見るとどうでしょうか。世界の主要先進国の中で、夫婦同姓を法律で定めているのは日本だけです。

エピソードで考えることと、エビデンスで考えること。このふたつをちゃんと使い分けることも、自分の頭で考える上で、とても大切なことです。

　エピソードというのは、物語のこと。エビデンスは、数字や事実に基《もと》づいた根拠《こんきょ》です。

　たとえば生活保護についての議論があります。新聞やテレビでも、よく話題になっていますから、ご覧になった方もいらっしゃるかもしれません。

　生活保護というのは、なんらかの事情で働けない人たち、働いても生活できないほどわずかな金額しか稼《かせ》げない人たちに対して、国が生活費を支援《しえん》する制度です。

　しかし、「体を壊《こわ》してしまったから仕事ができません」といって生活保護をもらいながら、そのお金でパチンコをして遊んだり、お酒を飲んで暮らしている人たちも中にはいます。そういう話題は*センセーショナルだからでしょうか、テレビなどでも、生活保護をもらって遊んでいる人を取り上げています。

　そういう人たちがいることも事実でしょう。ただ、「不正受給している人がいる」「お金をもらってパチンコで遊んでいる人がいる」というのは、単なるエピソードです。つまり、そういう事例もあるということに過ぎません。

　一方で、エビデンスで見るとどうでしょうか。

　エビデンスで見ていくと、生活保護は99パーセントが正しく利用されている、つまり、なんらかの事情があって困窮《こんきゅう》している世帯が生活費に充《あ》てていることがわかります。むしろ、本来なら生活保護が必要な家庭ですら、世間体《せけんてい》を気にして申請《しんせい》していないという事実さえあります。不正受給に当たる人は、全体の1パーセント程度しかいないことがわかります。

　生活保護の問題で、不正受給している③一部の人たちのエピソードだけを見て、「けしからん。生活保護など廃止《はいし》してしまえ」となったら、どうなるでしょうか。本当に困っている人の命綱《いのちづな》を奪《うば》ってしまうことになります。エピソードだけでなく、エビデンスを使って検証することで、より正しい判断をすることができます。

**四** 次の文章を読み、あとの問いに答えなさい。

では、自分の頭で考える力をつけるにはどうしたらいいのでしょうか。ひとつは①「データ・ファクト・ロジック」を使うことです。

データは、客観的な数字です。

ファクトというのは、事実です。

ロジックというのは、論理です。数字とファクト（事実）をもとに、論理を組み立てて考えることです。

たとえば新しいゲーム機を買ってもらいたいなと思ったとき、「みんな持っているから、買ってよ」と親にお願いするのは「データ・ファクト・ロジック」がない例です。

「みんな」というのは、いったい誰《だれ》のことなのでしょうか。「○○ちゃんと△△くんが持っていた」というのは「ファクト（事実）」ではあるかもしれませんが、それを「みんな」というのはちょっと無理があります。

「データ・ファクト・ロジック」に②裏打ちされた説得力のあるお願いをしようと思ったら、まず数字を集めます。クラスに35人の生徒がいるうち、80パーセントにあたる28人がそのゲーム機を持っている。あるいは、日本国内の児童のうち、72パーセントはそのゲーム機を持っている、といった数字がデータです。

こうしたデータ（数字）によって、「日本の子どもの過半数はそのゲーム機を持っている」ことが「ファクト（事実）」として証明されます。

次はロジック（論理）です。「同年代の過半数が持っているから、買ってください」というのも、いちおう理《り》屈《くつ》は通っています。

さらにロジック（論理）を強化して親を説得しようとするなら、「日本の子どもの72パーセント以上はそのゲーム機を持っており、そのうち60パーセント以上の子どもが学校の成績が上がったというデータがあります。僕《ぼく》も学校で良い成績をとりたいので、このゲーム機を買ってください」というように、より有利なデータを探してきて、しっかりした論理を組み立てるのです。

実際、このようなお願いをして、ゲーム機を買ってもらえるかどうかはわかりませんが、「みんな持ってるから買って」よりは効果があると思います。

問五　――線③「となりにいたおかあさんが、あわてて男の子の口をおさえた」のはなぜか、その理由を五十字以内で説明しなさい。

問六　――線④「目の奥が熱くなった」とあるが、このときの「ぼく」の気持ちを説明しなさい。

問七　――線⑤「眉のあいだにシワをよせて、ぼくの顔をのぞきこんだ」とあるが、このときのミンミンの気持ちとしてもっともふさわしいものを次から選び、記号で答えなさい。

ア　不安　　イ　恐怖《きょうふ》　　ウ　心配　　エ　不快　　オ　疑問

問八　――線⑥「もうひとりのぼくがいるみたいだった」とあるが、この説明としてもっともふさわしいものを次から選び、記号で答えなさい。

ア　自分の意志で自分の感情を発言しているのではなく、ミンミンに無理に言わされているということ。
イ　自分がまったく思ってもいないことを、気づけば無意識のうちに口にしてしまっていたということ。
ウ　いつもの自分とちがい、冷静に発言できておらず、感情にまかせて言葉を発してしまっているということ。
エ　幼稚園に通っていたころの自分が、今の自分に、ひどいことを発言させているように感じているということ。

問九　本文から読みとることのできる「ミンミン」の人物像として、もっともふさわしいものを次から選び、記号で答えなさい。

ア　気持ちがそのまま大きなリアクションにつながるような素直な人。
イ　自分の楽しみのためだけに、まわりの人をふり回してしまう人。
ウ　悲しいことがあるとすぐにうろたえ、涙を流してしまう人。
エ　まわりの人の気持ちを考えずに大声を出してしまう鈍《どん》感《かん》な人。

うろたえるミンミンに、ぼくは次々に言葉を投げつけた。
「そうさ。みんな、自分だけよければいいんだ。ミンミンだって、そんなやぼったいかっこうで革靴のままビーチにきてさ。ここは北京《ペキン》の学校じゃないんだからね。いっしょにいるぼくの気持ちなんて、ぜんぜん気にもしないじゃないか。みんな……みんなもう、うんざりだ！」
いつものぼくじゃない、⑥もうひとりのぼくがいるみたいだった。
ぼくは呆然《ぼうぜん》と立っているミンミンを残して、からだを反転させ、駅への道をかけだした。
いちどもふりむかなかった。ふりむけなかったのだ。

（森島　いずみ『まっすぐな地平線』偕成社）

問一　空らん［A］～［C］にあてはまることばを次から選び、それぞれ記号で答えなさい。

ア　楽だった　　イ　乗らなかった　　ウ　ぬけていた　　エ　さめていた　　オ　散っていた

問二　――線①「たしなめる」の意味としてもっともふさわしいものを次から選び、記号で答えなさい。

ア　冷ややかな目でながめる
イ　悪いところを直すように注意する
ウ　気にくわない行動を責め立てる
エ　ふさわしい行動ができるようはげます

問三　――線②「よけいに気持ちがねじまがってしまう」のはなぜか、説明しなさい。

問四　空らん［D］～［F］にあてはまる語を次から選び、それぞれ記号で答えなさい。

ア　ヒソヒソ　　イ　ひょこひょこ　　ウ　のろのろ　　エ　プツン　　オ　すとん　　カ　がやがや

泣いてたら、とうさんが走ってきて、逃げていくカニをつかまえてくれたんだ。つかまえたカニを、ぼくの青い小さなバケツに入れて、それから、

「ほら、悠介。カニはこうしてつかむとはさまれないんだ」

って、カニのつかみ方を教えてくれたんだ。

かあさんは、ビーチパラソルの下で、ぼくたちを見て笑ってた。そうだよ、かあさんは、目を細くして、笑ってたんだ。あんなふうに笑うかあさんを、ぼくはもう何年も見ていない。かあさんが笑わなくなったのは、いつごろからだっただろう……。

鼻の奥《おく》が、ツーンとして、④目の奥が熱くなった。

にじんだ視界の中で、両手に革靴を持ったミンミンが歩いてくる。ひざまで折りあげた黒いズボンのすそからのびる砂だらけの足。歩いてくるミンミンを追ういくつもの視線の先が、ぼくに移る。

もうやめよう。もうたくさんだ。

「悠介。どうしましたか」

ミンミンは、自分にむけられた視線など、気にもとめない。どうしてそんなふうでいられるんだろう。

「ミンミン……」

F、となにかが切れた。

「やっぱりぼくは帰る」

「悠介？」

ミンミンは、⑤眉《まゆ》のあいだにシワをよせて、ぼくの顔をのぞきこんだ。

「こんなところにきたって、どうにもならないし、うれしくも楽しくもない。ぼくは帰る」

「悠介。帰るって……大阪へもどるのですか……？」

ミンミンのメガネの奥の目の色がどんどんくもっていくのがわかる。でもぼくの口からは、大きな感情のうねりにまかせて、どんどん言葉が吐《は》きだされていく。

「大阪じゃない。千葉に帰る。こんな家出のまねをしたって、なにも変わらない……。大人はみんな勝手だよ」

涙《なみだ》が、ひと粒《つぶ》こぼれた。ひと粒こぼれたら、もうひと粒。次から次へとあふれてくる。

「悠介……」

たが、気が重かった。
特急列車が二時間も南へ走ると、別世界みたいな海辺の風景が、窓の外にひろがった。
「悠介。ほんとうに美しいですね。海が宝石のようにかがやいています」
ミンミンは感激している。
ぼくの目には海の色が明るすぎて、②よけいに気持ちがねじまがってしまう。
ミンミンが、ガイドブックを見て、おりる駅を決めた。どうやら駅と海岸がいちばん近い駅にしたようだった。
小さな駅で列車をおりると、海岸までの道沿いの店に、色とりどりの浮《う》き輪やビーチボールが束になって下げられている。
そのあいだを十分ほど歩くと、エメラルドグリーンの海が目の前にひろがった。
千葉の海にくらべると人は少なかったが、それでも日曜日とあって、浜辺はけっこうにぎわっている。
「アイヤー。悠介！　ほんとうに、きれいですねえ」
ミンミンは、千葉の海のときと同じように、革靴《かわぐつ》をぬいではだしになり、波打ちぎわへむかって歩きだした。砂が熱いのだろう。［D］と、つま先で歩いていく。
虹《にじ》色のビーチパラソルの下でジュースを飲んでいた男の子が、ミンミンを指さしてなにかいおうとした。③となりにいたおかあさんが、あわてて男の子の口をおさえた。
するとそのすぐそばで寝《ね》そべっていた高校生ぐらいの女の人たちが、起きあがってミンミンに注目し、［E］と耳打ちをはじめた。
「やっぱ、なんかなあ。恥《は》ずかしいよな」
ぼくは砂浜へおりていく石段の途中《とちゅう》に立ったまま、つぶやいた。ミンミンがなんといおうと、どう見ても場ちがいだった。
水着とサンダルでなくたっていいから、せめてもっと海らしい服を着てくれればいいのに。
砂浜に穴を掘《ほ》ったり、カニを追いかけたりしている子どもたちが目にはいった。
すると、ぼくの中でねむっていた遠い記憶《きおく》の中の出来事が、まるでカメラのピントを合わせるように、だんだんあざやかになっていった。
そうだ。ぼくにも、こんなときがあったんだ。何年前だろう。幼稚園《ようちえん》に通っていたころだろうか。カニがほしくて、追いかけて、捕ろうとして、はさまれて痛くて泣いたんだ。カニがぼくの手から逃《に》げだして、どんどん遠くへ行ってしまうのがくやしくて悲しくて、大声で泣いた。

## 三　次の文章を読み、あとの問いに答えなさい。

> 小学六年生の「ぼく（悠介《ゆうすけ》）」は、千葉県で、母と二人暮らしをしている。母は出版社に勤めており、いつもいそがしい。自分は母にとっていらない存在なのではないかと考えた「ぼく」は、母が仕事で留守の間に家出をし、「ミンミン」に付いて大阪へ来てしまった。「ミンミン」は、「ぼく」が以前お世話になった中国人女性である。大阪に住む兄の「ターミン」に会うため初来日し、大阪へ行く前に千葉へ「ぼく」に会いに来た。

三日目は土曜日だったので、ターミンさんがユニバーサルスタジオに行こうといった。ぼくはあまり気が［　A　］けど、ミンミンがどうしても行ってみたいというので、行くことにする。

アトラクションに乗って「アイヤー」と大声をあげるミンミンの横で、ぼくの気持ちは［　B　］。中国からの観光客はたくさんいて、ミンミンも大勢のなかのひとりって感じだったから、ぼくもなんとなく気が［　C　］けど、ミンミンのリアクションの大きさはやっぱり人一倍なのだ。

ターミンさんが、はしゃぎすぎるミンミンを①<u>たしなめる</u>。

ぼくは、幸せそうな家族連れにやっぱり目がいってしまう。

そして大阪にきて四日目。かあさんからの二度目の電話はないし、二部屋だけのターミンさんのアパートにとじこもっていると気持ちがふさぐといって、ミンミンが切りだしたのは、また海へ行くことだった。

「千葉の海に行ったとき、悠介はわたしにいいました。日本の海はほんとうはもっときれいだって。悠介と、きれいな海を見にいきたいです」

「じゃあ、特急列車で紀伊《きい》半島を和歌山のほうに行くといいですね。わたしもいちど行きましたが、砂浜の砂が白くて海の色がとてもきれいでした」

ターミンさんが、本棚《ほんだな》からガイドブックをだしてきた。

ぼくは、なにもする気が起きなかった。かあさんがなにを考えているのかわからなかったから、いつまでもすっきりしない。なんだか見捨てられたようで、むしゃくしゃする。

「悠介。きれいな海を見にいきましょう」

ミンミンはすっかりその気になってしまい、あれこれと準備をはじめた。ぼくはしかたなく、ミンミンにつきあうことにし

# 2024年度 聖セシリア女子中学校

【国　語】〈第二次試験〉（五〇分）〈満点：一〇〇点〉

注意事項：解答するときは、なるべく漢字を使用しなさい。

**一** 次の――線のカタカナを漢字に直し、漢字は読み方を答えなさい。

1 ふしぎなゲンショウが起こる。　2 ウチュウ飛行士になりたい。　3 選手がインタイする。

4 解決はヨウイだ。　5 これではまるでキゲキだ。　6 ジュクレンした技術を持つ職人。

7 ジュンシンな心を持ち続ける。　8 ブームが再燃する。　9 平和が永久に続くよう願う。

10 険しい山を登る。

**二** 例にならって、次の1、2について、それぞれの条件を満たした短文を一文で作りなさい。なお、ことばの順番を変えたり、活用（文の流れの中でことばの形を変化させること）させたりしてもかまいません。

例 「さほど」、「及《およ》ぶ」ということばを使った主語・述語の整った文。

私の兄は世界記録更新《こうしん》を期待された選手であったが、さほど結果が出ず、記録更新には及ばなかった。

1 「流行」、「目にする」ということばを使った主語・述語の整った文。

2 「快適」、「はかどる」ということばを使った主語・述語の整った文。

# 2024年度
# 聖セシリア女子中学校 ▶解 答

※ 編集上の都合により，第２次試験の解説は省略させていただきました。

## 算 数 ＜第２次試験＞（50分）＜満点：100点＞

**解 答**

[1] (1) 130 (2) $2\frac{1}{5}$ (3) 10 (4) $\frac{1}{10}$ (5) 15 (6) $\frac{2}{3}$ (7) 36分 [2] (1) 400円 (2) 毎秒1.1m (3) 1.5cm (4) 60円 [3] (1) 116度 (2) $12.5cm^2$ (3) $2041cm^3$ [4] (1) 毎分$4000cm^3$ (2) 25分後 (3) (ア) 40 (イ) 7 (ウ) 14 (エ) 19 [5] (1) 33 (2) 95 (3) 黄色，34番目 (4) $3 \times N - 2$

## 社 会 ＜第２次試験＞（30分）＜満点：50点＞

**解 答**

[1] **問１** (1) ア (2) イ (3) 邪馬台国 (4) ウ (5) (例) 薄くて丈夫な土器。 **問２** (1) 法隆寺 (2) ウ (3) エ **問３** (1) 藤原道長 (2) イ (3) 厳島神社 **問４** (1) (例) てつはう(火薬兵器)を使用している。(集団戦術である。) (2) ウ (3) フランシスコ・ザビエル (4) (例) 南蛮船が入港している。／黒い服の宣教師がいる。(南蛮人が傘をさしている。)(黒人の奴隷がいる。)(おりの中に虎がいる。)(南蛮寺に十字架が立っている。) (5) エ **問５** (1) ア (2) 徳川家光 **問６** (1) イ (2) イ (3) エ (4) ウ (5) ア (6) 国際連盟 (7) 広島 **問７** (1) ユニセフ (2) ア (3) エ [2] **問１** (1) アメリカ合衆国 (2) エ **問２** (1) ウ (2) イ (3) **A** 主権 **B** 国民 **問３** 9 **問４** (例) 16・17／スポーツは，国際的なイベントを開くことで，各国が国際協調および相互理解の場となって，敵対する国どうしが武力によらない友好な関係を築くきっかけとなり，16と17の目標の達成に貢献できると考えられる。

## 理 科 ＜第２次試験＞（30分）＜満点：50点＞

**解 答**

[1] **問１** (例) 水面からの蒸発を防ぐため。 **問２** (イ)，(ウ) **問３** (例) 温度が高いほど，水の蒸発する量が増えるという関係。 **問４** 蒸散 [2] **問１** (イ) **問２** 青むらさき色 **問３** (例) だ液のはたらきで，ごはんにふくまれる物質が別の物質になったから。 **問４** 小腸 **問５** (例) ひだになっている。 **問６** (イ) [3] **問１** 下の図 **問２**

**名前**…ふっとう石　**理由**…(例)　水が急にふっとうするのを防ぐため。　**問３**　(例)　蒸発したから。　**問４**　(例)　水蒸気が勢いよく笛の口から出ていくから。

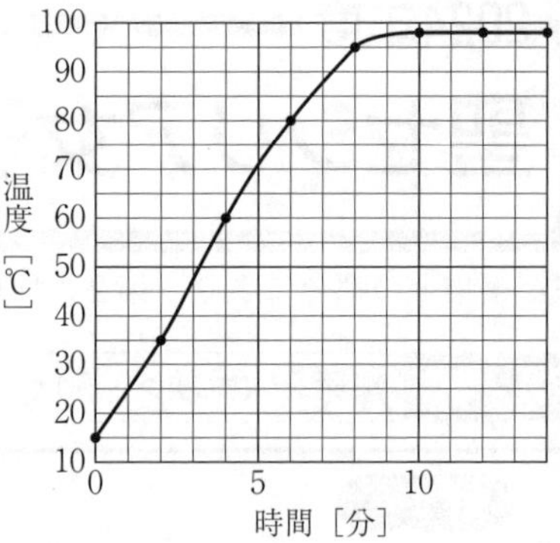


4　**問１**　80ｇ　**問２**　(ウ)　**問３**　60℃　**問４**　40ｇ　5　**問１**　ＢとＣ　**問２**　ＡとＤ　**問３**　ＡとＣ　**問４**　(ア)　6　**問１**　**Ｂ**…(ウ)　**Ｄ**…(イ)　**Ｅ**…(ア)　**問２**　**つなぎ方**…直列つなぎ　**Ｄ**…光らなくなる　**問３**　(例)　電球に比べて長持ちし，電気を節約できるから。　7　**問１**　①…台風　**方角**…南　**問２**　(イ)→(ア)→(ウ)　**問３**　西(から)東(へ)　**問４**　(エ)

## 国語　＜第２次試験＞（50分）＜満点：100点＞

### 解答

一　**１～７**　下記を参照のこと。　**８**　さいねん　**９**　えいきゅう　**10**　けわ(しい)
二　**１**　(例)　私は，古民家を再利用したカフェを目にして，古い物を大切に使う最近の流行を実感した。　**２**　(例)　父が新しいクーラーを設置してくれたので，快適に過ごせた私は，宿題がはかどった。　三　**問１**　**Ａ**　イ　**Ｂ**　エ　**Ｃ**　ア　**問２**　イ　**問３**　(例)　ぼくは，かあさんから連絡が来ないことが気になり，見捨てられたようでむしゃくしゃしているうえ，気が重く，とてもではないが，海を楽しむ気持ちにはなれないから。　**問４**　**Ｄ**　イ　**Ｅ**　ア　**Ｆ**　エ　**問５**　(例)　海辺には場ちがいな服装のミンミンを見た自分の子どもが，失礼な発言をするのを防ごうとしたから。　**問６**　(例)　昔の記憶を思い出したことで，かあさんの笑い顔をもう何年も見ていないことに気がついた悲しい気持ち。　**問７**　オ　**問８**　ウ　**問９**　ア　四　**問１**　**Ａ**　イ　**Ｂ**　ア　**Ｃ**　ウ　**問２**　ウ　**問３**　ア　**問４**　エ　**問５**　イ　**問６**　**Ⅰ**　ウ　**Ⅱ**　カ　**問７**　(例)　夫婦同姓が伝統であるならば，鎌倉時代から夫婦同姓であるはずなのに，源頼朝の妻は北条政子であり，夫婦別姓だから。
**問８**　(例)　夫婦別姓の議論をするときに，ほかの国や地域ではどうなのか，比べてみること。
**問９**　**１**　Ａ　**２**　Ｂ　**３**　Ａ　**４**　Ａ　**５**　Ｂ

**●漢字の書き取り**

一　**１**　現象　**２**　宇宙　**３**　引退　**４**　容易　**５**　喜劇　**６**　熟練　**７**　純真

## Dr.福井の

# 入試に勝つ! 脳とからだのウルトラ科学

### 寝る直前の30分が勝負！

みんなは，寝る前の30分間をどうやって過ごしているかな？　おそらく，その日の勉強が終わって，くつろいでいることだろう。たとえばテレビを見たりゲームをしたり――。ところが，脳の働きから見ると，それは効率的な勉強方法ではないんだ！

実は，キミたちが眠っている間に，脳は強力な接着剤を使って海馬《かいば》(脳の，知識をためる倉庫みたいな部分)に知識をくっつけているんだ。忘れないようにするためにね。もちろん，昼間に覚えたことも少しくっつけるが，やはり夜――それも“寝る前”に覚えたことを海馬にたくさんくっつける。寝ている間は外からの情報が入ってこないので，それだけ覚えたことが定着しやすい。

もうわかるね。寝る前の30分間は，とにかく勉強しまくること！　そうすれば，効率よく覚えられて，知識量がグーンと増えるってわけ。

では，その30分間に何を勉強すべきか？　気をつけたいのは，初めて取り組む問題はダメだし，予習もダメ。そんなことをしても，たった30分間ではたいした量は覚えられない。

寝る前の30分間は，とにかく「復習」だ。ベストなのは，少し忘れかかったところを復習すること。たとえば，前日の勉強でなかなか解けなかった問題や，1週間前に勉強したところとかね。一度勉強したところだから，短い時間で多くのことをスムーズに覚えられる。そして，30分間の勉強が終わったら，さっさとふとんに入ろう！

ちなみに，寝る前に覚えると忘れにくいことを初めて発表したのは，アメリカのジェンキンスとダレンバッハという2人の学者だ。

Dr.福井(福井《ふくい》一成《かずしげ》)…医学博士。開成中・高から東大・文Ⅱに入学後，再受験して翌年東大・理Ⅲに合格。同大医学部卒。さまざまな勉強法や脳科学に関する著書多数。

***Memo***

# 2023 年度　聖セシリア女子中学校

**【算　数】**〈第１次試験〉（50分）〈満点：100点〉

注意事項　1．円周率は3.14を使用しなさい。
　　　　　2．定規・コンパス・分度器は使用できません。

**1**　次の □ にあてはまる数を入れなさい。

（１）$189 - 119 \div 7 + 4 = \square$

（２）$\frac{5}{6} - \frac{4}{5} \div 2\frac{2}{3} = \square$

（３）$3.6 \div 12 + 0.6 \times 1.5 = \square$

（４）$1\frac{3}{4} \div \left(\frac{3}{4} - \frac{2}{5}\right) \div 1\frac{6}{7} \times \left(1\frac{8}{21} - \frac{1}{7}\right) = \square$

（５）$\left\{1.2 \times \left(\frac{1}{3} + \frac{1}{4}\right) - 0.3\right\} \div \frac{1}{5} = \square$

（６）$(241 - \square) \div 12 - 6 = 8$

（７）２５００円の品物を □ ％引きした後に２割増しすると
２１００円になります。

**2** 次の各問いに答えなさい。また、答えを求めるときの式も書きなさい。

（１）１個１５０ｇのじゃがいもと１個２００ｇの玉ねぎを合わせて５０個買ったところ、９.１ｋｇになりました。玉ねぎは何個買いましたか。

（２）目的地に向けて、はじめの２.６ｋｍを分速６５ｍで歩き、残りの４ｋｍを分速８０ｍで歩きました。目的地に着くまで何時間何分かかりましたか。

（３）姉と妹が同じ値段の本を１冊ずつ買いました。本の代金は、姉の持っていたお金の $\frac{1}{3}$ 、妹の持っていたお金の $\frac{3}{5}$ にあたります。また、姉と妹がはじめに持っていたお金の差は１０００円でした。本の代金は１冊いくらですか。

（４）兄と弟が２人で行うと６日間かかる仕事を、兄が１人で行うと１０日間かかります。この仕事を弟が１人で行うと、何日かかりますか。

**3** 次の各問いに答えなさい。

（１）右の図は１辺の長さが等しい正方形と正三角形を合わせたものです。角Xの大きさを求めなさい。

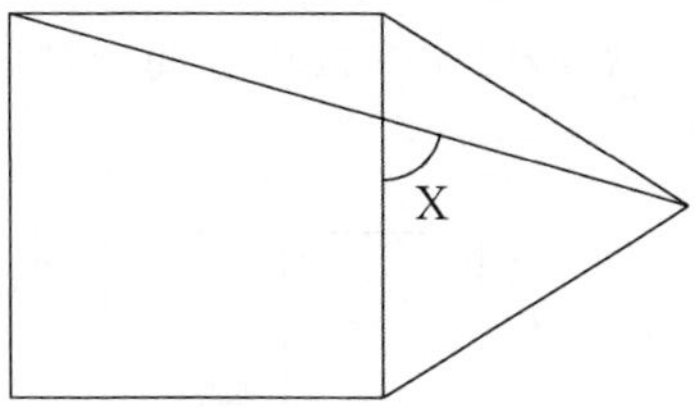


（２）右の正方形で、斜線部分の面積を求めなさい。

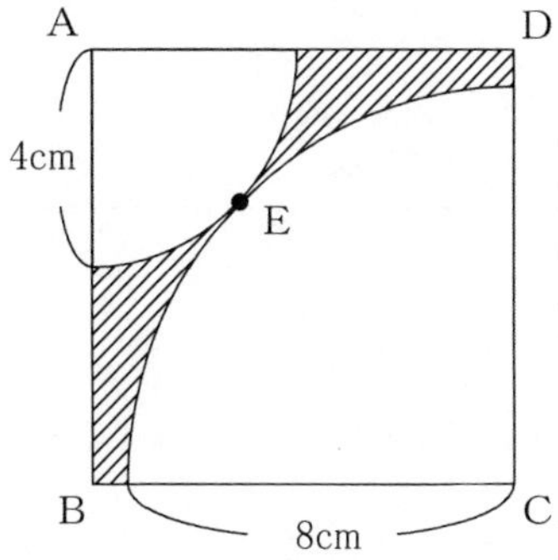


（３）右の立体の体積を求めなさい。

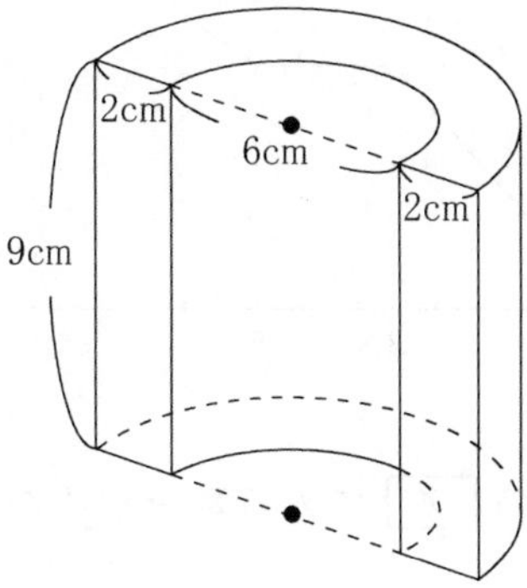

**４** 下の図のように長方形Ａと図形Ｂがあります。図形Ｂは動かさず、長方形Ａだけ毎分１ｃｍの速さで矢印の方向に動かしていきます。下のグラフは、長方形Ａを動かし始めてからの時間と２つの図形が重なった部分(斜線部分)の面積との関係を表したものです。次の各問いに答えなさい。

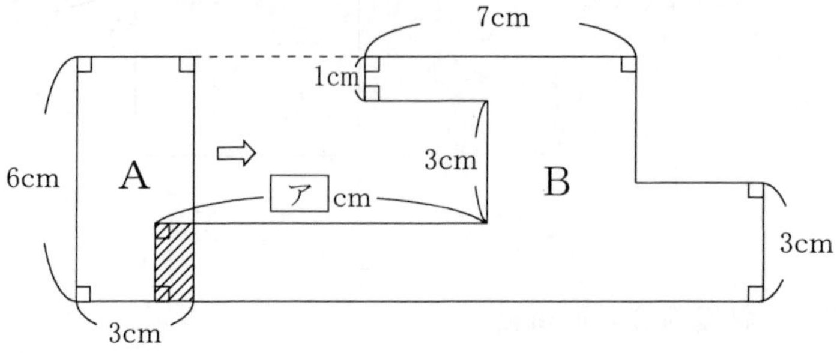


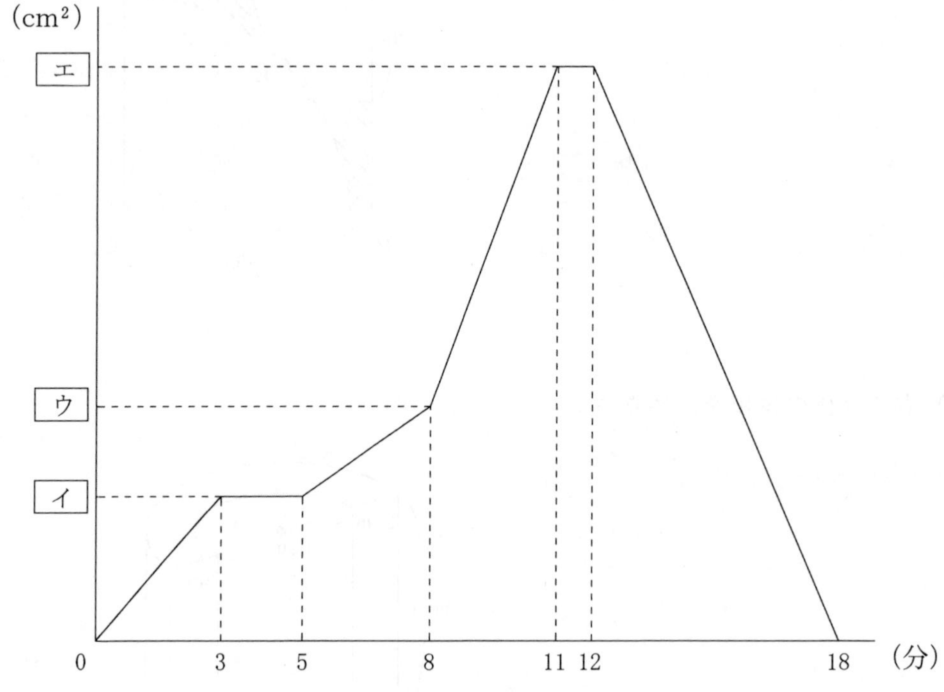


（１）図形Ｂの ア に入る数を求めなさい。

（２）グラフ内の イ 、 ウ 、 エ に入る数を求めなさい。

（３）２つの図形が重なった部分(斜線部分)の面積が１２ｃｍ² になるのは、
２つの図形が重なり始めてから何分後と何分後ですか。

**5** 下の表は０から順に数を並べたものです。例えば、１３は３段目の４列目にあります。次の各問いに答えなさい。

| | | | | |
|---|---|---|---|---|
| 0 | 1 | 2 | 3 | 4 |
| 5 | 6 | 7 | 8 | 9 |
| 10 | 11 | 12 | 13 | 14 |
| 15 | 16 | 17 | 18 | 19 |
| ⋮ | ⋮ | ⋮ | ⋮ | ⋮ |

（１）１０段目の２列目の数は何ですか。

（２）１６４は何段目の何列目にありますか。

（３）２５段目に並んでいる５つの数の和はいくつですか。

（４）並んでいる５つの数の和が１０１０となるのは何段目ですか。

**【社　会】〈第１次試験〉（30分）〈満点：50点〉**

〈編集部注：実物の試験問題では，写真・国旗はカラー印刷です。〉

**1**　2020年、新型コロナウイルスの広がりによって人の移動が制限され、様々な方面に深刻な影響が及びました。人の移動が我々の社会を維持《いじ》していくうえでいかに重要であるか思い知らされました。日本の場合、他国と海でへだてられてはいますが、原始以来、大陸との間に人が行き来することによって、歴史の重要な部分が形作られてきました。16世紀以降にはヨーロッパ諸国《しょこく》との交流も始まり、現在まで世界と交流しながら日本は発展《はってん》してきました。他国との交流という観点から、あらためて日本の歴史を振《ふ》り返ってみましょう。

問１．今から１万2000年前頃《ころ》、暖かくなったことによって日本は朝鮮《ちょうせん》半島や中国大陸と切り離《はな》されました。それから１万年ほどの間、それまでとは異《こと》なる文化の時代が続きました。この時代の人々の生活をうかがわせるものとしてあやまっているものを次のア～エより１つ選び、記号で答えなさい。

ア．

イ．
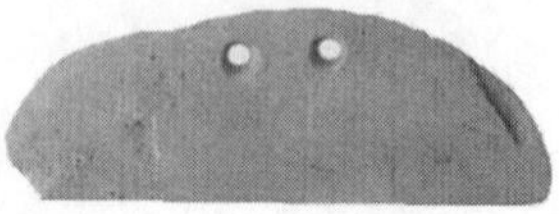

ウ．

エ．

問２．今から2400年前頃、朝鮮半島または中国大陸からある程度まとまった人数の人々が博多《はかた》周辺に渡《わた》ってきて、新しい文化をもたらしました。

（１）新しい文化は日本の文化の土台となり、現在でも各地に見られる風景の１つとなっています。それを説明した次の文の（　　）にあてはまる言葉を答えなさい。（　ａ　）は漢字２字、（　ｂ　）は漢字１字が入ります。

| （　ａ　）で（　ｂ　）を作ること |
| --- |

（２）１世紀の中頃、博多のあたりにあった国の王が、当時の中国（漢《かん》）に使節《しせつ》を派遣《はけん》し、その国の王の地位を保障《ほしょう》されました。その証拠《しょうこ》となるものが博多の近くから見つかっています。それは何ですか。

問３．やがて日本では支配者たちがより大きな力をもつようになり、巨大《きょだい》な古墳《こふん》にほうむられるようになります。その時代の中頃には、朝鮮半島からの渡来人《とらいじん》が高い文化を日本に伝えました。

（１）渡来人が日本に伝えた技術や文化を１つあげなさい。

（2）この時代に、日本の５人の支配者が中国に使節を派遣したことが当時の記録からわかります。その最後の人物で、その名が古墳から発見された刀や剣に記されていたことから、当時関東地方から九州地方中部までを支配していたことがわかる支配者の名前を解答用紙に合うようにカタカナで答えなさい。

（3）この時代の終わり頃は飛鳥《あすか》時代ともよばれ、中国の進んだ政治制度や文化を取り入れた政治改革《かいかく》がおこなわれました。この改革のリーダーも、中国(隋《ずい》)に使節を派遣しましたが、その姿勢《しせい》は、今までの姿勢と大きく異なりました。彼は中国とどのような関係をもとうとしたのか、簡単に説明しなさい。

問４．７世紀の中頃におきたある政治的事件をきっかけに、新しい国づくりが本格的に進められ、８世紀初めに完成します。

（1）８世紀初めに完成した国家は、約20年に一度の割合で中国(唐《とう》)に使節を派遣しました。

①　この使節が当時の中国の都からもち帰ったものの中には、当時の中国が国際性豊かな国であったことをうかがわせるものがたくさん残っています。それらのものはどこに保管されてきましたか。次のア～エより１つ選び、記号で答えなさい。

ア．持明院《じみょういん》　　イ．正倉院《しょうそういん》　　ウ．白河院《しらかわいん》　　エ．平等院《びょうどういん》

②　中国の衰《おとろ》えや国の乱れなどを理由にこの使節の派遣が中止されます。中止されたのは、西暦《せいれき》何年か、算用数字で答えなさい。

（2）中国への使者の派遣が中止されると、日本の文化から中国風の要素がうすれ、日本風のものにつくりかえられていきました。下の文章はこの文化の特徴《とくちょう》の１つを説明した文です。ａ～ｄにあてはまる言葉の組み合わせとして正しいものをア～カより１つ選び、記号で答えなさい。

> １つの文字で日本語の１つの音を表す(　ａ　)文字が生み出され、日本語を書き表すのが易《やさ》しくなった。そのため様々な文学作品が作られ、現在に伝わっている。(　ｂ　)によって書かれた長編《ちょうへん》小説である『(　ｃ　)』や、清少納言《せいしょうなごん》の随筆《ずいひつ》『(　ｄ　)』、紀貫之《きのつらゆき》の『土佐日記』などはその例である。

| | | | | |
|---|---|---|---|---|
| ア． | ａ＝仮名《かな》 | ｂ＝紫式部《むらさきしきぶ》 | ｃ＝平家《へいけ》物語 | ｄ＝枕草子《まくらのそうし》 |
| イ． | ａ＝象形《しょうけい》 | ｂ＝阿仏尼《あぶつに》 | ｃ＝竹取《たけとり》物語 | ｄ＝方丈記《ほうじょうき》 |
| ウ． | ａ＝仮名 | ｂ＝紫式部 | ｃ＝源氏《げんじ》物語 | ｄ＝枕草子 |
| エ． | ａ＝象形 | ｂ＝阿仏尼 | ｃ＝平家物語 | ｄ＝方丈記 |
| オ． | ａ＝仮名 | ｂ＝紫式部 | ｃ＝竹取物語 | ｄ＝枕草子 |
| カ． | ａ＝象形 | ｂ＝阿仏尼 | ｃ＝源氏物語 | ｄ＝方丈記 |

問５．12世紀末、武士が政権を握《にぎ》ります。武士の時代は約700年間続きました。

（１）平清盛《たいらのきよもり》が政権《せいけん》を握りました。彼は、中国(宋《そう》)と貿易を盛《さか》んにおこないました。その代表的な輸入品として正しいものを次のア～エより１つ選び、記号で答えなさい。

ア．

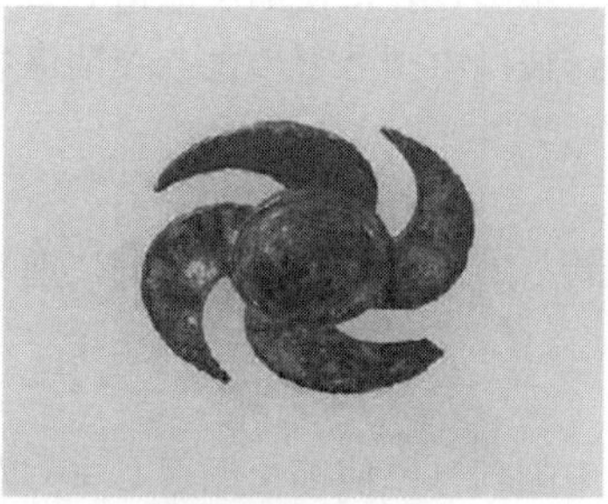

イ．

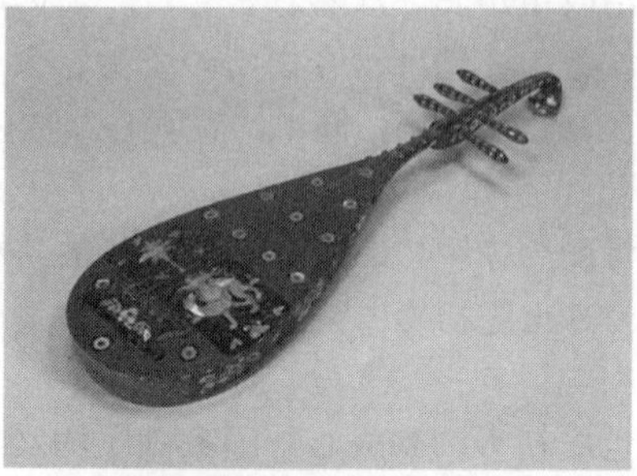

ウ．

エ．

（２）下の写真は鎌倉《かまくら》時代の後半に博多が中国(元《げん》)の攻撃《こうげき》を受けた時に造られたものです。このできごとの説明としてあやまっているものを次のア～エより１つ選び、記号で答えなさい。

ア．二度の攻撃を、ともに暴風雨で撃退《げきたい》することができたことから、神風信仰《かみかぜしんこう》が生まれた。

イ．御家人《ごけにん》は必死に戦い被害《ひがい》も受けたが、ほうびの領地をもらうことができた者は少なかった。

ウ．外国との戦争は御家人たちの団結力を高め、鎌倉幕府《ばくふ》の支配はより一層強力なものとなった。

エ．この戦いの様子は、御家人の一人が作らせた絵巻《えまき》からうかがうことができる。

（３）室町《むろまち》時代になると幕府は中国（明《みん》）に使節を派遣しました。その使節には、鎌倉時代に中国から伝えられ、室町時代に栄えた仏教のある宗派《しゅうは》の僧《そう》が選ばれています。室町文化にもその宗派の強い影響が見られます。その例として正しいものを次のア～エより１つ選び、記号で答えなさい。

ア．

イ．

ウ．

エ．

（４）日本は紀元前の時代から長い間、中国や朝鮮と関係をもってきましたが、使節や貿易船が行き来する際、博多が港として機能してきました。鎌倉時代に中国（元）の襲撃《しゅうげき》を博多が受けたのもそのためです。こうしてみると、他の国と関係をもつうえで博多がどういう役割《やくわり》を果たしてきたといえますか。次の文の（　　　）にふさわしいことばを答えなさい。

| |
|---|
| 日本と外国との（　　　）の役割 |

問６．16世紀になると、航海技術の進歩によりヨーロッパ人も日本を訪《おとず》れるようになり、様々な国々との交流が始まりました。

（１）ヨーロッパ人が日本に初めて来航した際、ある武器が日本に伝えられ、織田信長《おだのぶなが》はこの武器を使って、勢力を広げていきました。その武器が伝えられた場所を下の地図のア～エより１つ選び、記号で答えなさい。

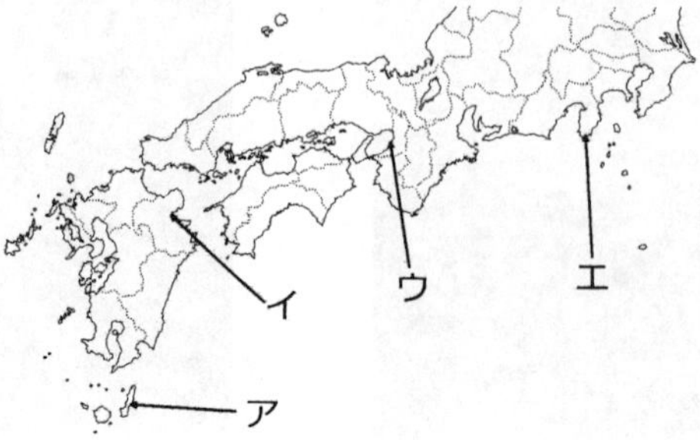


（２）ヨーロッパ人は1549年に、ある宗教を日本に伝えました。その宗教と関係の深いものを次のア～エより１つ選び、記号で答えなさい。

ア．

イ．

ウ．

エ．

（３）織田信長の死後、1590年に天下を統一した人物の名前を答えなさい。

（４）上記（３）の命令により、日本軍は朝鮮に攻めこみました。日本軍は朝鮮から引き上げる時、朝鮮の技術者を連れてきて、焼き物を作らせました。下の写真は、佐賀《さが》県に伝わる焼き物です。この名前を次のア～エより１つ選び、記号で答えなさい。

ア．信楽《しがらき》焼　　イ．有田《ありた》焼　　ウ．七宝《しっぽう》焼　　エ．瀬戸《せと》焼

（５）江戸時代は鎖国《さこく》の時代といわれますが、長崎《ながさき》では貿易がおこなわれていました。

＜資料１＞

＜資料２＞

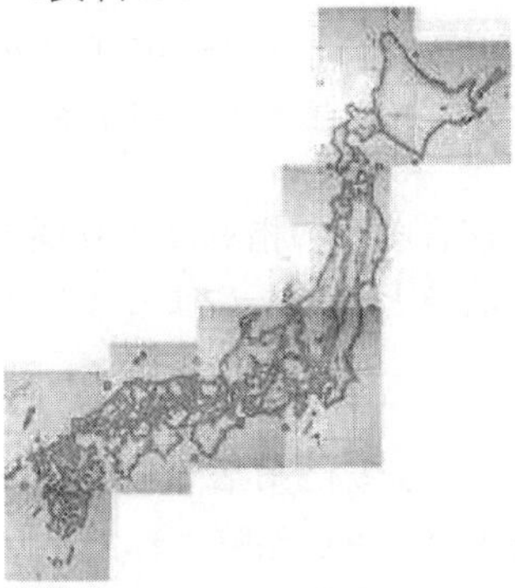

① ＜資料１＞に描《えが》かれた長崎の人工の島を通じて、ヨーロッパの国の中でオランダだけが幕府から貿易を許された理由を答えなさい。

② ＜資料２＞は、ある人物とその弟子たちがヨーロッパから伝わった測量術を用いて完成させた日本地図です。この地図を作り始めた人物の名前を、次のア～エより１つ選び、記号で答えなさい。

ア．歌川広重《うたがわひろしげ》　　イ．本居宣長《もとおりのりなが》　　ウ．杉田玄白《すぎたげんぱく》　　エ．伊能忠敬《いのうただたか》問７．19世紀半ば以降、日本と世界の国々との交流は激増《げきぞう》します。

（１）明治時代初期、西洋の進んだ技術や制度が積極的に導入されました。1868～77年のできごととしてあやまっているものを、次のア～エより１つ選び、記号で答えなさい。

ア．身分制度が改められ、職業や住む場所を自由に選べるようになった。
イ．群馬《ぐんま》県の富岡製糸場《とみおかせいしじょう》が完成した。
ウ．学制《がくせい》が公布《こうふ》され、６才になった子どもは小学校に通うことが定められた。
エ．大日本帝国憲法《ていこくけんぽう》が発布《はっぷ》された。

（２）次の文は、明治時代から昭和時代のできごとです。ア～エのできごとを、時代の古い順に並べかえ、記号で書きなさい。

ア．日露《にちろ》戦争の講和条約で樺太《からふと》(サハリン)の南半分が日本の領土となった。
イ．中国の東北部（満州《まんしゅう》)に多くの日本人が移住した。
ウ．広島《ひろしま》、長崎に原子爆弾《げんしばくだん》が投下された。
エ．朝鮮をめぐって清《しん》と対立し、日清戦争がおこった。

（３）日本の都道府県の中で、1945年の日本の降伏《こうふく》後にアメリカに統治され、1972年に日本に復帰した県はどこでしょうか、県名を答えなさい。

（４）1945年以降、連合国軍の指導により様々な戦後改革がおこなわれました。1945～50年におこなわれた改革としてあやまっているものを、次のア～エより１つ選び、記号で答えなさい。

ア．満20才以上の男女に選挙権が与えられた。
イ．言論《げんろん》・思想の自由が保障された。
ウ．労働者の生活と権利を守る法律《ほうりつ》がつくられた。
エ．各地で公害が発生し、その解決のために、環境庁《かんきょうちょう》が設置された。

（５）1951年のサンフランシスコ講和会議で、日本は48カ国と平和条約を結びました。また、アメリカとだけは別の条約も結び、この条約をもとに、日本にはアメリカ軍の基地が設置されています。日本とアメリカが結んだ条約の名前を答えなさい。

（６）次の地図にある４島は、日本の領土ですが、ロシアが支配しています。この４島を何とよびますか。漢字４字で答えなさい。

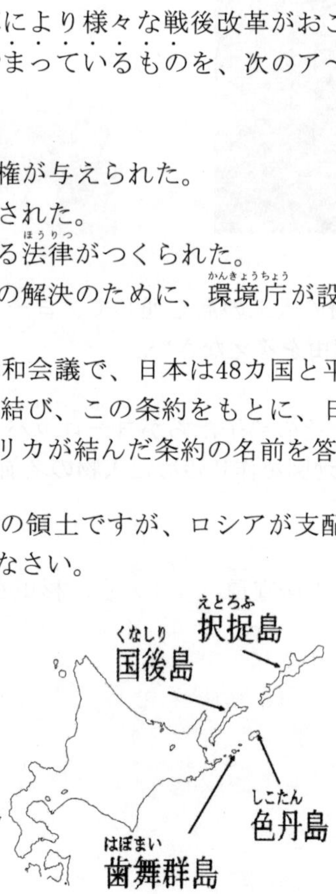

**2**　2022年５月、アメリカのニューヨーク州のスーパーマーケットで銃乱射《じゅうらんしゃ》事件がおき、アメリカ司法省はこの事件を人種が動機の犯行であると特定しました。2020〜22年にかけて、アメリカでは憎悪《ぞうお》犯罪(ヘイトクライム)とよばれる差別的事件が急増し、今回のような人種差別によるものも多くおこっています。大量の移民を受け入れてきたアメリカの人種差別の問題について学び、世界規模《きぼ》で形成されつつある多文化社会について考えてみましょう。

問１．「移民の国」ともよばれるアメリカ合衆国《がっしゅうこく》の移民とその建国について、下の文章を読んで次の問いに答えなさい。

　移民国家アメリカの起源《きげん》として、1620年、Aピルグリム=ファーザーズとよばれる人たちが、大西洋を渡って現在のマサチューセッツ州プリマスに上陸したという神話がある。２年目の秋の収穫《しゅうかく》時、彼《かれ》らは作物栽培《さいばい》の知識を教えてくれた先住民や神に感謝したことを記念する行事を開いたが、それは今も感謝祭として11月の第４木曜日におこなわれている。以後、ピルグリム=ファーザーズと同じ王国からの植民者が、18世紀前半までにアメリカ東海岸に13の植民地を形成し、同世紀後半、その王国から13植民地が独立してアメリカ合衆国を建国した。その独立戦争の際、当初は左下の旗が13植民地の旗として広く用いられており、現在のものとは少し異なるものの、植民者の出身の王国旗が描かれていた。しかし、誤解《ごかい》を招いたり不評であったために、その後王国旗は取り除《のぞ》かれ、右下の星条旗がつくられた。合衆国建国後もB多くの移民を受け入れてきたアメリカは、様々な人種が存在《そんざい》する「移民の国」とよばれるようになった。

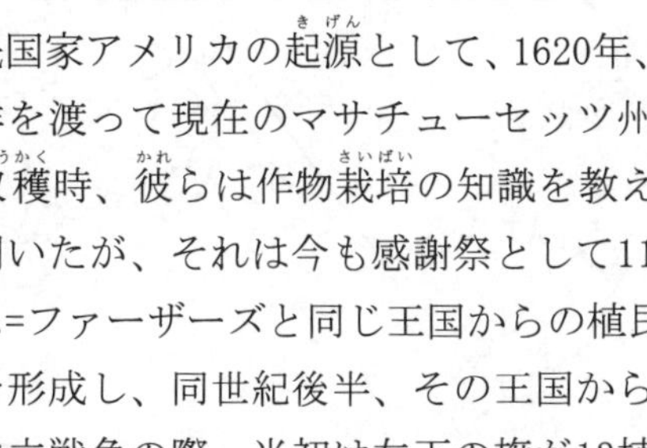

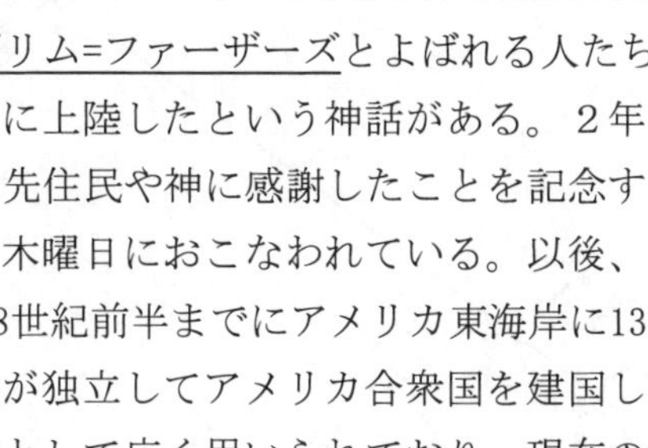

（１）下線部Ａのピルグリム＝ファーザーズという移民がたどった航路としてふさわしいものを、下の地図中の矢印ア～オより１つ選び、記号で答えなさい。

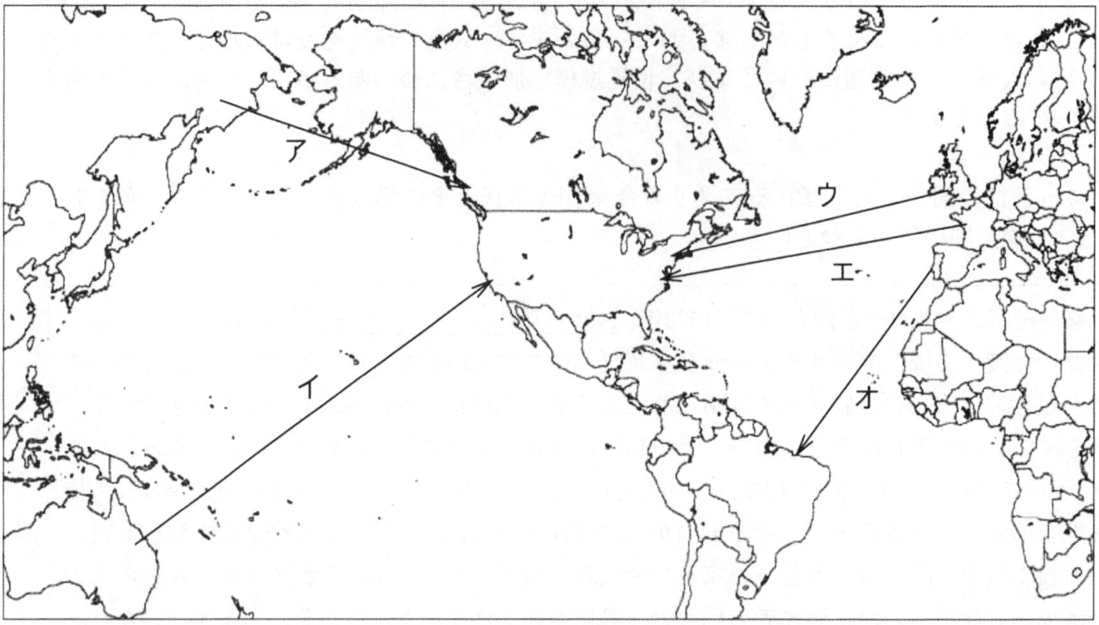


（２）下線部Ｂについて、下の写真はヨーロッパからの移民船が入港したニューヨークの港の入り口に立つ女神像です。下の詩はその台座《だいざ》に刻まれたもので、（　　　）には下の女神像の名前ともなっている語が入ります。（　　　）に入る語を答えなさい。

「疲《つか》れし者、貧しき者をわれにあたえよ
（　　　）の空気を吸《す》わんと熱望する人たちよ
身を寄せ合うあわれな人たちよ
住む家なく、嵐《あらし》にもまれし者をわれに送りたまえ
われは、黄金《おうごん》の扉《とびら》に灯火をかかげん」

問２．アメリカ社会における人種差別の問題について、次の問いに答えなさい。

（１）アメリカには昔から移民として渡ってきたアジア人が多くいます。下の写真はアメリカに渡ってきたアジア人が形成したロサンゼルスの地区です。この地区を形成した民族名を答えなさい。

（２）下の写真は、昔のアメリカにおいておこなわれていた差別政策《せいさく》の様子を写したものです。この差別政策について説明した文として正しいものを次のア～エより１つ選び、記号で答えなさい。

ア．アングロ=サクソン系《けい》で、プロテスタントの白人を差別する政策である。

イ．とくに、アフリカから大西洋を経て強制的に連れてこられた黒人奴隷《どれい》の子孫を差別する政策である。

ウ．サウジアラビアなどからの移民で、イスラーム教徒であるアラブ人に対する宗教的な差別をする政策である。

エ．スペイン風邪《かぜ》が大流行したことで、その感染《かんせん》の広がりを防止するために、感染者を差別する政策である。

問３．下の文は、アメリカでの人種差別だけでなく、世界中でおこっている人種差別に対して、1969年に発効された人種差別撤廃《てっぱい》条約の前文(一部抜粋《ばっすい》)です。これを読んで、次の問いに答えなさい。

「この条約に参加する国は、(中略)Ａ国際連合のすべての加盟《かめい》国が人種、性、言語、宗教による差別のないすべての者のためのＢ人権と基本的自由を永遠にどこでも尊重《そんちょう》し守ることを助け、勧《すす》めるという国際連合の目的の一つを達成するために国際連合と協力することを考慮《こうりょ》して、(中略)次の協定を結ぶ。」

（１）下線部Ａについて、国際連合についての説明として正しいものを次のア～エより１つ選び、記号で答えなさい。

ア．国際連合の活動を支える分担金《ぶんたんきん》の日本の負担額は世界で３番目に多い。
イ．現在、国際連合には世界の国の半分が加盟している。
ウ．国際連合の職員に日本人はまったくいない。
エ．国際連合がおこなっている平和維持活動の略称《りゃくしょう》はＮＧＯである。

（２）下線部Ｂの人権について、2007年に国際連合で世界の先住民族の権利を守ることを目指す宣言《せんげん》が採択《さいたく》されました。この宣言に含《ふく》まれている日本の先住民族を次のア～エより１つ選び、記号で答えなさい。

ア．アボリジニ　　イ．イヌイット　　ウ．アイヌ　　エ．エスキモー問４．グローバル化が進む中、アメリカ以外の世界の国々でもみられるようになってきた多文化社会について次の問いに答えなさい。

（１）多文化社会において必要とされる、国籍《こくせき》などに関係なく、すべての人が使いやすくなるようにつくられた製品や生活環境のことを何というか答えなさい。

（２）下のグラフは、日本における外国人の人口とその増減率の移り変わりを表したものです。このグラフをふまえて、今後の日本の社会において外国人とどのような関係を築いていけばよいか、あなたの考えを述べなさい。

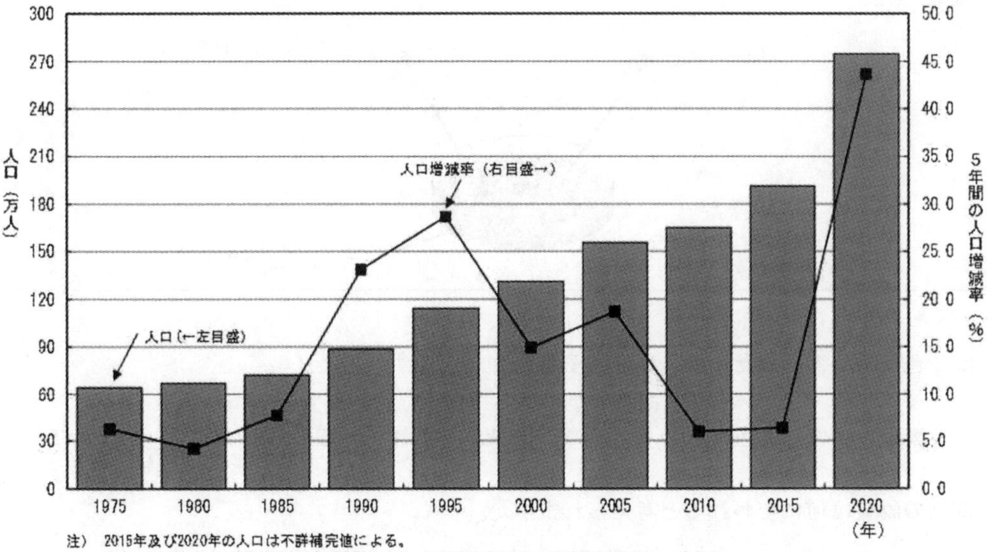


注）　2015年及び2020年の人口は不詳補完値による。
なお，2020年の人口増減率は不詳補完値により，2015年以前の人口増減率は原数値により算出

（出典　総務省統計局　「令和２年国勢調査－人口等基本集計結果からみる我が国の外国人人口の状況－」より）

**【理　科】〈第１次試験〉（30分）〈満点：50点〉**

注意事項：定規・コンパス・分度器は使用できません。

**1**　イングゲンマメを使って、次のような実験を行いました。下の問いに答えなさい。

〔実験〕

①インゲンマメの種子を一晩水にひたした。また、芽や根がのびたころのしなびた子葉を切り取った。

②種子と子葉それぞれを２つに切り、うすめたヨウ素液にひたして、切り口の色の変わり方を比べた。

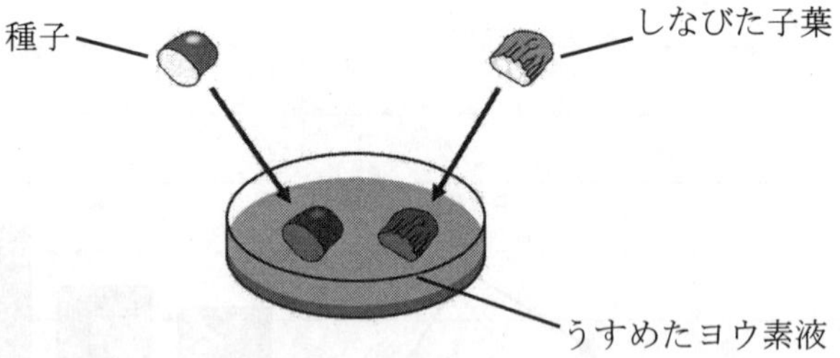


問１．②で色がよく変わったのは、種子と子葉のどちらですか。

問２．ヨウ素液にひたして色が変わったのは、何がふくまれているからですか。

問３．問２の物質は何に使われると考えられますか。

問４．子葉の取れたインゲンマメを育てていくためには、どの条件が最もよく育ちますか。次の(ア)～(エ)から一つ選び、記号で答えなさい。

（ア）肥料をあたえ、日光を十分に当てる。
（イ）肥料をあたえ、日光を当てない。
（ウ）肥料をあたえず、日光を十分に当てる。
（エ）肥料をあたえず、日光を当てない。

問５．写真のような白い部分が長いネギをつくるためには、どのような工夫が必要ですか。次の［　　　］にあてはまる文を書きなさい。

苗《なえ》がのびてきたときに、［　　　　　　　　　　　　］する。

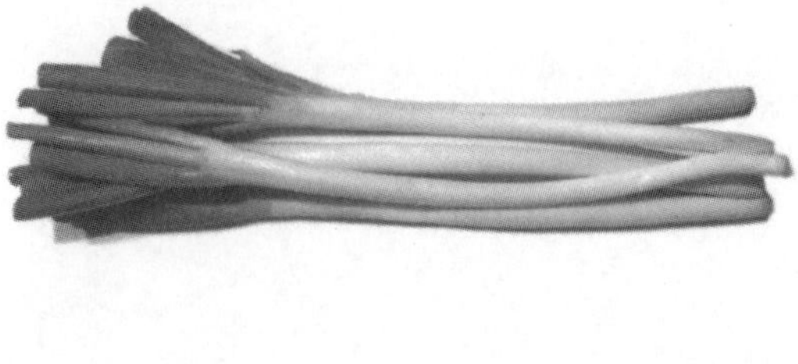

**2**　次の文は、人の誕生についての会話です。下の問いに答えなさい。

A「もうすぐ、妹が生まれるんだよ。」

B「おめでとう。じゃあ、お母さんのおなかが大きくなっているんじゃない？」

A「そうなんだ。妹の分もたくさんご飯を食べなきゃ、って話していたよ。」

B「お母さんがとった栄養は、（　①　）から（　②　）を通って胎児《たいじ》に運ばれるって学校で習ったね。」

A「そうだね。だからおなかの中で成長することができるんだね。」

問１．文中の（　①　）と（　②　）にあてはまる言葉を、それぞれ答えなさい。

問２．人の場合、受精卵が成長して生まれるまでに、子宮の中でどれくらいの期間を必要としますか。次の(ア)～(エ)から一つ選び、記号で答えなさい。

（ア）約４週間　　（イ）約１７週間　　（ウ）約３８週間　　（エ）約５２週間

問３．メダカも人と同じように、受精卵から成長していきます。受精から１１日後、ふ化したばかりのメダカが成長するための養分はどこにありますか。

問４．人と同じように、一定期間母親のからだの中で成長してから生まれてくる動物もいます。次のａ～ｃの動物について、あてはまる期間を下の(ア)～(ウ)から一つずつ選び、それぞれ記号で答えなさい。

〔動物〕　ａ　ハムスター　　ｂ　ライオン　　ｃ　ゾウ

（ア）約６５０日　　（イ）約２０日　　（ウ）約１００日

**3**　４つの水溶液《すいようえき》について、その性質を調べました。下の問いに答えなさい。

〔実験〕

Ａ～Ｄのビーカーに、水酸化ナトリウム水溶液・アンモニア水・うすい塩酸・食塩水のいずれかを入れた。リトマス紙を使って、それぞれの水溶液を調べたところ、次のような結果になった。

〔結果〕

| | A | B | C | D |
|---|---|---|---|---|
| 青色リトマス紙 | 赤くなった | 変わらなかった | 変わらなかった | 変わらなかった |
| 赤色リトマス紙 | 変わらなかった | 青くなった | 青くなった | 変わらなかった |

問１．Ａのビーカーに入っている水溶液は何ですか。

問２．結果が同じになってしまったＢとＣの水溶液を区別するには、どのようにしたらよいですか。次の(ア)～(エ)から一つ選び、記号で答えなさい。

（ア）緑色のＢＴＢ溶液を加える。
（イ）においをかぐ。
（ウ）二酸化炭素をふきこむ。
（エ）石灰水を加える。

問３．Ａ～Ｄのそれぞれの水溶液を蒸発皿に少し取り、熱したところ、白い固体が残るものもあれば何も残らなかったものもありました。ものが溶《と》けているのに、熱しても何も残らないことがあるのはなぜですか、説明しなさい。

問４．塩酸の入ったビーカーに、アルミニウムを入れる実験をしたところ、あわを出して完全に溶けました。その溶液を熱すると、白い固体が残りました。この固体を取り出して、別の塩酸に入れたところ、あわは出ませんでした。この実験から、塩酸に入れたアルミニウムはどのようになったと考えられますか。

**4** 次の表は、100gの水に溶けるミョウバンと食塩の最大の量を示したものです。下の問いに答えなさい。

| 水の温度［℃］ | 0 | 20 | 40 | 60 | 80 |
|---|---|---|---|---|---|
| ミョウバン［g］ | 3.0 | 6.0 | 11.7 | 24.8 | 71.0 |
| 食　塩　　［g］ | 35.7 | 35.8 | 36.3 | 37.1 | 38.0 |

問１．80℃のとき、水50gに食塩は何g溶けますか。

問２．60℃の水100gに23gのミョウバンが溶けています。この水溶液を20℃まで冷やしたとき、溶けずに残るミョウバンは何gですか。

問３．食塩水の濃度《のうど》は、次のような計算で求めることができます。20℃、水100gに食塩を溶けるだけ溶かすと、食塩の濃度は何％になりますか。四捨五入して整数で答えなさい。

$$\frac{\text{液体に溶けている物質の重さ}}{\text{物質を溶かしている液体の重さ} + \text{液体に溶けている物質の重さ}} \times 100〔\%〕$$

問４．ミョウバンと食塩の結晶はどれですか。次の(ア)～(エ)から一つずつ選び、それぞれ記号で答えなさい。

(ア)

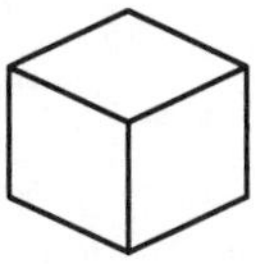

(イ)

(ウ)

(エ)

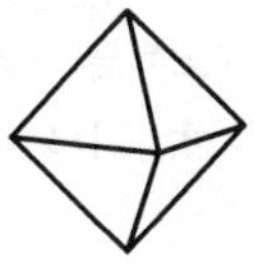

問５．食塩とミョウバンをお湯に溶かした後、そのまま置いておくと、溶けたミョウバンだけが出てきました。食塩が出てこないのはなぜですか、説明しなさい。

**5** 図のように、1本の棒を使い、重いものを持ち上げました。下の問いに答えなさい。

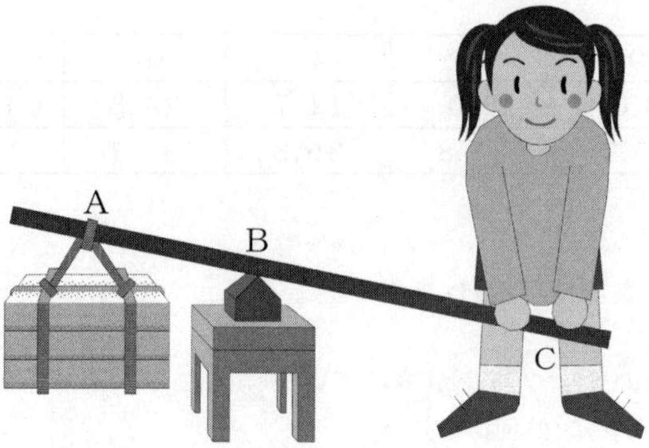


問1．図のような道具を何といいますか。また、図中のA、B、Cの位置をそれぞれ何といいますか。

問2．図において、Bの位置をDの位置にずらすと、より少しの力で重いものを持ち上げることができます。Dの位置はどこですか。解答用紙の図に▲でかきなさい。

問3．A、B、Cの位置関係が図と同じものを、次の(ア)～(オ)からすべて選び、記号で答えなさい。

(ア) ペンチ
(イ) ピンセット
(ウ) はさみ
(エ) ホチキス
(オ) トング（パンばさみ）

**6** 手回し発電機で、電流の大きさや向きを変えるにはどのようにすればよいかを調べるために、次の実験をしました。下の問いに答えなさい。

〔実験〕

①手回し発電機に豆電球をつなぎ、ハンドルの回す速さや向きを変えて、豆電球の光り方を調べた。(図1)

②手回し発電機にプロペラ付モーターをつなぎ、ハンドルの回す速さや向きを変えて、モーターの回り方を調べた。(図2)

図1

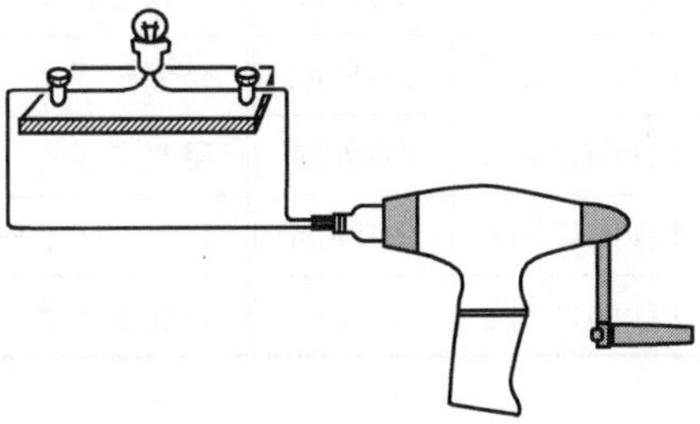

図2

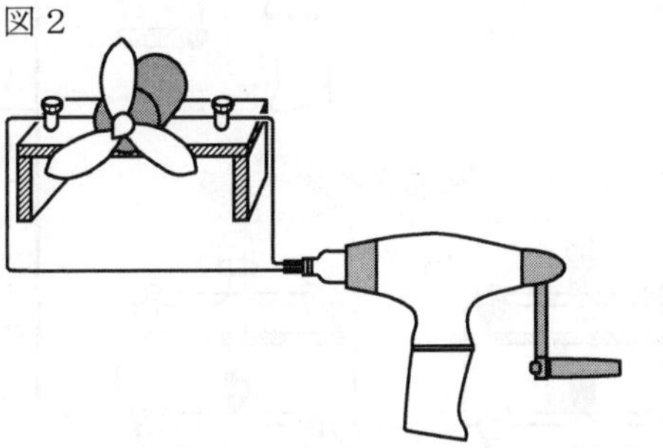

〔結果〕

| 回し方 | 同じ向きに<br>ゆっくり回す | 同じ向きに<br>速く回す | 逆向きに<br>ゆっくり回す | 逆向きに<br>速く回す |
|---|---|---|---|---|
| 豆電球 | 弱く光る | 強く光る | 弱く光る | 強く光る |
| モーター | 同じ向きに<br>ゆっくり回る | 同じ向きに<br>速く回る | 逆向きに<br>ゆっくり回る | 逆向きに<br>速く回る |

問1．結果から、手回し発電機で、電流の大きさや向きを変えるにはどのようにすればよいですか。

問２．手回し発電機にコンデンサーをつないで電気をためる実験を行いました（図３）。ためた電気を使って豆電球と発光ダイオードを光らせるとき、最も長く光り続けるものはどれですか。次の(ア)～(ク)から一つ選び、記号で答えなさい。

図３

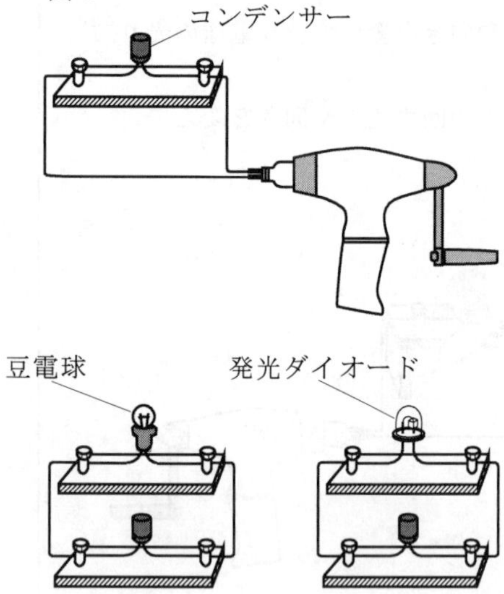


| | 手回し発電機 | | 電気器具 |
|---|---|---|---|
| | 回す速さ | 回す時間 | |
| (ア) | 1秒間に2回 | 20秒間 | 豆電球 |
| (イ) | 1秒間に2回 | 40秒間 | 豆電球 |
| (ウ) | 1秒間に3回 | 20秒間 | 豆電球 |
| (エ) | 1秒間に3回 | 40秒間 | 豆電球 |
| (オ) | 1秒間に2回 | 20秒間 | 発光ダイオード |
| (カ) | 1秒間に2回 | 40秒間 | 発光ダイオード |
| (キ) | 1秒間に3回 | 20秒間 | 発光ダイオード |
| (ク) | 1秒間に3回 | 40秒間 | 発光ダイオード |

問３．手回し発電機は運動を電気に変え、豆電球や発光ダイオードは電気を光に変えました。また、コンデンサーは電気をためました。身の回りの電気器具や電気製品で、次のａ、ｂにあてはまるものをそれぞれ一つずつ答えなさい。

a　電気を音に変えるもの
b　電気をためるもの（コンデンサー以外で答えなさい）

**7**　ある日の夜、大和市で東西南北のそれぞれの方位にカメラを向け、シャッターを長い時間開けて写すと、次のＡ～Ｄのようになりました。下の問いに答えなさい。

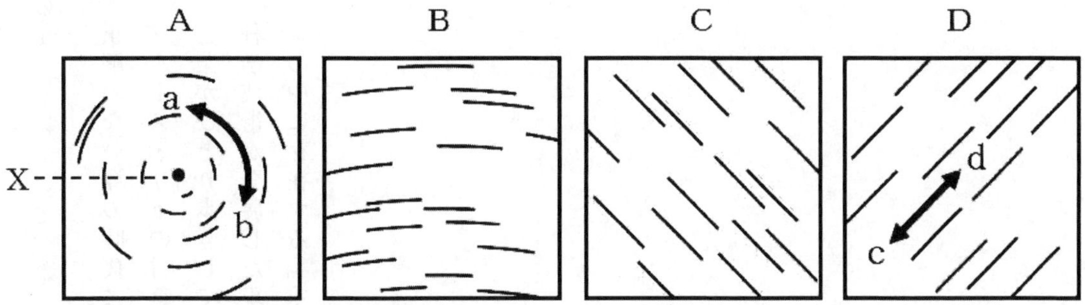


問１．写真Ａに写る星は、Ｘの星を中心として円をえがくように動いていて、Ｘの星自体はほとんど動いていませんでした。Ｘの星の名前を答えなさい。

問２．写真ＢとＣはそれぞれどの方位を写したものですか。次の(ア)～(エ)から一つずつ選び、それぞれ記号で答えなさい。

（ア）東　　（イ）西　　（ウ）南　　（エ）北

問３．写真ＡとＤに写る星は、それぞれどの方向に動いていますか。図中のａ～ｄの方向から一つずつ選び、それぞれ記号で答えなさい。

問九　次の１～５について、本文の内容と合っているものはA、合っていないものはBと答えなさい。

１　正解のない今の時代には、そのときそのときで自分の心で感じた通りに行動することが一番大切である。
２　ブルース・リーの言葉には、いかにも東洋的な発想の人間の可能性を解き放つ知恵が込められている。
３　言葉がひとり歩きしてしまうのは、言葉が持つ、抽象的にものを考えることができるという性質によるものだ。
４　科学技術が発展した現代において、データの有効性を理解したうえで、生活に取り入れていくことは便利である。
５　世の中に存在する「差別」をなくすためには、どんな手段であろうとよいと人々は考えている。

問五　――線③「侵食してきている」の意味としてもっともふさわしいものを次から選び、記号で答えなさい。

ア　他のものの部分をだんだん自分のものにしてくいこんでいくようになること。
イ　小さなできごとがとつぜん重大事件として、取り上げられるようになること。
ウ　最初は見えなかったものがささいなことをきっかけとして見え始めること。
エ　好ましくない現象がくり返されるうちに好ましいものに変化していくこと。

問六　――線④「奇妙な逆転現象」とあるが、何がどのように逆転しているのか、説明しなさい。

問七　空らん［Y］に入る表現として、もっともふさわしいものを次から選び、記号で答えなさい。

ア　体と切りはなされるべき部分です
イ　体の中の器官の一部です
ウ　体に指令を出す器官です
エ　体には欠かせない機能です

問八　――線⑤「さまざまな逆転」について、本文で述べられている「逆転」現象にあてはまらないものを次から選び、記号で答えなさい。

ア　インターネット上の人々の口コミを見て、評価が高いものが自分の読みたい本だと思いこんで買うこと。
イ　掃除機《そうじき》がまだゴミを吸えることを目で見ているのに、取り替えランプが点灯すると交換《こうかん》してしまうこと。
ウ　電車の優先席に座ったら、周囲の人に白い目で見られてしまうから、たとえ空いていても座らないこと。
エ　定額料金で利用するサービスを展開することで、利用頻度《ひんど》に関わらず一定の収入が得られるということ。

[B]、「差別のない社会をつくる」「差別を世の中からなくす」。大事なことだと思います。ただ、そのことをこの社会の中で徹底《てってい》させようとするときに、「差別をする人には罰金《ばっきん》を科す」というようなルールで解決しようとすると、奇妙な逆転が起こってしまいそうですね。お金を払《はら》いたくないから差別しない、ただ単にルールを破らないために差別をしないという人が出てきてしまうのです。

そこに生まれるのは、心から、差別することはいけないことだと感じるのではなく、ただ単に損得の判断で、差別をやめる人が増えかねない社会です。一時的に効果があったとしても、長い目で見ると、[C]これは怖《こわ》いことだと、ぼくは思います。

わだかまりを残したままの、整理できない不満の感情がたまって、結局、破綻《はたん》するときがくることでしょう。心ではなく頭で考えたことだけでは、どこかで限界がやってくるからです。

『14歳からの個人主義　自分を失わずに生きるための思想と哲学』丸山　俊一（大和書房）

問一　空らん[A]～[C]にあてはまる語を次から選び、それぞれ記号で答えなさい。

ア　たとえば　　イ　また　　ウ　しかし　　エ　やはり　　オ　あるいは

問二　空らん[X]に入る語としてふさわしい語を漢字二字で答えなさい。

問三　――線①「『考える』という行為」について、筆者の大切にしていることはどのようなことか、四十字以内で答えなさい。

問四　――線②「おかしな遠まわり」とはどのような状きょうをいったものか、わかりやすく説明しなさい。

しかし、そのうちにだんだん④奇妙《きみょう》な逆転現象に気づきました。自分が深く気持ちよく眠れたと感じたときでも、「浅い眠り」と表示されていたら、その結果に気持ちが引っ張られてしまう……。自分の感覚より、スマートフォンに送られるデータのほうに気持ちが左右されることが多くなっていったのです。データとしての有効性を理解して使い方を考えて生活に取り入れる分にはとても便利なのですが、いつの間にか、自分自身の起き抜けのときの気持ちを信じられなくなって、自分の感覚をすべて機械に聞いてみるようになってしまったら、かなり滑稽なことです。

データに支配されていく現代社会。コンピューターがどんどん発達することで、自分のありようさえも、データのかたまりのように感じられる、そんな人が少しずつ増えています。そうした「自己認識＝自分自身への認識」の持ち方が、さまざまな場面でものごとのとらえ方に、ある「ゆがみ」をもたらしているのではないでしょうか？

そして、データの処理を司《つかさど》る、脳中心の考え方が広がっているように思います。

そもそも脳は、［　Y　］。

いくらそれが認識において中心を担《にな》う、重要な器官だとしても、ぼくたちは、体全体で生きているのです。手には手の、足には足の、胃には胃の感覚が、その存在のありようが、あるのではないでしょうか？　そうした、それぞれ精妙なさまざまな器官すべてを合わせたうえで、ひとりの人、まるごと人間というものができているのです。

［　A　］、テクノロジーの進化とともに、脳だけで生きているという錯覚《さっかく》を持つ人が増えています。脳を模倣《もほう》して作ったコンピューターに、いつの間にか、逆に、人間が影響《えいきょう》されるような皮肉な現象も生まれているのです。

こうした、機械がはじき出す数値から自分の感覚を納得《なっとく》するような現象などが象徴《しょうちょう》するように、いまの社会には、⑤さまざまな逆転が起きています。

自分のあり方を見失わせるような、目的と手段の逆転です。それはデジタルテクノロジーから生まれたものばかりではありません。

心で理解しなくてはいけないものや、心で感じるものを頭で理解しようとする。ルールをつくることで、心の問題も解決しようとする。そうしたおかしな逆転があちこちで見受けられるのです。

自分が心の底から感じること、湧《わ》き上がるような発想、イメージの広がる想像など、全身を駆《か》け抜けるようなさまざまな感情も、じつは「自分で考える」ということの中にふくまれている大事な要素なのです。

論理をしっかりと働かせるためにもその原動力となっている感性、感じることを、大事にしなくてはなりません。いまの時代、心で感じるままに動けることは、論理的な思考と同じぐらい大事なことになっているように思います。

「考えるな、感じろ」

昔のカンフー映画の大スター、ブルース・リー定番のセリフですが、「考える」ことが直感的な力を発揮する妨《さまた》げとなりかねないとき、思い出すべき精神です。論理だけでなく感性を解放すること。これは東洋的な発想に限らず、西欧《せいおう》にあっても普《ふ》遍的《へんてき》な、人間の精神の可能性を解き放つ知恵《ちえ》が込《こ》められた言葉と言ってよいでしょう。

現代の人々は、スマートフォンで検索《けんさく》したりネットの情報に頼《たよ》ったりという日々を過ごすうちに、自分の直感のままに動くということを、徐々《じょじょ》に忘れがちなのではないでしょうか。

言葉は、ひとり歩きします。理屈《りくつ》は、ひとり歩きします。

そもそも言葉というものは、抽象的《ちゅうしょうてき》にものを考えることについては、とても有効な道具ですが、同時にそれ自体で独自の世界を作ってしまうので、ともすれば現実からどんどん離《はな》れていってしまうことがあるのです。

一目見れば、あるいはパッと感じればすぐわかることが、言葉を重ね、理屈で説明しないとわからないというのは、ある意味滑稽《こっけい》なことですね。

②そんなおかしな遠まわりが笑い話ですむうちはまだいいのですが、ぼくらの生活の中にも、日々③侵食《しんしょく》してきているように思います。

ぼく自身、こんな経験から複雑な思いを抱《いだ》くことがありました。

「ウェアラブルウォッチ」と呼ばれる健康器具があります。腕時計《うでどけい》のように腕に装着すると、24時間、脈拍《みゃくはく》や歩数など、体の状態を数値化、データにしてスマートフォンなどに送ってくれるのです。健康管理には有効なツールで、毎朝ぼくもその数字をチェックして活用していました。

問十一　――線⑧「じいちゃんはカッコよかった」とあるが、このときの「ぼく」の気持ちとしてもっともふさわしいものを次から選び、記号で答えなさい。

ア　研究テーマだけを追求し続け、学会に出る大学の先生である里見さんから一目置かれるじいちゃんをすてきだと思う気持ち。

イ　大学に入学したにもかかわらず不幸がおそいクリーニング店を継ぐことになった、じいちゃんの生き方を潔《いさぎよ》いと思う気持ち。

ウ　クリーニング店に洋服をあずけた人の体型を、洋服にアイロンをかけるだけで認識できるじいちゃんを立派だと思う気持ち。

エ　お客さんの着心地の良さを考え、技術でそれを実現するクリーニングという仕事に自信を持つじいちゃんを誇《ほこ》らしく思う気持ち。

## 四　次の文章を読み、あとの問いに答えなさい。

最近は、「自分の頭で考える」ことが大事だと、ほんとうに多くの場面でよく言われるようになりました。先行き不透明《ふとうめい》な正解のない時代には、当然のことかもしれません。そのとき、「自分」というものについて、あらためて冷静に認識する必要を説いてきたわけですが、さらにもうひとつ、この①「考える」という行為《こうい》についても、よく考えてみたほうがよさそうです。

「考える」という言葉ひとつにも、じつにさまざまな意味がふくまれています。ただ「考えろ」と言われても、あなたも困るのではありませんか？

「考える力」と言えば、「論理力」とイコールで結ばれることが多いようです。

論理的な力とは、物事に筋道を立てて、ある種の［X］関係を見つけていくことです。何かが起きたときに、原因と、そのことによって生まれる結果、その関係性を突《つ》きとめることで論理的な思考は育《はぐく》まれていきます。

しかし、それだけでしょうか？

問八　――線⑤「意外な答えにびっくりした」とあるが、「ぼく」がそのように感じた理由としてもっともふさわしいものを次から選び、記号で答えなさい。

ア　大学ではなくクリーニングを通じて、自分なりに実験や研究を続けたところに祖父の偉大《いだい》さを感じたから。

イ　クリーニングの仕事は、大学における観察し、考え、調べるといった研究態度と共通する点があったから。

ウ　祖父が趣味《しゅみ》の「花」を、大学でも研究対象にしていたことを信じたくない気持ちが心の奥底《おくそこ》にあったから。

エ　現在の仕事にもっと直結するような化学的なことを、実験を通じて専門に研究していると思っていたから。

問九　――線⑥「それだけだ」とは、どのようなことを意味しているか、もっともふさわしいものを次から選び、記号で答えなさい。

ア　自分の大切にしたいことが複数ある時には、そのたびに自分の気持ちを確かめること。

イ　自分のやりたいことがあった時には、時機をのがさずに、とにかく挑戦《ちょうせん》していくこと。

ウ　好きな世界がまだ見つからない人は、まず何をやりたいのかを探すべきだということ。

エ　大事なことが重なって悩んでも、その先の困難を考えず、両方やるだけだということ。

問十　――線⑦「じいちゃんはまっすぐぼくを見た」とあるが、このときの「じいちゃん」の気持ちとしてもっともふさわしいものを次から選び、記号で答えなさい。

ア　研究を自分なりに進め、クリーニング屋を経営してきたことに後かいは無いと言いつつも、自分のやり方が正しいのか確認《かくにん》できず、不安に思う気持ち。

イ　先生になれずにここまできてしまった自分に対して孫が残念がる態度を見せたことで、人の幸せについてまだ分かっていないと腹立たしく思う気持ち。

ウ　「学会」に行く先生という表に出てくる形にはこだわらず、自分の信念に基《もと》づいて行動することが幸せであるということを信じて疑わない強い気持ち。

エ　失敗もあったが、自分の気持ちにすなおに生きてきたという体験談を話すことによって、孫は失敗せずに立派にやっていけるだろうと期待する気持ち。

問三　空らん［Ｙ］にあてはまる語を次から選び、記号で答えなさい。

ア　行動　　イ　記憶《きおく》　　ウ　想像　　エ　判断

問四　――線①「びっくりする」とあるが、どのようなことに「びっくり」したのか、もっともふさわしいものを次から選び、記号で答えなさい。

ア　ひいじいちゃんが倒れてじいちゃんがクリーニング屋を継いだこと。
イ　じいちゃんがクリーニング屋を継ぐ前は、植物の仕事をしていたこと。
ウ　じいちゃんが高校生のころ、肺結核になったこと。
エ　じいちゃんが大学に行っていたこと。

問五　――線②「紺屋」について、「紺屋の白袴《しろばかま》」ということわざがある。本文に書かれている「紺屋」の仕事内容も参考に、このことわざの意味を考え、もっともふさわしいものを次から選び、記号で答えなさい。

ア　他人のことで忙《いそが》しく、自分のことはほったらかしにしていること。
イ　他人にはたくさんの要求をつきつけるが、自分には甘《あま》い人のこと。
ウ　他人にどう言われようが、外見よりも中身が大事だと考えること。
エ　自分に罪がないことを示すために質素な外見にしようとすること。

問六　――線③「俺は大学をやめて店を継いだんだ」とあるが、その理由をくわしく説明しなさい。

問七　――線④「ぼくは聞かずにはいられなかった」のはなぜか、その理由をくわしく説明しなさい。

「[Y]力？」

まったく予想していなかった答えだ。

「洋服をあずけてくれた人がどんなふうに着ていたか[Y]するんだ。必ずくせが出る。そのくせを探すんだ。これまでと同じように、いや、もっと気持ちよく着られるように洗濯《せんたく》をし、アイロンをかけるんだ」

「そんなことができるの？」

「ああ、できる」

じいちゃんは[B]を張った。

「それがじいちゃんの仕事だ」

⑧じいちゃんはカッコよかった。

「里見さんも、じいちゃんのクリーニングをほめていたよ」

「そうか」

じいちゃんがうれしそうな顔をする。

「里見さんはうちのお得意さんだ。菖蒲《しょうぶ》もくれたな。よく一緒にしょうぶ湯に入っただろう」

小さいころのぼくはしょっちゅう病気をしていた。少しでも元気になるようにと、しょうぶ湯に入り、サッカーチームに通いはじめ、そしたらぐんぐん大きくなった。そうか、あの菖蒲は里見さんにもらったものだったんだ。

『ライラックのワンピース』小川 雅子（ポプラ社）

問一　空らん[A]、[B]にあてはまる語を次から選び、それぞれ記号で答えなさい。

ア　頭　　イ　体　　ウ　首　　エ　腹　　オ　胸

問二　空らん[X]にあてはまる語を次から選び、記号で答えなさい。

ア　ぼそぼそ　　イ　きっぱり　　ウ　くどくど　　エ　しょんぼり

　あの時間がどれほど大切なものだったか、今ならわかる。好きな世界があることの幸せを、じいちゃんは教えてくれたのだから。

「だから」

　じいちゃんがぼくを見る。

「どっちかを選ばなくていい。好きなことは全部やればいい」

　はっとした。じいちゃんはぼくの問いに答えてくれているのだ。サッカーと裁縫《さいほう》、どちらかを選ばなくてはいけないのかと、寝ているじいちゃんに問いかけたことがあった。あのときの答えを。

「じゃあ、大事なことが重なったときはどうすればいいの？」

「考えるんだ。そのときどきで。⑥それだけだ」

　力強い答えだった。そうか、じいちゃんもそうしてきたんだ。花の研究と店とで悩《なや》んだとき、じいちゃんは自分で考えた。

「今思えば、どっちもずっとやってきたような気がする」

「どっちもって？」

　じいちゃんがふっと笑う。

「研究と店の両方だ。クリーニング店をやって研究テーマがより実践《じっせん》的になり、深まったともいえる。論文は書いてないが、お客さんに評価され喜んでもらった」

「先生になれたかもしれないのに」

　里見《さとみ》さんのことが頭にあった。じいちゃんも、ずっと大学にいたら、里見さんみたいに「学会」とかに行く先生になっていたかもしれないのに。

「自分がしたいことができればいい。それがじいちゃんのやり方だ」

　⑦じいちゃんはまっすぐぼくを見た。

「智広《ともひろ》は、アイロンがけの仕事になにが必要だと思う？」

「技術と……、きめ細やかさかな」

　裁縫のことが思い浮《う》かんだ。

「そうだな。そしてもう一つ、［Y］力が必要だ」

「④じいちゃんはやりたいことをあきらめて家を継いだの？」
　ぼくは聞かずにはいられなかった。
「いいや、違《ちが》う」
　じいちゃんは　X　言った。
「最初は、あきらめたという気持ちがあったかもしれん。でも、やっていくうちにクリーニングの仕事が面白《おもしろ》くなった。汚《よご》れの種類はさまざまだから、その汚れを落とすためにどうしたらいいか考える。例えばさっきの鉄分の汚れは、白い生地《きじ》なら酸素系の漂白剤《ひょうはくざい》を使うが、今回は青色のワンピースだったから、フッ化水素を使った。観察して、考えて、調べて、最善の答えを導き出す」
「実験みたいだね。大学でもそういうことをしていたの？」
「ああ、花の色の研究をしていた」
　⑤意外な答えにびっくりした。
「もともとうちは紺屋だから、『色を染める』とか『色を抜《ぬ》く』ことに親しんでいたんだ。花の色の研究とクリーニングとではなんの関わりもないようだが、俺にはどこか共通するものがあったんだな。クリーニングという仕事の中に、自分が面白いと思う要素を見つけたのかもしれん」
　そういえば小さいころ、じいちゃんはツユクサで色水をつくるやり方を教えてくれた。赤と青と黄色。混ぜるといろんな色になる。それで絵を描《か》いたら、じいちゃんがほめてくれた。
「俺は子どものころから花が好きでね。世の中にいろんな花があることが不思議でならなかった。まわりからは『変わってる』とか『女の子みたい』と言われたけれど、面白いものは面白い」
　そうだ、じいちゃんは一緒《いっしょ》に散歩に行くたび、道端《みちばた》に咲《さ》いている草花の名前を教えてくれた。
「これはショウジョウソウ。花に見える赤いのは苞《ほう》だ。中国の架空《かくう》の動物からついた名前で、そいつは赤い髪《かみ》をしてサルに似てるらしいが、なんと酒好きだ」
「じいちゃんみたいだね」
「こっちはヤブガラシ。かわいい花を咲かせるが、藪《やぶ》を枯《か》らすほどに強いんだ。見た目にだまされちゃいかん」
「ミカ姉《ねえ》ちゃんみたいだ」

三　次の文章を読み、あとの問いに答えなさい。

はじめて聞く話だった。じいちゃんは体も大きいし、ぼくの知る限り病気なんてしたことない。高校生のころ、肺結核《はいけっかく》になったなんてぜんぜん知らなかった。
「絶対安静だったとき、ひたすら勉強したよ」
寝《ね》てるしかないからな、とじいちゃんは笑う。
「おまえは勉強が好きか」
「あんまり」
「そうか。俺《おれ》は好きだったな。いつか、植物に関係した仕事ができればいいと思っていた。勉強することが親孝行にもなると思ったしな」
そうだ。じいちゃんの愛読書は『植物図鑑《ずかん》』だ。
「じゃあ、クリーニング屋さんを継《つ》ぐ前は、植物の仕事をしていたの？」
「いや。ずっとクリーニング屋だ」
どういうことだろうと、ぼくは［A］をかしげる。
「大学二年のとき、親父《おやじ》が倒《たお》れたんだ」
ぼくはその言葉に①びっくりする。
「じいちゃん、大学に行っていたの？」
「ああ、農学部だった」
じいちゃんはそのころのことを思い出すように、話しはじめた。
「おまえにとってひいじいちゃんになる親父が亡くなったとき、おふくろは『せっかく入った大学だから続けなさい』と言ってくれた。でも、あれだけ世話をかけたのに一人残して大学に戻《もど》ることはできなかった。苦労を見ていたし、店がなくなってしまうことにも迷いがあった。なあ、うちが布を染める②紺屋《こうや》だったと聞いたことがあるだろう。それが時代とともになくなって、クリーニング専門に切り替《か》えることで乗り切った。その店を、親父の代で終わらせるわけにはいかないと思ったんだ。それで③俺は大学をやめて店を継いだんだよ」

# 2023年度 聖セシリア女子中学校

【国　語】〈第一次試験〉（五〇分）〈満点：一〇〇点〉

注意事項：解答するときは、なるべく漢字を使用しなさい。

**一** 次の――線のカタカナを漢字に直し、漢字は読み方を答えなさい。

1　ハイクをよむ。
2　傷口をショウドクする。
3　クラブチームにショゾクする。
4　委員会をソシキする。
5　授業中にキョシュする。
6　シセイを正す。
7　営業時間がノびる。
8　後味が悪い映画を見た。
9　ごみ箱を空にする。
10　医師を志す。

**二** 例にならって、次の１、２について、それぞれの条件を満たした短文を一文で作りなさい。なお、ことばの順番を変えたり、活用（文の流れの中でことばの形を変化させること）させたりしてもかまいません。

例　「決して」、「努力する」ということばを使った主語・述語の整った文。
　日本語を学ぶことは決して簡単なことではないが、それでも話せるようになろうと努力している留学生の姿に、私は感動した。

1　「多様」、「積極的」ということばを使った主語・述語の整った文。
2　「つつましい」、「尊敬」ということばを使った主語・述語の整った文。

# 2023年度 聖セシリア女子中学校 ▶解説と解答

## 算　数　＜第１次試験＞（50分）＜満点：100点＞

### 解　答

1 (1)　176　(2)　$\frac{8}{15}$　(3)　1.2　(4)　$3\frac{1}{3}$　(5)　2　(6)　73　(7)　30％　2 (1)　32個　(2)　１時間30分　(3)　750円　(4)　15日　3 (1)　75度　(2)　9.2$cm^2$　(3)　226.08$cm^3$　4 (1)　8 cm　(2)　イ　6　ウ　9　エ　18　(3)　9分後，14分後　5 (1)　46　(2)　33段目の５列目　(3)　610　(4)　41段目

### 解　説

**1　四則計算，逆算，売買損益**

(1)　$189-119\div7+4=189-17+4=172+4=176$

(2)　$\frac{5}{6}-\frac{4}{5}\div2\frac{2}{3}=\frac{5}{6}-\frac{4}{5}\div\frac{8}{3}=\frac{5}{6}-\frac{4}{5}\times\frac{3}{8}=\frac{5}{6}-\frac{3}{10}=\frac{25}{30}-\frac{9}{30}=\frac{16}{30}=\frac{8}{15}$

(3)　$3.6\div12+0.6\times1.5=0.3+0.9=1.2$

(4)　$1\frac{3}{4}\div\left(\frac{3}{4}-\frac{2}{5}\right)\div1\frac{6}{7}\times\left(1\frac{8}{21}-\frac{1}{7}\right)=\frac{7}{4}\div\left(\frac{15}{20}-\frac{8}{20}\right)\div\frac{13}{7}\times\left(\frac{29}{21}-\frac{3}{21}\right)=\frac{7}{4}\div\frac{7}{20}\div\frac{13}{7}\times\frac{26}{21}=\frac{7}{4}\times\frac{20}{7}\times\frac{7}{13}\times\frac{26}{21}=\frac{10}{3}=3\frac{1}{3}$

(5)　$\left\{1.2\times\left(\frac{1}{3}+\frac{1}{4}\right)-0.3\right\}\div\frac{1}{5}=\left\{\frac{6}{5}\times\left(\frac{4}{12}+\frac{3}{12}\right)-\frac{3}{10}\right\}\div\frac{1}{5}=\left(\frac{6}{5}\times\frac{7}{12}-\frac{3}{10}\right)\div\frac{1}{5}=\left(\frac{7}{10}-\frac{3}{10}\right)\div\frac{1}{5}=\frac{4}{10}\times\frac{5}{1}=2$

(6)　(241－□)÷12－６＝８より，(241－□)÷12＝８＋６＝14，241－□＝14×12＝168　よって，□＝241－168＝73

(7)　２割増しにする前の金額を△円とすると，△×（１＋0.2）＝2100(円)と表すことができるから，△＝2100÷1.2＝1750(円)と求められる。これは2500円から，2500－1750＝750(円)引いたものなので，750÷2500＝0.3，0.3×100＝30(％)より，値引きした金額は2500円の30％とわかる。

**2　つるかめ算，速さ，比の性質，仕事算**

(1)　9.1kgは9100gだから，右のようにまとめることができる。じゃがいもだけを50個買ったとすると，重さの合計は，150×50＝7500(g)となり，実際よりも，9100－7500＝1600(g)軽くなる。じゃがいもを玉ねぎと１個ずつ交換《こうかん》すると，重さの合計は，200－150＝50(g)ずつ重くなるので，買った玉ねぎの個数は，1600÷50＝32(個)とわかる。

じゃがいも（１個150g）｝合わせて
玉ねぎ　（１個200g）｝50個で9100g

(2)　2.6kmは2600mだから，はじめの2.6kmを歩くのにかかった時間は，2600÷65＝40(分)とわかる。また，４kmは4000mなので，残りの４kmを歩くのにかかった時間は，4000÷80＝50(分)となる。よって，全部で，40＋50＝90(分)かかったことになる。90÷60＝１余り30より，これは１時間30分とわかる。

(3)　本の値段を１とすると，(姉がはじめに持っていたお金)×$\frac{1}{3}$＝１と表すことができるから，姉

がはじめに持っていたお金は，$1 \div \frac{1}{3} = 3$ となる。同様に，(妹がはじめに持っていたお金)$\times \frac{3}{5} = 1$ と表すことができるので，妹がはじめに持っていたお金は，$1 \div \frac{3}{5} = \frac{5}{3}$ とわかる。よって，姉と妹がはじめに持っていたお金の比は，$3 : \frac{5}{3} = 9 : 5$ となる。この差が1000円だから，比の１にあたる金額は，$1000 \div (9-5) = 250$(円)となり，姉がはじめに持っていたお金は，$250 \times 9 = 2250$(円)と求められる。本の代金はこの $\frac{1}{3}$ なので，$2250 \times \frac{1}{3} = 750$(円)である。

(4)　兄が１日に行う仕事の量を１とすると，この仕事全体の量は，$1 \times 10 = 10$ となる。すると，兄と弟が１日に行う仕事の量の合計は，$10 \div 6 = \frac{5}{3}$ となるから，弟が１日に行う仕事の量は，$\frac{5}{3} - 1 = \frac{2}{3}$ とわかる。よって，この仕事を弟が１人で行うと，$10 \div \frac{2}{3} = 15$(日)かかる。

## 3　角度，面積，体積

(1)　下の図１で，印をつけた辺の長さはすべて等しいから，三角形DAEは二等辺三角形である。また，角ADEの大きさは，$90 + 60 = 150$(度)なので，角DAEの大きさは，$(180 - 150) \div 2 = 15$(度)とわかる。よって，角AFDの大きさは，$180 - (90 + 15) = 75$(度)だから，角 $X$ の大きさも75度である。

(2)　下の図２で，AEの長さは4 cm，CEの長さは8 cmなので，ACの長さは，$4 + 8 = 12$(cm)である。また，正方形の面積は，(対角線)×(対角線)÷２で求めることができるから，正方形ABCDの面積は，$12 \times 12 \div 2 = 72$($cm^2$)とわかる。さらに，Aを中心とするおうぎ形とCを中心とするおうぎ形の面積の和は，$4 \times 4 \times 3.14 \times \frac{90}{360} + 8 \times 8 \times 3.14 \times \frac{90}{360} = 4 \times 3.14 + 16 \times 3.14 = (4 + 16) \times 3.14 = 20 \times 3.14 = 62.8$($cm^2$)なので，斜線《しゃせん》部分の面積の和は，$72 - 62.8 = 9.2$($cm^2$)と求められる。

(3)　下の図３のかげの部分を求める立体の底面と考える。内側の半円の半径は，$6 \div 2 = 3$(cm)，外側の半円の半径は，$3 + 2 = 5$(cm)だから，その面積は，$5 \times 5 \times 3.14 \div 2 - 3 \times 3 \times 3.14 \div 2 = (12.5 - 4.5) \times 3.14 = 8 \times 3.14$($cm^2$)とわかる。また，高さは9 cmなので，この立体の体積は，$8 \times 3.14 \times 9 = 72 \times 3.14 = 226.08$($cm^3$)と求められる。

図１

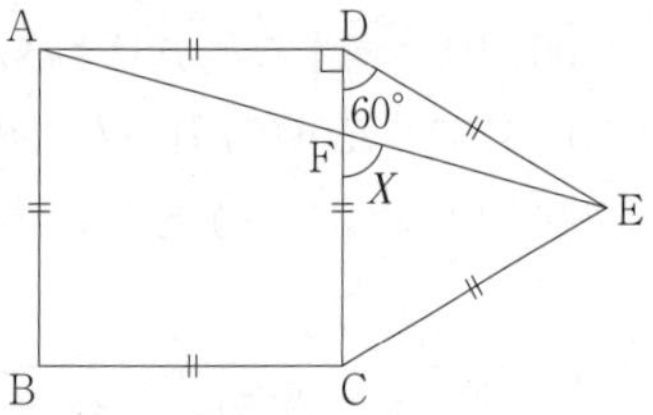


図２

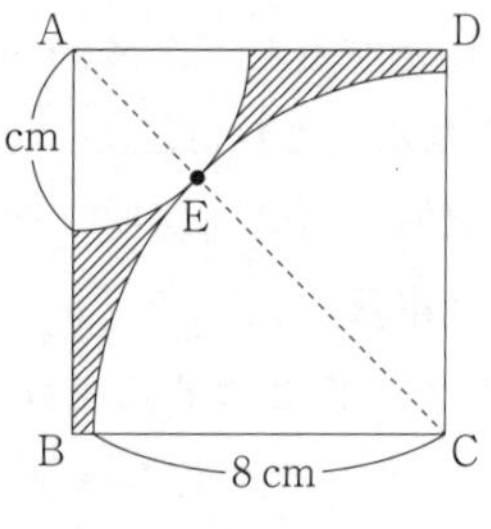


図３

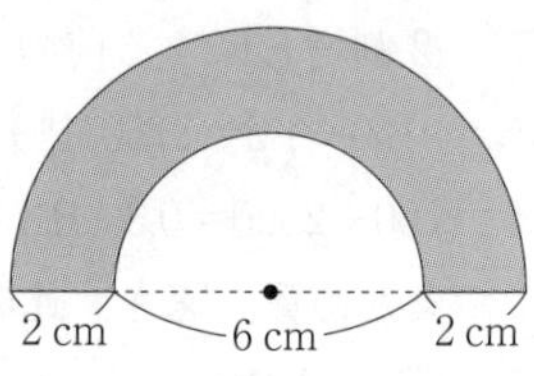


## 4　グラフ―図形の移動，面積

(1)　問題文中のグラフより，長方形Aの右端《はし》の位置は右の図のように移動する。よって，アの長さは，$1 \times 8 = 8$(cm)である。

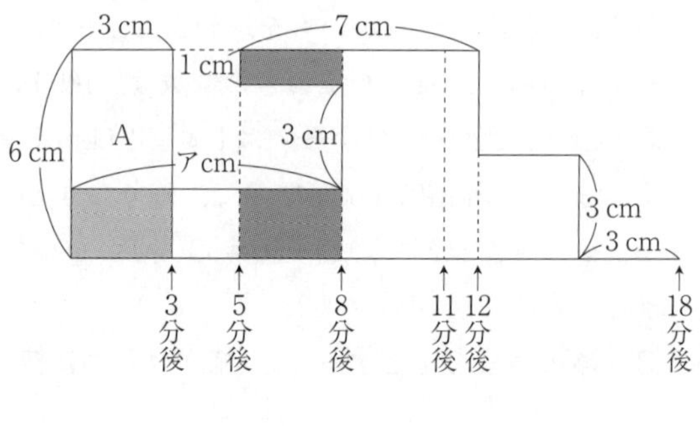


(2)　グラフ内のイはうすいかげの部分の面積である。うすいかげの部分は，たての長さが，$6 - (1 + 3) = 2$(cm)，横の長さが3 cmの長方形だから，イ＝$2 \times 3 = 6$($cm^2$)とわかる。ま

た，ウは濃《こ》いかげの部分の面積の和である。濃いかげの部分は，たての長さが１cm，横の長さが３cmの長方形と，たての長さが２cm，横の長さが３cmの長方形なので，ウ＝１×３＋２×３＝９($cm^2$)と求められる。さらに，エは長方形Ａの面積と等しいから，エ＝６×３＝18($cm^2$)である。

(3)　問題文中のグラフから，重なった部分が12$cm^2$となるのは，１回目が８～11分の間，２回目が12～18分の間とわかる。８～11分では，11－８＝３(分)で，面積が，18－９＝９($cm^2$)増えているので，毎分，９÷３＝３($cm^2$)の割合で増える。よって，12－９＝３($cm^2$)増えるのにかかる時間は，３÷３＝１(分)だから，１回目は重なり始めてから，８＋１＝９(分後)とわかる。また，12～18分では，18－12＝６(分)で面積が18$cm^2$減っているので，毎分，18÷６＝３($cm^2$)の割合で減る。したがって，18－12＝６($cm^2$)減るのにかかる時間は，６÷３＝２(分)だから，２回目は重なり始めてから，12＋２＝14(分後)と求められる。

**5　数列**

(1)　２列目には，１に次々と５を加えた数が並んでいる。10段目までに５を加える回数は，10－１＝９(回)だから，10段目の２列目の数は，１＋５×９＝46とわかる。

| | 1列 | 2列 | 3列 | 4列 | 5列 | 和 | |
|---|---|---|---|---|---|---|---|
| 1段 | 0 | 1 | 2 | 3 | 4 | 10 | +25 |
| 2段 | 5 | 6 | 7 | 8 | 9 | 35 | +25 |
| 3段 | 10 | 11 | 12 | 13 | 14 | 60 | +25 |
| 4段 | 15 | 16 | 17 | 18 | 19 | 85 | |
| | ⋮ | ⋮ | ⋮ | ⋮ | ⋮ | | |

(2)　それぞれの列には５で割ったときの余りが同じになる数が並んでいる。よって，164÷５＝32余り４より，164が並んでいるのは，４が並んでいるのと同じ５列目とわかる。また，段の数は５で割ったときの商よりも１大きいので，164が並んでいるのは，32＋１＝33(段目)の５列目となる。

(3)　１段目の数の和は，０＋１＋２＋３＋４＝10である。また，１段大きくなると，それぞれの列の数が５ずつ大きくなるから，１つの段に並んでいる数の和は，５×５＝25ずつ大きくなる。よって，25段目の数の和は１段目の数の和よりも，25×(25－１)＝600大きいので，10＋600＝610と求められる。

(4)　１段目の数の和よりも，1010－10＝1000大きいから，1000÷25＝40より，１段目よりも40段下の段とわかる。よって，和が1010になるのは，１＋40＝41(段目)である。

## 社　会　＜第１次試験＞(30分)＜満点：50点＞

**解　答**

**1**　**問１**　イ　**問２**　(1)　**a**　水田　**b**　稲(米)　(2)　金印　**問３**　(1)　(例)　仏教　(2)　ワカタケル(大王)　(3)　(例)　対等な関係を持とうとしたこと。　**問４**　(1)　①　イ　②　894(年)　(2)　ウ　**問５**　(1)　エ　(2)　ウ　(3)　イ　(4)　(例)　窓口　**問６**　(1)　ア　(2)　イ　(3)　豊臣秀吉　(4)　イ　(5)　①　(例)　キリスト教を広める恐れがないから。(貿易と布教を分けていたから。)　②　エ　**問７**　(1)　エ　(2)　エ→ア→イ→ウ　(3)　沖縄県　(4)　エ　(5)　日米安全保障条約　(6)　北方領土　**2**　**問１**　(1)　ウ　(2)　自由　**問２**　(1)　日本人　(2)　イ　**問３**　(1)　ア　(2)　ウ　**問４**　(1)　ユニバーサルデザイン　(2)　(例)　グラフをみると，日本ではこれまでも外国人の人口が増えているので，今後も増加することが予想される。したがって，争いのない平和な社会を築いていくために，外国の文化を学び，相互理解を深めていきたい。

## 解　説

### 1　外国との交流の歴史についての問題

**問１**　今から１万2000年前ごろ，気温が上がり海面が上昇したため，ユーラシア大陸と切り離《はな》されて日本列島が誕生した。このころから始まる時代を縄文時代という。縄文時代はおもに狩猟《しゅりょう》・漁労・採集による生活が営まれた。稲の収穫《しゅうかく》に使われる石包丁は弥生時代に用いられたのであてはまらない。なお，アは黒曜石の矢じり，ウは縄文土器，エは竪穴《たてあな》住居である。

**問２**　(1)　a，b　縄文時代晩期《ばんき》に稲作の技術が大陸から伝わった。初めは湿地《しっち》や沼地《ぬまち》に種もみをじかまきして稲(米)を育てたが，後に水田として整備され，日本各地で水田が見られるようになった。現在も日本各地で見られる水田ののどかな景色は，日本を象徴する風景の１つといえる。

(2)　１世紀ごろの日本のようすが記されている中国の歴史書『後漢書』東夷伝《とういでん》によると，倭(日本)の小国の１つであった奴《な》国の王が後漢(中国)に使いを送り，皇帝から「漢委奴《かんのわのなの》国王」と刻まれた金印を授《さず》けられたとある。この金印は，江戸時代に福岡県の志賀《しかの》島で発見されている。

**問３**　(1)　古墳時代になると，大陸から日本に移住した渡来人によって，養蚕・機織り・製陶や土木・建築・造船などのさまざまな技術が日本に伝わり，漢字や儒教・仏教などの文化ももたらされた。　　(2)　稲荷《いなり》山古墳(埼玉県)と江田船山古墳(熊本県)から，「ワカタケル大王」と読める漢字が刻まれた鉄剣や鉄刀が出土したことから，大和政権の支配がこの時期には関東地方から九州地方にまで及《およ》んでいたことがわかる。また，ワカタケル大王は５世紀末に在位した雄略《ゆうりゃく》天皇と推定され，雄略天皇は中国の歴史書『宋書』倭国伝にある倭の五王のうち，倭王武とみなされている。

(3)　593年に推古天皇の摂政となった聖徳太子(厩戸《うまやど》皇子)は，607年に小野妹子を遣隋使として隋(中国)に派遣《はけん》し，隋と対等な関係を持とうとした。なお，これ以前は日本が中国に貢物《みつぎもの》を差し出して臣下の礼をとる形式(朝貢《ちょうこう》)をとっていた。

**問４**　(1)　①　唐(中国)の進んだ政治制度や文化を取り入れるため，遣唐使は630年の犬上御田鍬《みたすき》を第１回目として約260年間に十数回派遣された。遣唐使がもたらした文物の多くは奈良市にある東大寺の正倉院に納められている。正倉院には遣唐使がもたらした宝物のほかにも聖武天皇愛用の品や大仏開眼供養で用いられたものなどが所蔵されていることで知られる。　　②　894年，菅原道真の提言によって遣唐使の派遣が中止された。　　(2)　遣唐使の廃止によって唐の文化の影響《えいきょう》が少なくなったため，日本の風俗や慣習に合った貴族を中心とする日本風の文化(国風文化)が栄えた。国風文化では，紫式部の長編小説『源氏物語』や清少納言の随筆《ずいひつ》『枕草子』など，多くの文学作品が仮名文字の発明によってうまれ，貴族の女性が活躍《かつやく》した。したがって，組み合わせとして正しいものはウである。なお，象形文字とは物の形をかたどってできた文字で，漢字の一部がこれにあたる。また，阿仏尼《あぶつに》は鎌倉時代中期の歌人，『平家物語』は琵琶法師によって語り継《つ》がれた鎌倉時代の軍記物，『竹取物語』は平安時代初めに成立した作者不明の物語，『方丈記《ほうじょうき》』は鎌倉時代の随筆である。

**問５**　(1)　平安時代末期に平清盛が積極的に行った日宋貿易では，銅銭(宋銭)が大量に輸入された。よって，エが正しい。なお，アは巴型《ともえがた》銅器とよばれる青銅器(弥生～古墳時代)，イは正倉院にある五弦《ごげん》琵琶(奈良時代)，ウはポルトガルから伝わったカードゲームをつくりかえた「うんすんカルタ」(戦国時代)である。　⑵　御家人の働きや暴風雨によって元軍を撃退《げきたい》することはできたが，元寇(元軍の襲来)は元軍による侵略《しんりゃく》から国土を守る戦争であったため幕府は新たな領地を得られず，御家人に十分な恩賞を与えられなかった。そのため御家人の生活はさらに困窮《こんきゅう》し，幕府に不満を持つようになった。よって，ウが正しくない。　⑶　室町時代後半に栄えた東山文化は禅宗の影響を強く受けており，建築様式には和風住宅の原型となる書院造が用いられた。その代表的な建物として，室町幕府第８代将軍の足利義政が建てた慈照寺《じしょうじ》銀閣がある。なお，アは姫路城，ウは平等院鳳凰堂，エは出雲大社。　⑷　博多(福岡県)は原始・古代から大陸との交流の窓口(玄関口)として，また貿易港として栄えた。

**問６**　⑴　1543年，ポルトガル人が種子島(鹿児島県)に漂着したことで鉄砲が伝来した。鉄砲は，戦国時代であった日本でまたたく間に広まり，戦法や築城法を変化させた。　⑵　1549年，スペイン人宣教師のフランシスコ＝ザビエルが鹿児島に来航し，キリスト教を伝えた。信者となった大友義鎮《よししげ》(宗麟《そうりん》)・有馬晴信・大村純忠《すみただ》のキリシタン大名は，1582年に４人の少年をローマ教皇のもとに派遣した(天正遣欧《けんおう》使節)。イはその時のようすを伝える印刷物である。なお，アは鎌倉大仏(神奈川県)，ウは東大寺の僧形八幡《そうぎょうはちまん》神像，エは曼荼羅《まんだら》(密教の世界観を絵柄《えがら》で表したもの)。　⑶　織田信長の家臣であった豊臣秀吉は，1582年に本能寺の変で信長が倒れると，山崎の戦いで明智光秀を破り，信長の後継者として1590年に小田原の北条氏を滅《ほろ》ぼして全国統一をはたした。そして，太《たい》閤《こう》検地や刀狩を行って兵農分離を推《お》し進め，封建的支配体制を築いた。　⑷　明(中国)の征服《せいふく》を企《くわだ》てた秀吉は，朝鮮に協力を求めたが断られたため２度にわたって朝鮮に大軍を送った(朝鮮出兵)。出兵は失敗に終わったが，出兵した大名が引き上げるさいに朝鮮人の陶工を連れ帰り，領地で陶磁器をつくらせた。その１つが佐賀県の有田焼(伊万里焼)である。したがって，イが正しい。なお，アの信楽《しがらき》焼は滋賀県，エの瀬戸焼は愛知県に伝わる焼き物である。ウの七宝《しっぽう》焼は金属の素地にガラス質の釉薬《ゆうやく》をかけてつくられる焼物で，伝統的工芸品として指定されているものには愛知県の尾張七宝がある。　⑸　①　鎖国政策がとられた江戸時代は，清(中国)とオランダの２国に限り，長崎で貿易が行われた。キリスト教の布教を行わなかったためオランダは交易が認められたが，オランダ人商人の自由な行動は許されず，〈資料１〉の出島(扇形埋立《うめたて》地)に居住区が限定された。　②　下総国佐原《さわら》(千葉県)の酒造家の婿養子《むこようし》となった伊能忠敬は，50歳《さい》で家督《かとく》を譲《ゆず》って江戸に出ると，西洋の測量術や暦法《れきほう》を学んだ。そして，1800年から17年かけて日本全国の沿岸を測量し，日本で初めて実測による正確な日本地図を作製した。伊能忠敬がつくった〈資料２〉の大日本沿海輿地《よち》全図(伊能図)は，忠敬の死後，弟子によって完成された。なお，アの歌川広重は浮世絵師，イの本居宣長は国学の大成者，ウの杉田玄白は『解体新書』を著《あらわ》した蘭学者である。

**問７**　⑴　大日本帝国憲法が発布されたのは1889年なので，エがあやまっている。なお，アについて，「えた・非人」とよばれた人々の身分を廃止して四民平等となったのは，1871年のことである。その後，職業や居住の自由も認められ，原則としては国民がすべて平等に扱《あつか》われることとなったが，現実には多くの差別が残ったままであった。イ，ウはともに1872年のできごとである。　⑵　時代の古い順に並べかえると，エ(1894年)→ア(1905年)→イ(1932～45年)→ウ(1945年)となる。

⑶　1951年にサンフランシスコ平和条約が結ばれ，日本は独立を回復することになったが，日米安全保障条約によって沖縄県は引き続きアメリカの施政下に置かれることとなった。なお，沖縄県が本土復帰をはたしたのは1972年の佐藤栄作内閣の時である。　⑷　高度経済成長期に入ると四大

公害病をふくむ多くの公害問題が各地で発生し，大きな社会問題となった。その結果，1967年に公害対策基本法がつくられ，1971年には環境庁(現在の環境省)が設置された。したがって，エが正しくない。　(5)　吉田茂内閣総理大臣が，サンフランシスコ平和条約と同日に日米安全保障条約に調印し，日本はアメリカと軍事的な結びつきを強めた。　(6)　北海道の北東に並ぶ択捉《えとろふ》島・国《くな》後《しり》島・色丹《しこたん》島・歯舞《はぼまい》群島を，北方領土(北方四島)という。北方領土は日本固有の領土であるが，現在はロシアが実効支配している。この問題が未解決であるため，日本とロシアとは現在も平和条約が結べていない。

**2　アメリカの人種問題についての問題**

**問１**　(1)　資料より，王国旗の左上にはイギリスの国旗が描《えが》かれていることがわかる。したがって，「ピルグリム＝ファーザーズ」はイギリスからの移民と考えられる。よって，イギリスから出発し，大西洋を渡って北アメリカ大陸に到達しているウがふさわしい。なお，アはロシア，イはオーストラリア，エはフランス，オはポルトガルが出発点になっている。　(2)　写真は，ニューヨーク港のリバティ島にある「自由の女神像」(正式名称は「世界を照らす自由」)である。アメリカ合衆国独立100周年を記念して，独立運動を支援したフランスから贈呈《ぞうてい》された。

**問２**　(1)　資料の写真より，この地区には和風の建物や火の見やぐら，軒《のき》に連ねた提灯《ちょうちん》があることがわかる。したがって，日本人移民が多く住む街と考えられる。　(2)　資料の写真は洗面所を撮影《さつえい》したものである。左側の壁《かべ》には「WHITE(白人)」，右側の壁には「COLORED(有色人種)」とあることから，人種によって使える洗面台が異なっていたことがわかる。現在のアメリカではこのような差別は禁じられている。

**問３**　(1)　ア　国連分担金の負担割合は，アメリカ・中国(中華人民共和国)・日本の順に大きいので，正しい。　イ　2023年２月現在，国連には193か国が加盟しており，未加盟国はバチカン市国やコソボ共和国などわずかしかないので，正しくない。　ウ　多くの日本人が国連や関連機関で勤務し，活躍しているので正しくない。　エ　平和維持活動の略称はNGO(非政府組織)ではなくPKOなので，正しくない。　(2)　アイヌは東北地方北部から北海道で暮らしていた日本の先住民族である。なお，アボリジニはオーストラリア，イヌイットとエスキモーはアラスカ・カナダ・シベリア・グリーンランドなどの極北地帯に住む先住民族。

**問４**　(1)　人種・国籍・言語・性別・年齢《ねんれい》・身体能力などの違《ちが》いにかかわらず，すべての人々が使いやすいようにつくられた製品や施設のデザインをユニバーサルデザインという。ここでいうデザインには，形があり目に見えるものだけでなく，構造やシステムなど幅広《はばひろ》い意味がふくまれる。

(2)　グラフより，増加率に上下はあるものの日本における外国人の人口は右肩《みぎかた》上がりに増えていることがわかる。そのため，今後も外国人の人口は増えていくことが予想される。日本に来る外国人も日本で生活するからには日本の言語や文化・生活を理解し，慣れることが必要であるが，受け入れる側の日本人も外国の文化や生活習慣を学び，お互《たが》いに理解し合える人間関係を築くことが大切である。

## 理　科　＜第１次試験＞（30分）＜満点：50点＞

### 解　答

1 **問１**　種子　**問２**　でんぷん　**問３**　発芽　**問４**　(ア)　**問５**　（例）　日光に当てないように　2 **問１**　①　胎ばん　②　へそのお　**問２**　(ウ)　**問３**　はらの中　**問４**　**a**　(イ)　**b**　(ウ)　**c**　(ア)　3 **問１**　うすい塩酸　**問２**　(イ)　**問３**　（例）　溶けているものが固体ではなく気体や液体だから。　**問４**　（例）　別の物質になったと考えられる。　4 **問１**　19.0g　**問２**　17.0g　**問３**　26％　**問４**　**ミョウバン**…(エ)　**食塩**…(ア)　**問５**　（例）　温度が変わっても，食塩の溶ける量はほとんど変わらないから。
5 **問１**　**道具**　てこ　**A**　作用点　**B**　支点　**C**　力点　**問２**　解説の図を参照のこと。　**問３**　(ア)，(ウ)　6 **問１**　**大きさ**…回す速さを変える。　**向き**…逆向きに回す。
**問２**　(ク)　**問３**　**a**　（例）　スピーカー　**b**　（例）　充電池　7 **問１**　北極星　**問２**　**B**　(ウ)　**C**　(イ)　**問３**　**A**　a　**D**　d

### 解　説

**1　種子の発芽と成長についての問題**

**問１～問３**　うすめたヨウ素液にひたしたとき，でんぷんがある部分は青むらさき色に変化する。発芽前のインゲンマメの種子には，発芽や成長のためのでんぷんがたくわえられているので，ヨウ素液にひたすと切り口の色が変わる。一方，芽や根がのびたころのしなびた子葉にはでんぷんがほとんどふくまれていないので，ヨウ素液にひたしても切り口の色は変化しない。

**問４**　植物が成長するためには，発芽のために必要な空気，水，適当な温度の３つに加えて，肥料，光が必要である。このうち，光は植物が養分をつくる光合成のはたらきに必要である。

**問５**　ネギに白い部分をつくるためには，その部分に緑色の葉緑体がつくられないようにすればよい。葉緑体は光が当たることでつくられるので，畑にうねをつくり，ネギに土をよせて日光を当てないようにすればよい。

**2　人や動物の誕生についての問題**

**問１**　胎児《たいじ》は自分では酸素や栄養をとることができない。このため，酸素や栄養は母親の胎ばんから，へそのおを通って胎児に運ばれる。

**問２**　人の場合，受精卵が成長して生まれるまでに約38週間かかり，生まれるときの体重は約3000g，身長は約50cmである。

**問３**　ふ化したばかりのメダカは水の中でじっとしていて，えさを食べない。このとき，メダカははらにふくまれている養分で生活している。

**問４**　母親のからだの中で成長してから生まれてくるまでの期間の長さは，からだの大きさに関係していて，ふつう大きな動物ほど長い。したがって，ハムスターは約20日，ライオンは約100日，ゾウは約650日があてはまる。

**3　水溶液《すいようえき》の性質についての問題**

**問１**　酸性の水溶液を青色リトマス紙につけると赤色になり，アルカリ性の水溶液を赤色リトマス紙につけると青色になる。また，中性の水溶液を青色，赤色のリトマス紙につけても色は変わらない。これより，Ａのビーカーに入っている水溶液は酸性のうすい塩酸，ＢとＣのビーカーに入っている水溶液はアルカリ性の水酸化ナトリウム水溶液かアンモニア水，Ｄのビーカーに入っている水溶液は中性の食塩水とわかる。

**問２**　水酸化ナトリウム水溶液にはにおいがなく，アンモニア水には鼻をつくようなにおいがある。したがって，この２つの水溶液はにおいをかぐことで区別できる。

**問３**　液体や気体が溶《と》けている水溶液を蒸発皿に取って熱すると，溶けていた液体や気体が空気中に出ていってあとに何も残らない。これに対して，固体が溶けている水溶液を蒸発皿に取って熱すると，溶けていた固体が残る。ここで，水酸化ナトリウム水溶液は固体の水酸化ナトリウム，アンモニア水は気体のアンモニア，うすい塩酸は気体の塩化水素，食塩水は固体の食塩が溶けた水溶液なので，アンモニア水とうすい塩酸を熱すると，あとに何も残らない。

**問４**　塩酸にアルミニウムを入れると水素のあわを出して溶け，その溶液を熱すると，塩化アルミニウムの白い固体が残る。塩化アルミニウムは，塩酸に入れる前のアルミニウムとは全く別の物質で，塩酸に入れると溶けるが，あわは出ない。

## 4　ものの溶け方についての問題

**問１**　80℃の水100ｇに溶ける食塩の最大の量は38.0ｇだから，水50ｇに溶ける食塩は，$38.0\times\frac{50}{100}=19.0$(ｇ)になる。

**問２**　20℃の水100ｇに溶けるミョウバンの最大の量は6.0ｇなので，水溶液を20℃まで冷やしたとき，溶けずに残るミョウバンの量は，$23-6.0=17.0$(ｇ)となる。

**問３**　20℃の水100ｇに溶ける食塩の最大の量は35.8ｇだから，このときの食塩水の濃度《のうど》は，$\frac{35.8}{100+35.8}\times100=26.3\cdots$より，26％と求められる。

**問４**　ミョウバンの結晶《けっしょう》は正八面体に近い形をしていて，食塩の結晶は立方体に近い形をしている。

**問５**　ミョウバンは，水の温度が変わったときに，溶ける量が大きく変化するが，食塩はほとんど変わらない。このため，食塩とミョウバンをお湯に溶かした後，そのまま置いておくと，水溶液の温度が下がり，ミョウバンは溶けきれなくなった結晶が出てくるが，食塩は出てこない。

## 5　てこのつりあいについての問題

**問１**　棒などを使い，小さい力で重いものを動かすしくみをてこという。Ａはものに力がはたらくところで作用点，Ｂはてこを支えているところで支点，Ｃはてこに力を加えているところで力点という。

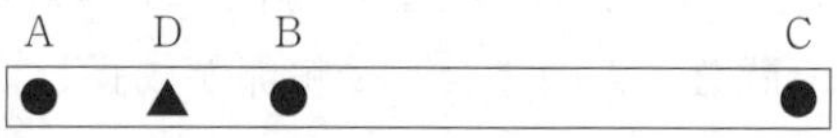


**問２**　てこを使ってものを持ち上げるとき，支点から力点までの距離《きょり》を長くするか，支点から作用点までの距離を短くすれば，より少しの力で重いものを持ち上げることができる。したがって，上の図のようにＢの位置を左にずらせばよい。

**問３**　ペンチとはさみは支点が作用点と力点の間にあり，ピンセットとトングは力点が支点と作用点の間にある。また，ホチキスは力点と作用点がほぼ同じような位置にある。

## 6　手回し発電機についての問題

**問１**　手回し発電機のハンドルを速く回した方が豆電球は強く光り，モーターは速く回ることから，電流の大きさを大きくするためにはハンドルを回す速さを速くすればよいことがわかる。また，手回し発電機のハンドルを回す向きを逆にするとモーターが逆向きに回ることから，電流の向きを変えるためにはハンドルを回す向きを逆にすればよいことがわかる。

**問２**　決まった時間に手回し発電機を回す回数を多くし，回す時間を長くするほどコンデンサーにためることのできる電気の量は多くなる。また，豆電球と発光ダイオードでは，発光ダイオードの方が消費する電気の量が少ないので，発光ダイオードを，１秒間に３回の速さで40秒間回したコンデンサーにつなぐと，最も長く光り続ける。

**問３**　**a**　電気を音に変えるものとしては，スピーカーやイヤフォンなどがある。　**b**　電気をためるものには充電池(蓄《ちく》電池)などがある。具体的にはリチウムイオン電池などがあげられる。

**7　星の日周運動についての問題**

**問１**　写真Ａは北の空の星の動きで，北の空の星は北極星(Ｘの星)を中心に回転して見える。

**問２**　写真Ｂは東から西に動いて見える南の空の星の動きで，写真Ｃは南から西に向かって右下がりに動いて見える西の空の星の動きである。

**問３**　写真Ａの北の空の星は，ａのように反時計回りに動いて見える。写真Ｄは東の空の星の動きで，ｄのように東から南に向かって右上がりに動いて見える。

## 国　語　＜第１次試験＞（50分）＜満点：100点＞

**解　答**

**一**　**１～７**　下記を参照のこと。　**８**　あとあじ　**９**　から　**10**　こころざ(す)
**二**　**１**　(例)　私は積極的にボランティア活動に参加する中で，社会には多様な人が生活しているということに気がついた。　**２**　(例)　将来の夢の実現に向け，つつましい生活を送る友人を見て，私は尊敬の念をいだいた。　**三**　**問１**　**Ａ**　ウ　**Ｂ**　オ　**問２**　イ　**問３**　ウ　**問４**　エ　**問５**　ア　**問６**　(例)　祖父は自分の父が亡くなったとき，母を一人家に残して大学生としての生活にもどることと，紺屋からクリーニング専門に切り替えて存続の危機を乗り切った店を父の代で終わらせることはできないと思ったから。　**問７**　(例)　サッカーと裁縫のどちらかを選ばなければいけないのかということについて悩んでいる「ぼく」は，じいちゃんがやりたいことをあきらめて家を継いだのかどうかを知りたかったから。　**問８**　エ　**問９**　ア　**問10**　ウ　**問11**　エ　**四**　**問１**　**Ａ**　ウ　**Ｂ**　ア　**Ｃ**　エ　**問２**　因果　**問３**　(例)　論理的に考えることだけでなく，自分が心の底から感じるような感性を解放すること。　**問４**　(例)　見たり感じたりすればすぐわかるようなことに対して，言葉を重ね，理屈で説明することで，現実から離れていってしまうという状きょう。　**問５**　ア　**問６**　(例)　自己認識は本来自身の感覚からくるものであるが，それよりも機械の出すデータを自分の感覚として取り入れるようになっている。　**問７**　イ　**問８**　エ　**問９**　**１**　Ｂ　**２**　Ｂ　**３**　Ａ　**４**　Ａ　**５**　Ｂ

**●漢字の書き取り**

**一**　**１**　俳句　**２**　消毒　**３**　所属　**４**　組織　**５**　挙手　**６**　姿勢　**７**　延(びる)

**解　説**

**一　漢字の書き取りと読み**

**1**　五・七・五の十七音からなる日本の定型詩。　**2**　ばいきんを薬や熱で殺すこと。　**3**　団体や集まりに入っていること。　**4**　人や集団に役割を与え，その活動をまとめ，調整すること。　**5**　手をあげること。　**6**　体のかまえ。　**7**　音読みは「エン」で，「延長」などの熟語がある。　**8**　物事が終わった後に残る感じ。　**9**　音読みは「クウ」で，「空間」などの熟語がある。訓読みにはほかに「そら」「あ(く・ける)」がある。　**10**　音読みは「シ」で，「志望」などの熟語がある。訓読みにはほかに「こころざし」がある。

**二　短文づくり**

**1**「多様」は，さまざまであること。「積極的」は，自分から進んでするようす。　**2**「つつましい」は，ひかえめで，質素なようす。「尊敬」は，りっぱだと思ってうやまうこと。

**三　出典は小川雅子《おがわまさこ》の『ライラックのワンピース』による。**サッカーと裁縫《さいほう》のどちらかを選ぶべきなのかと迷う「ぼく」(智広《ともひろ》)に，じいちゃんはクリーニング屋を継《つ》いだ経緯や仕事への情熱を語る。

**問１**　**A**「首をかしげる」は，“おかしいと考えこむ”という意味。　**B**「胸を張る」は，“ほこらしげな態度をとる”という意味。

**問２**「やりたいことをあきらめて家を継いだの？」と聞かれたじいちゃんが「いいや，違《ちが》う」と答えたときのようすである。やっていくうちに家の仕事が面白《おもしろ》くなったとじいちゃんは話しているので，「きっぱり」言い切ったと思われる。「きっぱり」は，はっきりと。

**問３**　洋服には着ていた人のくせが必ず出るとじいちゃんは言っている。探したそのくせから，どんなふうに着ていたのかを「想像」することが必要だというのである。「想像」は，実際には経験していないことを思いうかべたり，考えたりすること。

**問４**「びっくり」した「ぼく」は，じいちゃんに「大学に行っていたの？」と聞き返しているので，じいちゃんが大学に行っていたことに「びっくり」したことになる。

**問５**「紺屋《こうや》」の仕事は「布を染める」ことだと直前の部分からわかる。「紺屋の白袴《しろばかま》」とは，布を染める仕事をしている人が，自分の袴を染めずにいることをいうので，アが選べる。

**問６**　直前のじいちゃんの話からまとめる。祖父の父が亡くなったとき，祖父は母を一人残して大学にもどることも，また，紺屋からクリーニング専門店に切り替《か》えることで存続の危機を乗り切った店を父の代で終わらせることも，できないと思ったのである。

**問７**　ここで「ぼく」は，「じいちゃんはやりたいことをあきらめて家を継いだの」かを知りたがっている。この後の内容から，「ぼく」はサッカーと裁縫のどちらかを選ばなくてはいけないのかと悩んでいたことがわかる。そのため，じいちゃんがどういう判断をしたのか知りたかったのである。

**問８**　クリーニングの仕事は観察や考察，調査を経て最善の答えを導き出すものだという説明を聞き，実験のようだと感じた「ぼく」は，じいちゃんは大学でも同じようなことをしていたのかと考えたが，あまり関係のなさそうな研究をしていたと聞いて意外に思っている。よって，エが合う。

**問９**　大事なことが重なった場合は，どうすればいいかをそのときどきで考えればいいとじいちゃんは言っているので，アがふさわしい。

**問10**　大学にとどまれば学会に行くような先生になれたかもしれないのにと残念がっている「ぼく」に対し，まっすぐ向き合って「自分がしたいことができればいい」とじいちゃんは言い切っている。自分のやり方に後悔《こうかい》がなく，自信も持っているからこその態度なので，ウが合う。

**問11**　お客さんがもっと気持ちよく着られるように，洗濯《せんたく》したりアイロンをかけたりする技術をきわめ，自信を持っているじいちゃんは「カッコよかった」のだから，エがふさわしい。

**四　出典は丸山俊一《まるやましゅんいち》の『14歳からの個人主義　自分を失わずに生きるための思想と哲学《てつがく》』による。**論理的に考えるだけでなく，自分の感性を解放することが大事だとし，テクノロジーの進化とともに心のはたらきを忘れがちな現代社会に警告を発している。

**問１**　**A**　前には，脳は「認識において中心を担《にな》う，重要な器官」だが，人間は「体全体で生きている」とある。後には，「脳だけで生きているという錯覚《さっかく》を持つ人が増えて」いると続く。よって，前のことがらを受けて，それに反する内容を述べるときに用いる「しかし」が入る。　**B**　前には，ルールをつくって「心の問題も解決しようとする」ような，おかしな逆転があちこちで見受けられるとある。後には，差別をなくすのは大事だが，「差別をする人には罰金《ばっきん》を科す」といったルールで解決しようとすると「奇妙な逆転」が起こると続く。前の内容の例が後にあるので，例をあげるときに使う「たとえば」が合う。　**C**　ルールで心の問題を解決するのには無理があると考える筆者は，「差別をする人には罰金を科す」といったルールをつくると，損得の判断で差別をやめる人が増えかねないとしている。よって，ルールで心の問題を解決しようとするのは「やはり」怖《こわ》いとするのがよい。「やはり」は，思ったとおり。

**問２**　空らんXの次の文に，原因とその結果の「関係性を突《つ》きとめることで論理的な思考は育《はぐく》ま」れると述べられている。原因と結果の関係性を，「因果」関係という。

**問３**　筆者は「考える」という行為《こうい》においては，論理的に考えることはもちろん，さまざまな感情も大事な要素だと述べている。論理的に考えることだけではなく，自分が心の底から感じる感性を解放することが大切になると考えているのである。

**問４**　ぼう線②の直前に「そんな」があるので，前の部分に注目する。ぼう線②は，見たり感じたりすればすぐわかることなのに，「言葉を重ね，理屈《りくつ》で説明しないとわからない」ことをいい，かつその結果，「現実からどんどん離《はな》れていってしまう」状きょうをさしている。

**問５**　「侵食《しんしょく》」は，ほかの領域にじょじょに食いこむことをいうので，アが合う。

**問６**　ぼう線④は，直後の二文にある例のように，自分の感覚より機械の出すデータを信用してしまうことをいっている。本来，次の段落にあるように，自己認識は自分の感覚からくるものだが，それより機械の出すデータを自分の感覚として取り入れるように逆転してしまっているのである。

**問７**　次の段落に注目する。脳は「重要な器官」だが人間は「体全体」で生きていて，それぞれの器官がそれぞれの役目をはたしており，「脳だけで生きている」と思うのは「錯覚」だと筆者は考えている。よって，脳は器官の一部にすぎないというイがふさわしい。

**問８**　続く文に，「逆転」とは，「自分のあり方を見失わせるような」ものだとある。自分の「読みたい」という気持ちよりも口コミを信じるア，自分の目で見たことよりも機械の取り替えランプの表示を信じるイ，自分の気持ちよりも周囲の評価を重視するウが，ここでの「逆転」にあてはまる。

**問９**　**1**　自分の心がどう感じるかも大事だが，論理的に考えることも大事なのだから，合わない。　**2**　ブルース・リーの言葉には，西欧《せいおう》でも普遍的《ふへんてき》な，人間の精神の可能性を解き放つ知恵《ちえ》が込《こ》められていると書かれているので，合わない。　**3**　ぼう線②の二つ前の段落に，言葉は「抽象的《ちゅうしょうてき》にものを考えることについては，とても有効な道具」であるが，「それ自体で独自の世界を作ってしまう」とある。よって，合う。　**4**　ぼう線④のある段落に，データの「有効性を理解して使い方を考えて生活に取り入れる分にはとても便利」であると述べられている。よって，合う。　**5**　差別をなくすためにルールで解決しようとすると，ルールを破らないために差別をしない人が出てきてしまうおそれがあり，結局は破綻《はたん》すると述べられているので，合わない。

# 2023年度 聖セシリア女子中学校

**【算　数】**〈第２次試験〉（50分）〈満点：100点〉

注意事項　1．円周率は3.14を使用しなさい。
　　　　　2．定規・コンパス・分度器は使用できません。

**1** 次の □ にあてはまる数を入れなさい。

（１）$216-16\times3+12=\square$

（２）$3\frac{1}{6}-1\frac{5}{6}\div2\frac{1}{5}=\square$

（３）$1.56\div0.13-0.03\times150=\square$

（４）$2\frac{5}{6}\div\left(\frac{7}{9}-\frac{1}{2}\right)\div\left(\frac{7}{8}+\frac{2}{5}\right)\div2=\square$

（５）$\left\{\left(1.4+\frac{1}{9}\right)\div1.7+\frac{2}{3}\right\}\div4\frac{2}{3}=\square$

（６）$12\div(\square-15)+3.9=4.4$

（７）正方形の１辺の長さをすべて２０％長くすると、面積は □ ％増加します。

**2** 次の各問いに答えなさい。また、答えを求めるときの式も書きなさい。

（１）長さ５ｍのリボンをＡさんとＢさんの２人で分けたところ、Ａさんの長さはＢさんの３倍より２０ｃｍ長くなりました。Ａさんのリボンの長さは何ｃｍですか。

（２）２６人の生徒が同じ間隔《かんかく》で１列に並んでいます。いちばん前の人からいちばん後ろの人まで１３ｍであるとき、人と人の間隔は何ｃｍになりますか。ただし、人の幅《はば》は考えないものとします。

（３）Ａさんは毎秒７ｍ、Ｂさんは毎秒５．８ｍの速さで走ります。２人が同時に同じ方向にスタートして、２人の差が３０ｍになるのはスタートしてから何秒後ですか。

（４）３つの数Ａ，Ｂ，Ｃがあります。ＡはＢより小さく、ＢはＣより小さいです。ＣとＢとの差はＢとＡとの差より３だけ大きいです。ＡとＢとＣを足すと１０５になるとき、Ｂはいくつですか。

**3** 次の各問いに答えなさい。

(1) 右の図は長方形をＡＢで折り返した後、さらにＣＤで折り返したものです。角Ｘの大きさを求めなさい。

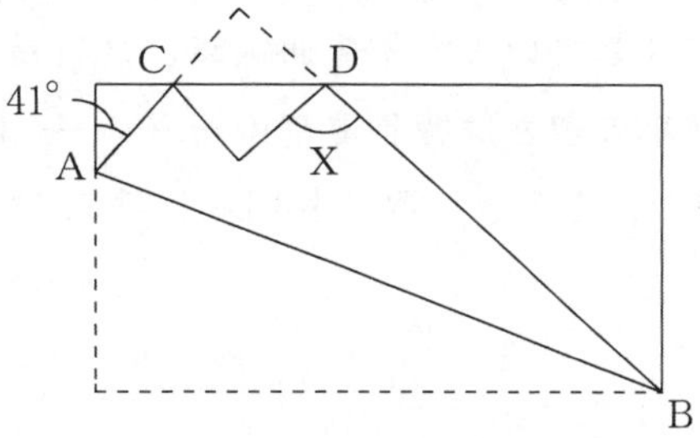


(2) 右の図で、斜線部分の面積を求めなさい。

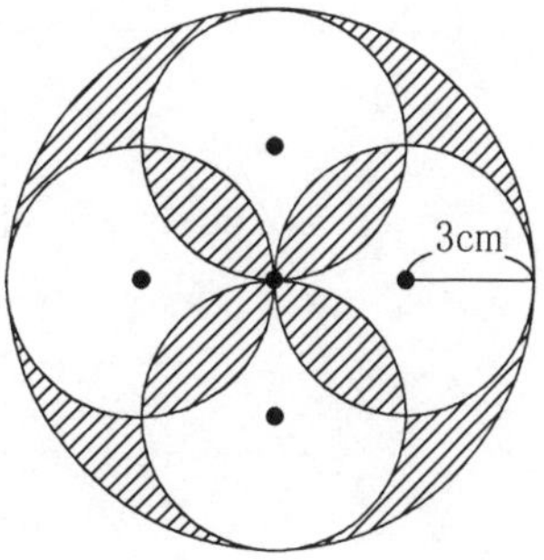


(3) 右の立体の体積を求めなさい。

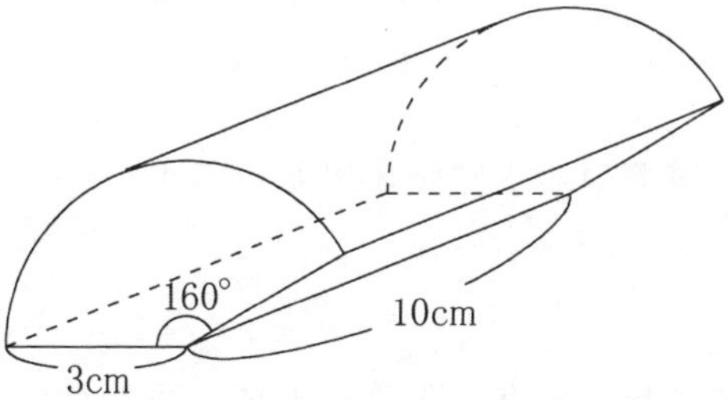

**4** Ａ駅から午前７時発の特急電車に乗って７２ｋｍ離《はな》れたＢ駅まで行き、Ｂ駅からは急行電車に乗りかえて１８ｋｍ離れたＣ駅まで行きました。その後、Ｃ駅からＡ駅まで普通電車に乗って戻りました。下のグラフは、そのときのようすを途《と》中まで表しています。普通電車、急行電車、特急電車ともに一定の速さで走り、急行電車の速さは特急電車の速さの $\frac{3}{4}$ 倍、普通電車の速さは急行電車の速さの $\frac{5}{9}$ 倍であるとき、次の各問いに答えなさい。

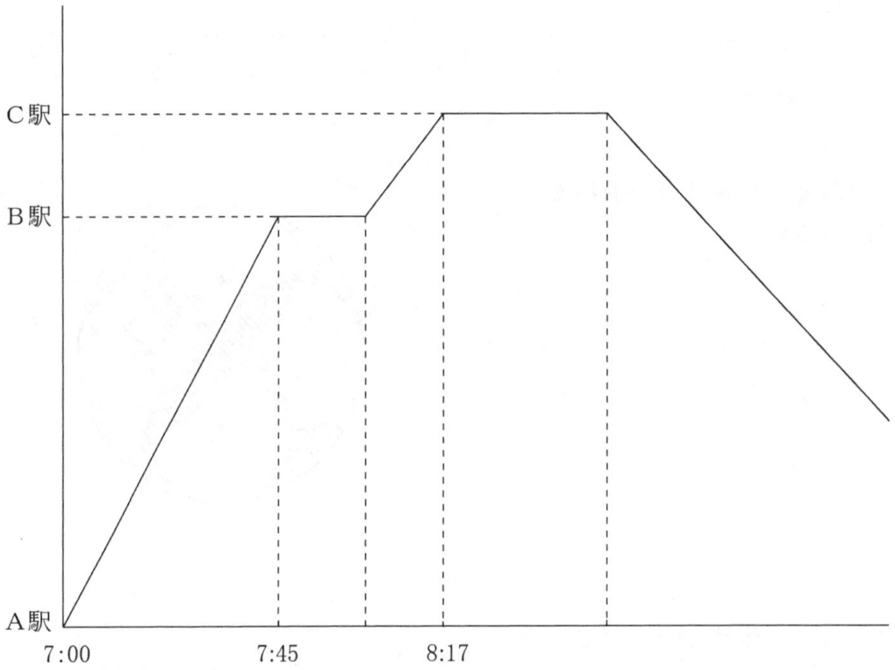


（１）特急電車の速さは時速何ｋｍですか。

（２）Ｂ駅で特急電車から急行電車に乗りかえるとき、待っていた時間は何分ですか。

（３）Ｃ駅で待っていた時間が３５分のとき、Ａ駅に戻った時刻は何時何分ですか。

**5** ３つの電灯Ａ，Ｂ，Ｃがあります。電灯はそれぞれ一定の規則にしたがって点滅《てんめつ》をくり返し、すべての電灯が同時に点灯した時間を０秒とします。下の図は、電灯が点灯している時間を白、消灯している時間を斜線で表したものです。次の各問いに答えなさい。

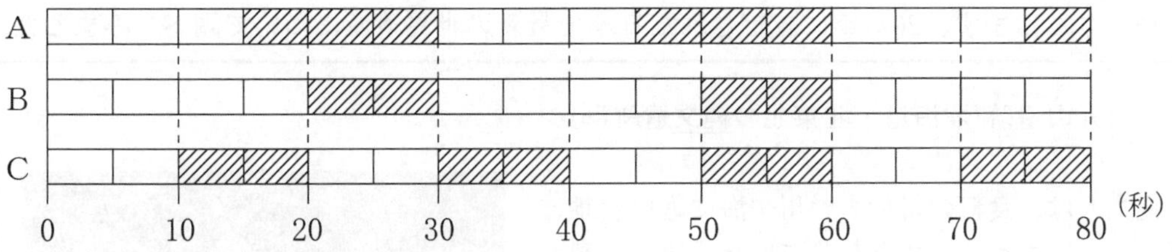


（１）１５５秒のとき、電灯Ａ，Ｂ，Ｃはそれぞれ点灯、消灯のどちらですか。

（２）０秒のときに３つの電灯が同時に点灯したのを１回目としたとき、４００秒までに３つの電灯が同時に点灯したのは何回ありますか。

（３）４００秒までに３つの電灯がすべて点灯している時間は合計で何秒ですか。

（４）下の図のような一定の規則にしたがって点滅をくり返す電灯Ｄがあります。
０秒のときに４つの電灯Ａ，Ｂ，Ｃ，Ｄが同時に点灯したのを１回目としたとき、次に４つの電灯が同時に点灯するのは何秒のときですか。

【社　会】〈第２次試験〉（30分）〈満点：50点〉

〈編集部注：実物の試験問題では，1の問４の図と問７の地図以外はカラー印刷です。〉

**1**　2022年は、世界遺産条約が採択《さいたく》されてから50年目を迎《むか》える節目の年でした。そこで、世界にはどのような遺産があるか気になった清子《せいこ》さんは、世界遺産について調べてみることにしました。それでは、清子さんがまとめたレポートを見てみましょう。

問１．清子さんはまず、2021年に認定された日本で最新の世界遺産について調べてみました。

●＜三内丸山遺跡《いせき》(北海道・北東北の縄文遺跡群)＞

縄文人は、食料の得やすい川や海に近い台地に、（　a　）をつくって暮らしていた。また、豊かな恵《めぐ》みを祈《いの》って（　b　）をつくっていた。この当時使われていた（　c　）の文様から、この時代のことを縄文時代という。

●＜奄美《あまみ》大島、徳之島、沖縄島北部及び西表島《いりおもてじま》＞

大陸との分離《ぶんり》・結合を繰《く》り返したことで、世界的にも貴重な固有種や絶滅《ぜつめつ》の恐《おそ》れのある動植物の生育地として評価され、今回、自然遺産への登録がなされた。

今ある豊かな自然を後世まで残すために、奄美大島では飼い猫《ねこ》の放し飼いやごみのポイ捨てなどが禁止されている。

（１）下線部について、縄文時代の人々が、食料として食べた貝がらや動物の骨などを捨てていたゴミ捨て場のことを何というか、答えなさい。

（２）文中（　　　）にあてはまる語句の組み合わせとしてふさわしいものを、次のア～エより１つ選び、記号で答えなさい。

ア．（a）たて穴住居　（b）土偶《どぐう》　（c）土器
イ．（a）高床《たかゆか》住居　（b）土偶　（c）青銅器
ウ．（a）たて穴住居　（b）はにわ　（c）土器
エ．（a）高床住居　（b）はにわ　（c）青銅器

（３）奄美大島は、新たに登録された日本で５つ目の世界自然遺産です。過去に登録された日本の自然遺産として正しいものを次のア～クより４つ選び、記号で答えなさい。

ア．富士山　　イ．屋久島　　ウ．沖ノ島　　エ．知床《しれとこ》
オ．石見《いわみ》銀山　　カ．紀伊《きい》山地　　キ．白神《しらかみ》山地　　ク．小笠原諸島《おがさわらしょとう》

問２．続いて、古都といわれる奈良県の世界遺産について調べてみることにしました。

●法隆寺《ほうりゅうじ》地域の仏教建造物群

法隆寺は、607年にＡ推古天皇の摂政《せっしょう》を務めた人物によって建立されたといわれている、現存最古の木造建築である。日本で最初の世界遺産として、法隆寺や法起寺の建造物が登録された。

＜ギリシアと日本の建造物が似ている！？＞

アテネにあるパルテノン神殿《しんでん》は、古代ギリシアの遺跡である。その柱と、法隆寺の回廊《かいろう》の柱を見比べると、似た形状をしている。その理由は、当時、中国が西アジアやヨーロッパと交易などでつながりを持っており、Ｂその交易を通じて大陸文化が日本に伝わってきたからだといわれている。

◀パルテノン神殿

法隆寺▶

（１）下線部Ａの人物がおこなったこととしてあやまっているものを、次のア～エより１つ選び、記号で答えなさい。

ア．冠位《かんい》十二階を定め、家柄《いえがら》に関係なく能力や功績で役人を取り立てた。
イ．国づくりのよりどころとして仏教を重んじた。
ウ．中国との国交を開くため、中臣鎌足《なかとみのかまたり》らを派遣《はけん》した。
エ．この人物の目指した理想は、中大兄皇子らへと引き継《つ》がれた。

（２）下線部Ｂについて、なぜ遠く離《はな》れたヨーロッパ・ギリシアの文化が日本にやってきたのか、簡単に答えなさい。

問３．奈良県の世界遺産について調べていると、大きな建物があることに気づいた清子さんは、世界遺産の建造物の高さについて調べ、レポートにまとめました。

●世界遺産　建造物背比べ

＜エッフェル塔《とう》(フランス)＞

1889年のAパリ万国博覧会に向けて建てられた鉄塔
(世界一の建造物の高さ300m)

＜東大寺大仏殿(日本)＞

８世紀前半、B聖武天皇が国家の安定を図ろうとし、建立（江戸時代再建）
（日本一の建造物の高さ47m）

（１）下線部Aについて、パリ万博は今までに６回開催《かいさい》されています。世界一の高さを誇《ほこ》るエッフェル塔は、第４回目のパリ万博に向けてつくられました。

①第１回目の開催は、1855年でした。その前年、日本ではアメリカからの要求を受け入れ、日米和親条約を結ぶことになりました。その条約の内容は、函館《はこだて》とどこの港を開くことであったか、地名を答えなさい。

②第２回目の開催は、1867年でした。その際、日本は初めて万博に出展することになります。しかしながら、この時日本では倒幕《とうばく》の動きが活発となっており、約260年続いた幕府政治が終わりを迎えます。この時の将軍として正しいものを、次のア～エより１人選び、記号で答えなさい。

ア．徳川昭武《あきたけ》　　イ．徳川慶喜《よしのぶ》　　ウ．徳川綱吉《つなよし》　　エ．徳川家慶《いえよし》

③第４回目の開催は1889年、この年は日本でも大きな節目を迎えます。それは、日本初の憲法発布です。その憲法について説明した内容として、あやまっているものを次のア～エより１つ選び、記号で答えなさい。

ア．天皇は、帝国《ていこく》議会の意見も聞きながら、法律を定める権利を持っている。
イ．国民は、法律に定められた範囲内《はんいない》で言論や出版の自由を持つ。
ウ．日本は、永久に続く同じ家系の天皇が治める。
エ．内閣は、陸海軍を統率する。

(2) 下線部Bについて、当時、伝染病やききんが広がり、地方では貴族の反乱がおこり、社会が不安定であったためです。8世紀中頃《なかごろ》の日本では、聖武天皇がこの社会不安を鎮《しず》めようとして東大寺や国分寺を建てることを命じました。

①聖武天皇は、この社会不安を取り除くために何の力を頼《たよ》ったか、漢字2字で答えなさい。

②この時代の天皇や貴族、農民、兵士などが詠《よ》んだ歌4,500首が収められている日本最古の歌集を何というか、答えなさい。

問4. 世界遺産の中には住民が住んで生活をしている住居もあることに、清子さんは気がつきました。そこで、個性的な住居についても調べてみることにしました。

●世界の個性派住居

＜カサ・ミラ(スペイン)＞

アントニ・ガウディが設計した
個性的な高級アパート

＜白川郷《しらかわごう》・五箇山《ごかやま》の合掌《がっしょう》造り(日本)＞

急勾配《きゅうこうばい》のかやぶき屋根に、釘《くぎ》を使わない
独特な建築方法

(1) どちらの住居も、世界遺産ではありますが家屋に住民が住んで生活をしています。下線部の合掌造りとよばれる三角屋根では、養蚕をおこなっています。その他に、この屋根のはたらきにはどのようなものがあるか、簡単に説明しなさい。

(2) 下の【 A 】は、現在の京都府宇治市にある世界遺産の平等院鳳凰堂《ほうおうどう》です。【 A 】を建てた人物などが住んでいた【 B 】のような建築様式を何というか答えなさい。

【A】

【B】

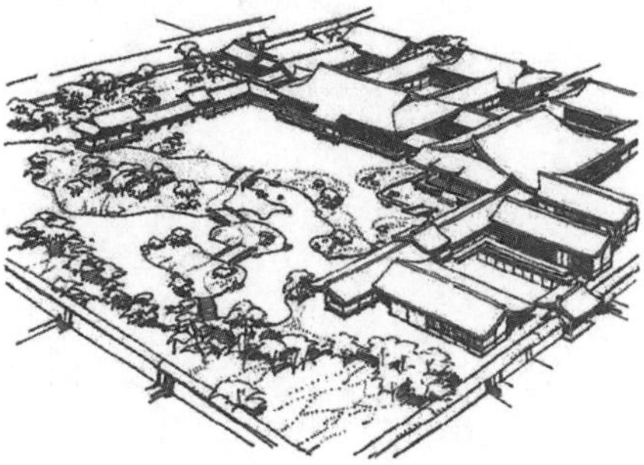

問５．次に、清子さんは京都府の世界遺産について調べてみました。

●古都京都の文化財

◀（　a　）

（　b　）▶

794年の（　c　）遷都《せんと》から、明治維新《いしん》で東京に遷都される1869年まで、日本の中心であり続けた京都には、様々な歴史がある。例えば、（　b　）を建立した室町幕府８代将軍（　d　）の後継者《こうけいしゃ》争いに始まった応仁の乱の戦火により、京都は焼け野原と化した。

（1）文中（　　）にあてはまる語句を、次のア～クより１つずつ選び、それぞれ記号で答えなさい。

ア．源 頼朝《みなもとのよりとも》　　イ．金閣　　ウ．平城京　　エ．足利義政
オ．足利義満　　カ．平安京　　キ．北条政子　　ク．銀閣

（2）（　a　）や（　b　）が建てられたのは室町時代です。下の【　①　】【　②　】は、この時代に生まれた文化の写真です。これらの文化と関係のある人物を、次のア～エより１人ずつ選び、それぞれ記号で答えなさい。

【　①　】

【　②　】

ア．雪舟《せっしゅう》　　イ．千利休《せんのりきゅう》　　ウ．杉田玄白《すぎたげんぱく》　　エ．観阿弥《かんあみ》

問６．清子さんは、以前訪れたことのある九州にも世界遺産はあるのか気になり、長崎県と福岡県にある遺産についても調べてみました。

●大浦天主堂《おおうらてんしゅどう》（長崎と天草地方のＡ潜伏《せんぷく》キリシタン関連遺産）

江戸時代の厳しい弾圧《だんあつ》の中、途絶《とだ》えてしまったと思われたキリシタンだったが、Ｂ日本の開国と共に宣教師たちが教会を建設し始めた。それは日本の潜伏キリシタンを見つけ出すためのメッセージでもあった。

●官営［　　　］(明治日本の産業革命遺産　製鉄・製鋼，造船，石炭産業)

Ｃ日清戦争で得た賠償《ばいしょう》金の一部を使って、軍備増強のためにつくられた工場。日本の重工業は、明治初期から官営の軍事工業を中心に発展を遂《と》げ、急速な産業化をしたことから世界遺産に登録された。

（１）下線部Ａを見つけ出すために、江戸幕府はどのようなことをおこなっていたか簡単に答えなさい。

（２）下線部Ｂについて、日本が鎖国《さこく》するまでの流れを、時代の古い順に次のア～エを並べかえ、記号で答えなさい。

ア．島原・天草一揆《いっき》がおこる。　　　イ．外国船の来航を長崎と平戸に限る。
ウ．キリスト教を禁止する。　　　エ．平戸のオランダ商館を出島に移す。

（３）［　　　］にあてはまる語句を答えなさい。

（４）下線部Ｃについて、この頃《ころ》の国際関係を表した下の図中で矢印が示す国はどこか、次のア～エより１つ選び、記号で答えなさい。

ア．ロシア
イ．フランス
ウ．ドイツ
エ．イタリア

問７．最後に、世界初の世界遺産がどこなのか気になった清子さんは、世界遺産の歴史について調べ、レポートを仕上げました。

> ●世界遺産とは
>
> 長い歴史の中で受け継がれてきた人類共通の宝物、それが世界遺産である。宝物である世界遺産を、紛争《ふんそう》や開発、自然環境《かんきょう》破壊《はかい》などから守り、人々が互《たが》いに尊重し合う平和な世界を目指すためにAユネスコ総会にて、満場一致《いっち》で世界遺産条約が採択された。
>
> 世界遺産誕生のきっかけは、エジプトのナイル川上流にあるアスワンハイダム建設であった。ユネスコの働きかけにより、アブシンベル大神殿を水没《すいぼつ》の危機から救済した。また、ナイル川下流域には、Bエジプト文明を象徴《しょうちょう》するCピラミッドが数多く残っており、古代エジプトの繁栄《はんえい》を今に伝える大事な遺跡群である。

（１）下線部Aについて、ユネスコとは第二次世界大戦後、国際社会の平和を守るために発足した組織のうちの、専門機関です。1945年に発足したこの組織を何というか、漢字４字で答えなさい。

（２）下線部Bについて、エジプト文明では、ナイル川の氾濫《はんらん》時期や種まきの時期を知るために天文学が発達し、それによって１年を365日とする太陽暦《たいようれき》がつくられました。日本に太陽暦が取り入れられた時代の説明としてふさわしくないものを、次のア～エより１つ選び、記号で答えなさい。

ア．蒸気機関を用いた鉄道が、新橋・横浜間に開通した。
イ．チョンマゲを切っただけのザンギリ頭が流行した。
ウ．電報や郵便制度が整った。
エ．足尾《あしお》銅山の鉱毒問題をはじめとした社会問題がおこった。

（３）下線部Cは、エジプト国王の墓と考えられている遺跡です。日本でも、権力者は古墳《こふん》に葬《ほうむ》られ、その大きさは葬られた人物の力の大きさを表すともいわれています。世界最大といわれる仁徳《にんとく》天皇陵《りょう》古墳を含《ふく》めた百舌鳥《もず》・古市古墳群はどこにあるか、下の地図中ア～エより１つ選び、記号で答えなさい。

**2** 昨年７月27日には、鹿児島県の桜島が噴火《ふんか》し、近郊《きんこう》の住人が避難《ひなん》しました。また今年は、1923年におきた関東大震災《しんさい》から100年目となります。この100年の間に日本国内では、自然災害や経済成長による公害などが発生しました。日本の災害の歴史を振《ふ》り返りましょう。

問１．下の写真は、桜島の噴火の写真です。桜島は過去から噴火があり、周辺は火山灰が土《ど》壌《じょう》に多く含まれるシラス台地として有名です。このシラス台地で栽培《さいばい》されている代表的な農作物を、次のア～エより１つ選び、記号で答えなさい。

ア．サツマイモ　　イ．ナス　　ウ．キュウリ　　エ．リンゴ

問２．下の（写真１）は、関東大震災時の横浜駅の写真です。地震が発生した午前11時58分で時計が止まっています。（写真２）は、横浜市内の被災《ひさい》後の写真です。

（写真１）

（写真２）

（１）関東大震災がおきた日は、防災の日となっています。関東大震災がおきた月日を、次のア～エより１つ選び、記号で答えなさい。

ア．３月11日　　イ．４月１日　　ウ．９月１日　　エ．９月11日

（２）関東大震災では建物の下敷《したじ》きによる被害もありましたが、地震後にある現象がおきて被害が大きくなりました。（写真２）を参考にして地震後に何がおきたか答えなさい。

問３．下の写真は、三重県四日市市《よっかいちし》にある石油化学コンビナートの高度経済成長期のようすです。住人の中には、ぜんそくを発症《はっしょう》する人が多くいました。この「四日市ぜんそく」は、四大公害病の１つとなりました。

（１）四大公害病の中で、鉱山から出されるカドミウムが原因でおきた富山県神通川《じんづうがわ》流域で発した病名を答えなさい。

（２）（１）の公害の種類を、次のア～エより１つ選び、記号で答えなさい。

ア．地盤沈下《じばんちんか》　　イ．悪臭《あくしゅう》　　ウ．土壌汚染《おせん》　　エ．水質汚濁《すいしつおだく》

（３）公害がおきていた時期に、日本は高度経済成長期を迎えていました。高度経済成長期に家庭に普及《ふきゅう》した「三種の神器」として、あやまっているものを次のア～エより１つ選び、記号で答えなさい。

ア．電気冷蔵庫　　イ．電気洗濯機《せんたくき》　　ウ．スマートフォン　　エ．白黒テレビ

問4．下の写真は、2011年におきた東日本大震災の津波の写真です。聖セシリアでは、宮城県女川《おながわ》町にある「コミュニティスペースうみねこ」と協力して支援《しえん》活動をおこなっています。

（1）東日本大震災では津波によって福島第１・２原子力発電所が大きな損害を受けました。原子力発電所の損害によって、多くの住人が避難しました。その理由を答えなさい。

（2）政府や自治体は、東日本大震災によって断絶された水道・ガス・電気などの復旧をはじめ、被災した人々の生活の立て直しを進める政策をおこなっています。次の空欄《くうらん》「□□」には同じ語が入ります。適する語を答えなさい。（□１つは漢字１字が入ります）

| |
|---|
| 2011年　東日本大震災「□□」基本法　制定 |
| 2012年　「□□庁」発足 |

（3）東日本大震災の後には、自治体は下のような資料を配布して地域の防災をよびかけています。資料の赤い場所は大雨により被害が予想される場所です。このような資料を何といいますか、カタカナで答えなさい。（出典「江東５区大規模水害対策協議会」より）

（資料）

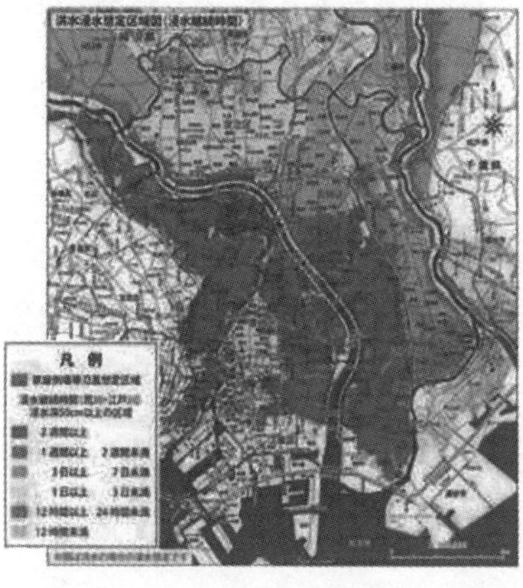


〈編集部注：資料の赤い場所は大きな川ぞいを中心に，資料の左上から右下にかけて広がっています。〉

**【理　科】〈第２次試験〉（30分）〈満点：50点〉**

注意事項：定規・コンパス・分度器は使用できません。

**1**　植物の成長について、次の実験を行いました。下の問いに答えなさい。

〔実験〕

①同じくらいの大きさに育ったジャガイモの苗《なえ》を４本用意した。

②Ａ、Ｄは室内の日光が当たる明るい窓辺に置き、Ｂ、Ｃは室内の日光が当たらないところに置いた。

③Ａ、Ｂには肥料を溶《と》かした水をあたえ、Ｃ、Ｄには水のみをあたえた。

④毎日世話をして、２週間くらいあとに育ち方を比べた。

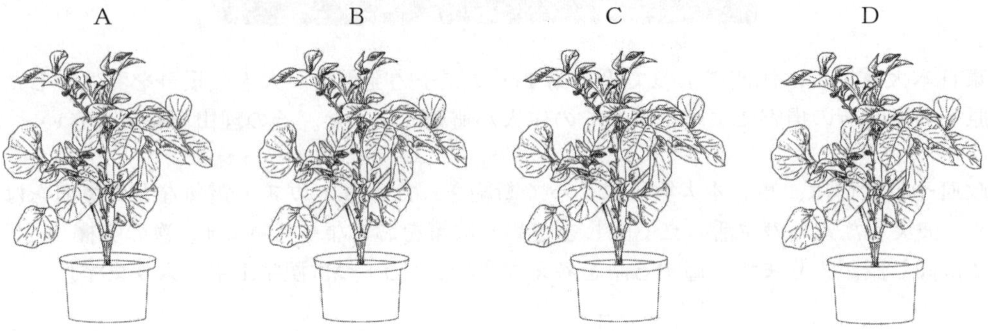


問１．実験の結果として、植物の葉や茎《くき》がよく育つと考えられるものを、Ａ～Ｄから一つ選び、記号で答えなさい。

問２．植物に日光を当てない実験をするためには、日光が当たらない場所に置く以外に、どのような方法がありますか。

問３．実験でよく育った葉を選び、ある薬品を使って、でんぷんがあるかを調べました。すると、青むらさき色に染まったため、葉にでんぷんがあることがわかりました。使った薬品は何ですか。

問４．問３の実験を行う前に、葉の緑色を「ある薬品」を使ってぬく必要があります。その薬品は何ですか。

問５．植物は、地球温暖化を防ぐことにも役立っていることがわかっています。なぜ役に立っているのか、説明しなさい。

**2**　人もほかの動物も、生きていくためにほかの生物を食べています。そこで、生物は食べものを通してどのようにつながっているのかを調べました。下の問いに答えなさい。

問１．次の文の(　①　)～(　③　)にあてはまる言葉を、それぞれ答えなさい。また下線部のしくみを何というか答えなさい。

人の食べものをたどっていくと、日光が当たることによって養分を作る植物にたどりつく。植物を出発点とした「(　①　)、(　②　)」という関係で１本の線のようになっている生物のつながりを（　③　）という。

問２．次の図は、ある日の夕食の様子を示しています。図のＡ～Ｄにあてはまる生物を、下の(ア)～(エ)から一つずつ選び、記号で答えなさい。

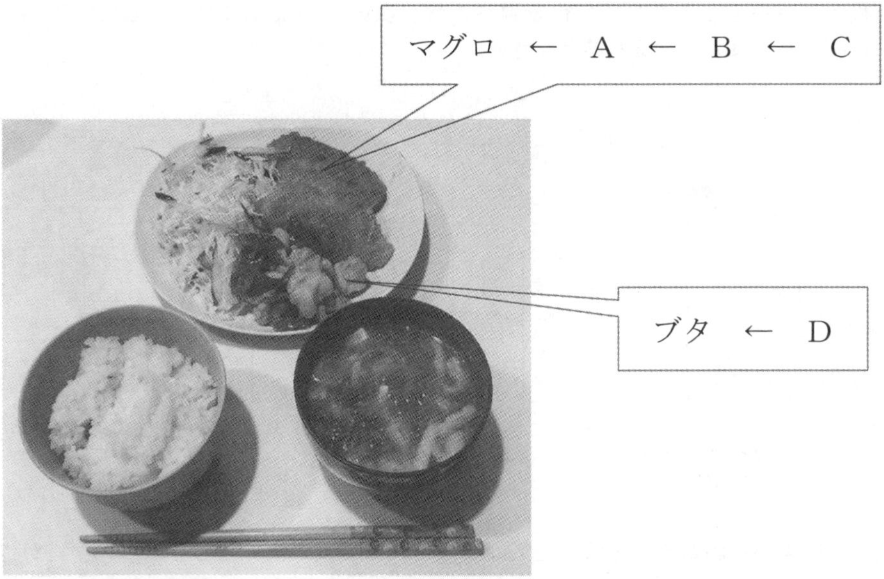


（ア）海の中の小さな生物　　（イ）オキアミ
（ウ）トウモロコシ　　（エ）イワシ

問３．もし「海の中の小さな生物」がいなくなったらどうなってしまうのか、説明しなさい。

**3** ペットボトルを使った実験について、ＡさんとＢさんが会話をしていました。下の問いに答えなさい。

Ａ「今からペットボトルを使って、ゴムせんを飛ばす実験をするよ。」

Ｂ「どうやってやるの？」

Ａ「ペットボトルの口にゴムせんをして、お湯の中に入れるんだよ。」

Ｂ「え？それだけで、ゴムせんが飛ぶの？」

Ａ「飛ぶよ。顔を近づけないようにね。危ないから。」

Ｂ「ペットボトルの中の<u>空気が何か関係するのかな？</u>」

問１．下線部を確かめるために、試験管の口にせっけん水をつけてまくを作りました。空気を温めたり、冷やしたりして変化を調べたら、次の図のようになりました。下の文の(ア)～(ウ)にあてはまる言葉を答えなさい。

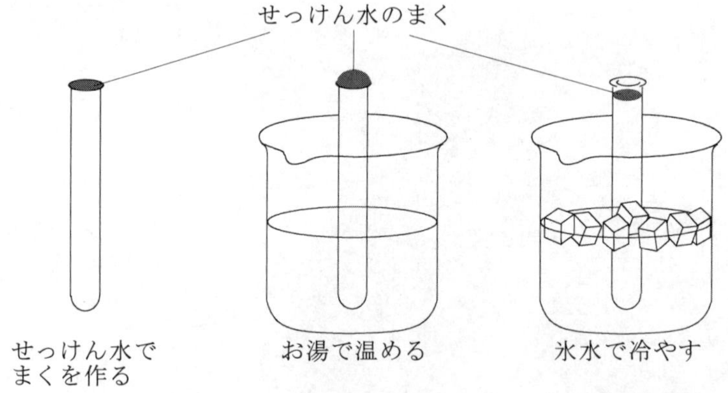


この結果からわかることは、空気は温められて温度が高くなると（　ア　）が（　イ　）なり、冷やされて温度が低くなると（　ア　）が（　ウ　）なる。

問２．空気を入れてふくらませたビニールボールを冷たい水に入れるとどのようになりますか。

問３．金属でできたビンのふたが開きにくいときに、お湯につけてふたを温めると開けやすくなるのは、なぜですか。「金属」、「体積」、「温度」の言葉を使って説明しなさい。

**4**　水、アンモニア水、炭酸水、食塩水、うすい塩酸がビーカーＡ～Ｅにそれぞれ入っています。どのビーカーが「水」であるかを調べるために、次のような実験をしました。下の問いに答えなさい。

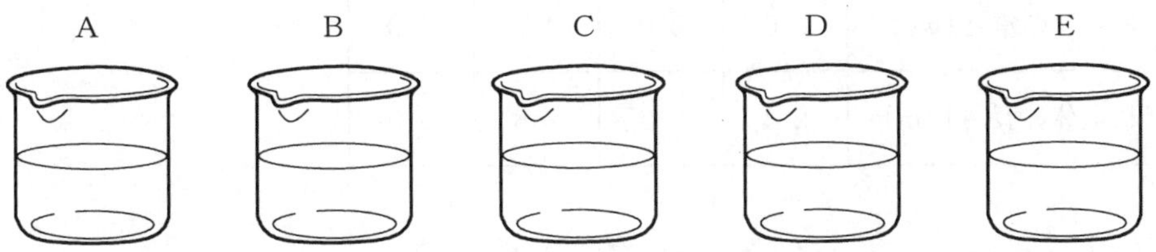


実験１　においを調べた。
結果１　Ａ、Ｂの水溶液《すいようえき》にはあるが、Ｃ、Ｄ、Ｅの水溶液にはない。
考察１　水はにおいがないので、Ｃ、Ｄ、Ｅのどれかが水である。

実験２　Ｃ、Ｄ、Ｅの水溶液をそれぞれ、少しずつ取って、水を蒸発させた。
結果２　Ｃの水溶液だけ、固体が出てきた。
考察２　水は蒸発させると何も残らないので、Ｄ、Ｅのどちらかが水である。

実験３　Ｄ、Ｅの水溶液を赤色と青色のリトマス紙で調べた。
結果３　Ｄの水溶液は青色リトマス紙が赤色に変化したが、Ｅの水溶液はどちらも変化がなかった。
考察３　水は中性なので、Ｅに入っているのが水である。

結　論　Ｅが水である。

問１．ＣとＤのビーカーにはそれぞれ何が入っていますか。

問２．ＡとＢのビーカーに何が入っているかを調べるには、どのようにすればよいですか。上の実験１～３以外の方法を答えなさい。

問３．この実験では「においを調べる」→「水を蒸発させる」→「リトマス紙で調べる」の３回の手順で、ビーカーＥが「水」であることを見つけました。２回で見つけることができる手順を、次の(ア)～(オ)からすべて選び、記号で答えなさい。

(ア)「においを調べる」→「リトマス紙で調べる」
(イ)「リトマス紙で調べる」→「水を蒸発させる」
(ウ)「リトマス紙で調べる」→「においを調べる」
(エ)「水を蒸発させる」→「においを調べる」
(オ)「水を蒸発させる」→「リトマス紙で調べる」

**5** あるばねに色々な重さのおもりをつるして、ばね全体の長さを調べたところ、次の表のようになりました。下の問いに答えなさい。

| おもりの重さ[g] | 20 | 30 | 40 | 50 |
|---|---|---|---|---|
| ばね全体の長さ[cm] | 24 | 26 | 28 | 30 |

問1．おもりをつるさないときのばねの長さは何cmですか。

問2．「おもりの重さ」と「ばねののび」の関係を、解答用紙のグラフにかきなさい。

問3．同じばねを2本使って、次の図1のように棒をつなげ、棒の中心に120gのおもりをつるしました。このとき、1本のばねの長さは何cmになりますか。ただし、棒の重さは考えないものとします。

図1

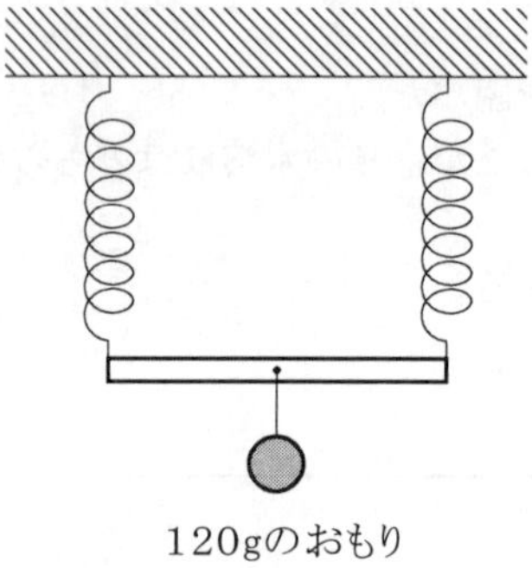


問4．同じばねを使って、次の図2のように、60gのおもりをつるしました。このとき、ばねの長さは何cmになりますか。ただし、棒とばねの重さは考えないものとします。

図2

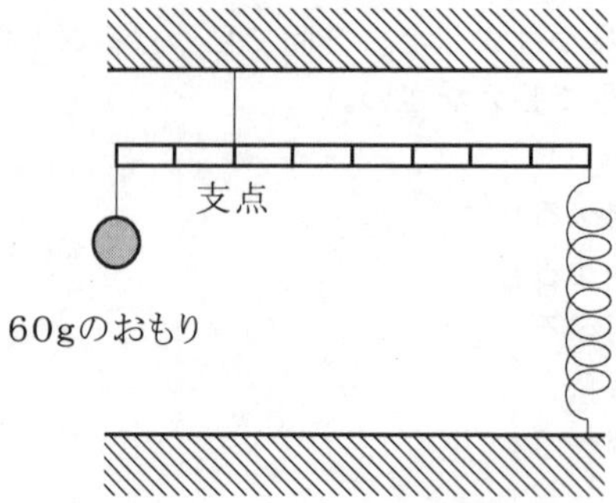

**6**　図１のような回路と、図２のような乾電池《かんでんち》で動く車を作りました。下の問いに答えなさい。

図１

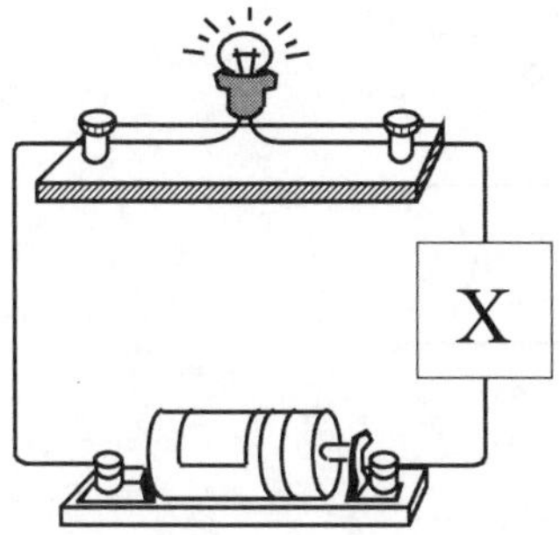


図２

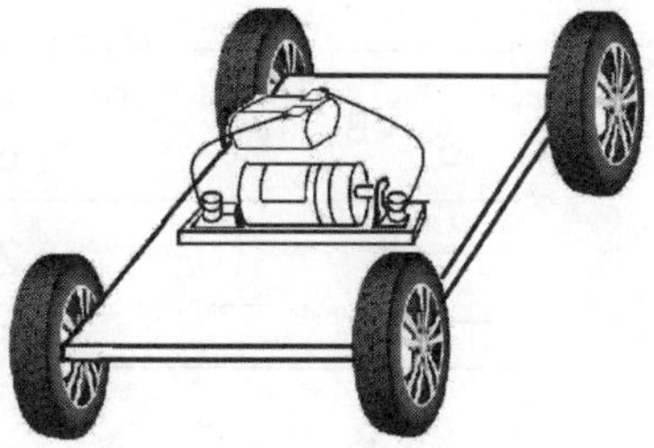

問１．次の(ア)～(エ)を図１の回路のXにつないだとき、豆電球が光るものをすべて選び、記号で答えなさい。

（ア）アルミニウムはく　　（イ）銅のくぎ
（ウ）スチールかん　　（エ）ガラスのコップ

問２．乾電池をつないで車を動かしたら、後ろ向きに進んでしまいました。車を前向きに進めるためには、乾電池をどのようにつなげばよいですか。

問３．この車をもっと速く走るようにするために、乾電池を２個に増やしました。この乾電池をどのようにつなげばよいですか。

問４．図２の車の乾電池を、太陽の光を利用した電池に変えました。この電池を何といいますか。

問５．問４の電池で利用している太陽の光エネルギーは、地球温暖化の原因である二酸化炭素を出さず、地球上どこでも手に入るので、クリーンなエネルギーのひとつとして注目されています。しかし、この電池は天気や時間によって、太陽が出ていないと発電できないという欠点もあります。この欠点を補うためには、どのようにすればよいですか。

**7**　次の図は、ある「がけ」でできた地層のようすをスケッチしたものです。下の問いに答えなさい。

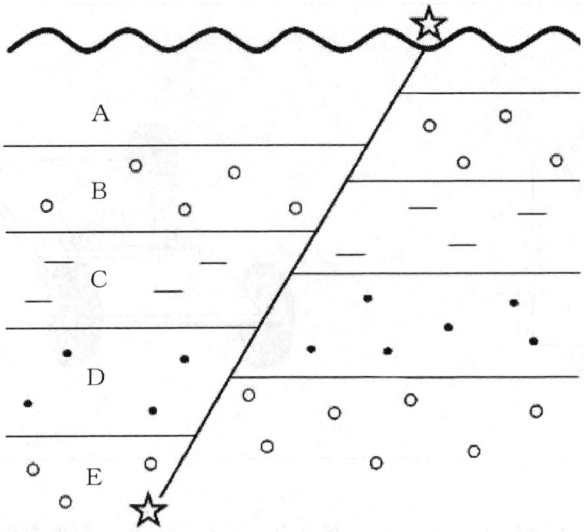


Ａ：砂　　Ｂ：小石　　Ｃ：どろ　　Ｄ：火山灰　　Ｅ：小石

問１．図の☆―☆は、地震《じしん》でできた「ずれ」を示しています。この「ずれ」を何といいますか。

問２．図のＤ層が堆積《たいせき》した当時、この場所ではどのようなことが起こっていたと考えられますか。

問３．この「がけ」では、層の間から水がわき出ていました。Ａ～Ｅの、どの層とどの層の間から、わき出ていましたか。

問４．図のＥ層からは、アサリの化石が見つかりました。この層が堆積した当時、この付近はどのような環境だったと考えられますか。

問五　――線①「もしあなたの前に……見破れるのだ」について、「○○をやれば環境問題はすべて解決！」ということが、なぜ「詐欺師」ということになるのか、その理由を四十字以内で答えなさい。

問六　――線②「こういうタイプの人」とはどういう人のことをいうか、三十字以内で答えなさい。

問七　――線③「ほんとうに環境問題を解決したいと願うならば、社会や経済のことを考えなければならない」のはなぜか、その理由をくわしく答えなさい。

問八　次の１～５について、本文の内容と合っているものはＡ、合っていないものはＢと答えなさい。

１　ドジョウより金魚の方が大胆な性格であるため、ドジョウは金魚にエサを横取りされているが、どちらも安全に水槽の中で飼われている点で両者は共存しているといえる。

２　大きな体を持つ恐竜が絶滅し、人間など小さな体の哺乳類が栄えた理由は、哺乳類である人類の方がトレードオフの考え方をよく理解して他の生物を支配していたからだ。

３　そもそも生物は利己的ともいえる存在の仕方をしており、自己犠牲もそれなりに意味があるが、人類全体の利益と環境保護の両立をはかるための制度が考えられるべきだ。

４　インセンティブという考え方によって消費者は環境によい製品を求めやすくなり、また企業も利益を得ることができるので、この考えは環境保全をするためには有意義だ。

５　地球環境を守るためには個人の意識が何よりも大切であり、寄付やボランティアを積極的に行う人材を社会全体で協力しながら育成することこそ人類に課せられた使命だ。

問二　二重傍線「甘んじていた（甘んじる）」の使い方として誤っているものを次から選び、記号で答えなさい。

ア　試合が近いが下級生ということで、いつまでも補欠に甘んじていたらいけない。
イ　私は一時間勉強をしたが、その程度で甘んじているようではいけないと思った。
ウ　初心者なので先生が何でも教えてくれるだろうと甘んじることなくがんばろう。
エ　ケーキを焼いたが少しも甘んじていなかったので、もっと砂糖を足してみよう。

問三　空らん［X］に入る文としてもっともふさわしいものを次から選び、記号で答えなさい。

ア　大胆にチャレンジするのはすばらしい
イ　臆病さも場面によっては必要なものだ
ウ　大胆と臆病さのバランスこそが大切だ
エ　臆病でもじゅうぶんに生きていかれる
オ　体格を決める要因は一つとは限らない

問四　空らん［Y］には次の1～6の文を並べかえたものが入る。最初に来る文は1、最後に来る文は6である。そのほかの文をどの順番で並べたらよいか、番号で答えなさい。

1　環境問題を考えるときも、このトレードオフが重要になってくる。
2　たとえば、環境問題を気にせず好き勝手に生きるという選択《せんたく》。
3　逆に、環境問題を防止するため禁欲的な生活を送る。
4　そうすると、いまは楽しいけど将来たいへんなことが生じる。
5　ドジョウとおなじように、僕ら人間の行動にもトレードオフは存在している。
6　そうすると未来の環境は守られるけど、僕らは強いストレスにさらされることになってしまう。

このような打算を持つのは、けっして後ろめたいことじゃない。環境保護は自己犠牲だけでは成り立たないことは、生物の本質（利己的な遺伝子）を考えればわかるだろう。

いま、③ほんとうに環境問題を解決したいと願うならば、社会や経済のことを考えなければならない。「政治家や大企業《だいきぎょう》は環境の敵」のように思いこんで、批判や抗議《こうぎ》をする活動家もいる。環境問題に関心を持つ人の中には、表立って抗議活動をしないにせよ、こころのなかで「政治家や大企業は環境の敵」と思っている人も多いことだろう。しかしそれでは、ものごとは前に進まない。政治家や大企業を味方につけ、彼らと一緒に環境保全をしていかなければならない。そして世の中は、徐々にその方向に向かっていっている。世の中に文句を言う前に、世の中の環境対策について学び、一定の評価を与えることはとても大事なことだ。

『２０５０年の地球を予測する――科学でわかる環境の未来』伊勢　武史（筑摩書房）

＊ルアー……つりをするときに使う、エサに似ているしかけ。

＊白亜紀……大昔の、恐竜やアンモナイトが栄えた時期。

＊潮汐……海水が満ちたり引いたりする現象。

＊リスクヘッジ（第五章）……「リスクヘッジ」とは、起こる可能性のある危険を予測し、それをさけたり、そのための備えをしたりすること。本書「第五章」でそのことについての記述がある。

＊インセンティブ……意欲が高められるような外からの働きかけやしげきのこと。

問一　空らん［Ａ］～［Ｄ］にあてはまる語を次から選び、それぞれ記号で答えなさい。

ア　ところで　イ　つまり　ウ　ところが　エ　だから　オ　たとえば

らが文明生活を営むのに必要なエネルギーのつくり方。再生可能エネルギーにも太陽光・風力・地熱・*潮汐《ちょうせき》などいろんなタイプがあり、それぞれに一長一短がある。僕らは冷静に、客観的な判断が求められる。ときには、複数の選択肢を併存《へいぞん》させる*リスクヘッジ（第五章）という考え方が必要になったりする。このように、環境問題の解決はむずかしいことを理解しておくことはなにかの役に立つと思う。①もしあなたの前に「○○をやれば環境問題はすべて解決！」みたいなことを言う人が現れたら、その人は十中八九、あるいはそれ以上の確率で詐欺師《さぎし》であることを見破れるのだ。

自己犠牲《じこぎせい》の愛、無私の愛は美しい。そういう愛が世界を救うし地球環境を守る。［C］見返りを求めず寄付をしよう。ボランティアをしよう。こういう論理で活動している人はとても多い。僕は、それは無意味とまでは言わないまでも、自己犠牲に依存《いぞん》する政策《せいさく》一辺倒《いっぺんとう》では、地球環境は守れないと思っている。自己犠牲に訴《うった》えるのではなく、人びとの損得勘定《そんとくかんじょう》に訴えること。少しむずかしくいえば、個人にとっての経済的合理性を示してやることが大事だと思う。スーパーに行って、どの食べものを買おうかなと選択を考える際、僕らはなるべく安くておいしいものを選ぼうとするだろう。そのようにコスパを考えるのは合理的な行動である。

このような人間の特性をうまく利用して環境を守ることも可能だ。［D］、安くておいしいものを選んだら、それが実はいちばん環境に良いものでした、という世界をつくりだせばよいのである。この理想の世界を実現するために、*インセンティブという考え方がある。政府が環境に良い製品に補助金を出すことにより、その製品の価格は安くなる。すると価格競争力（コスパ）が上がるので、スーパーのお客さんに買われやすくなる。逆に、環境に悪い製品は補助金をもらえないので、価格を高くせざるを得ない。するとあまり売れなくなり、いつか製造中止にしなくてはならなくなる。消費者は、スーパーでいちいち、製品が環境に良いか悪いかを調べたり考えたりしなくてよい。素直に、いちばん魅力的《みりょくてき》（安くておいしそう）な製品を選べば、環境は守られるのである。このように、政策決定者がしっかりとインセンティブを実施《じっし》すれば、「お買い得」みたいな言葉に弱い我々小市民でも環境保全に貢献《こうけん》できる。環境保全は、寄付やボランティアをできる「聖人」「意識高い系」だけでやるものではないのだ。

「環境を守ることに個人的に興味はない。環境を守るために税金を取られたり、有料のレジ袋《ぶくろ》を買ったりなど損するのはいやだ。環境は僕の敵だ。環境を守ろうなんて言ってるのは一部の意識高い系。甘いこと言ってんじゃないよ」②こういうタイプの人でも納得して環境保護対策を支持してくれるようにする必要がある。自分の得になるから環境を守ろう、ということだ。

同時で、当時はおなじくらいのサイズだったのだが、一匹はとても大胆《だいたん》で、もう一匹はとても臆病《おくびょう》な性質を持っていることに気づいた。案の定、水面で金魚のエサを取ることを覚えたのは大胆なほうのドジョウだ。臆病なドジョウはいつまでたっても水槽の底の砂に身を隠《かく》し、たまに落ちてくる金魚のエサのおこぼれを食べるという状況《じょうきょう》に甘《あま》んじていたのである。こういう状況が半年くらい続いて、ついに二匹のドジョウに二倍ほどの体格差が生じてしまった。

ここまでだと、「　X　」みたいな教訓の話のように聞こえてしまったかもしれない。しかし僕《ぼく》は生態学者であり、大胆に水面までのぼってくるドジョウの個性は、果たしていつでもプラスに働くのかどうか？と考えてしまう。安全な我《わ》が家の水槽とは違《ちが》い、自然界には危険がいっぱいだ。小魚を食べようと、水鳥などの肉食動物が待ちかまえていたりする。そんなとき、水面のエサを食べるという行動はむしろマイナスになり、おとなしく砂にもぐっているほうがプラスになるかもしれない。

僕は釣《つ》り人でもある。おなじ種類の魚でも、個体によって個性があることを経験上知っている。ためらいなくルアー*に食いつく大胆な個体もいれば、臆病で用心深い個体もいる。なんでも口に入れてみるタイプの個体は、場合によってはたくさんエサを食べて大きく成長するかもしれない。しかし、ルアーにだまされて釣り上げられそこで一生を終える、なんて確率も高くなるのである。

そこで考えたのは、魚の生き方のトレードオフである。トレードオフとは、何かを得るために何かを失うという関係性のこと。ドジョウの場合、「エサをたっぷり食べる」というプラスには、「我が身を危険にさらす」というマイナスがつきものなのだ。自然界で生きている生物はみな、このようなトレードオフにさらされている。たとえば、恐竜《きょうりゅう》は大きな体を持つことで繁栄《はんえい》したが、その巨体《きょたい》を維持《いじ》するためにはたくさんのエサが必要になる。だから*白亜紀《はくあき》末期に地球環境が激変したときに絶滅《ぜつめつ》してしまい、代わりに体の小さな哺乳類《ほにゅうるい》が栄えることになったのである。

　Y　

トレードオフが存在するとき、答えはひとつに決まらない。もしも、長所しかない選択肢《せんたくし》があるなら、僕らは迷わずそれを選択することだろう。　A　、僕らの前に存在する選択肢は、それぞれ長所と短所を持つことが多い。どちらを選んでも弱点はある。そして、環境問題に関する選択には、このようなトレードオフが存在することが多々あるのだ。　B　、僕

Ｂさん　「心臓がのど元につき上げている」というのは、緊張して心臓が速く大きく脈うっているだけではなく、この観客の中に母親がもしかしたらいるのではないか、という不安が頭をよぎっているからだね。客席にもっとも近い「ぼく」には、観客のこともしっかりわかるということだよ。

Ｃさん　ギターを取り出すまではそれなりにどきどきしていた「ぼく」だけれど、いざ曲が始まるとなったら心が不思議なほど落ち着いたみたいだね。やはりギターが好きだという思いと練習してきた積み重ねとがあって「胸の鼓動は快いリズムに変わっている」と感じられたのではないかな。

Ｄさん　「先生のタクトに合わせ、全員そろって出だしのワンフレーズ」には「ぼく」だけではないメンバー全員が集中しているようすがよく伝わってくるなあ。皆で協力するからこそ「ぼく」は色々考えずに「曲そのものに飲みこまれていった」という心地よい感覚が持てたのだと思うよ。

Ｅさん　「限りなく無心になれた」、「父さんといっしょに、ボロンとやったあのころのように」からも、色々と考えることなく、純粋《じゅんすい》にギターに向かっている「ぼく」の喜びがよく伝わってくる。時は過ぎても、ギターを通じて父子の強いきずなやつながりのようなものが感じ取れる場面だね。

**四**　**次の文章を読み、あとの問いに答えなさい。**

魚を飼っていると、おもしろい発見がある。ドジョウと金魚をおなじ水槽《すいそう》で飼っていたことがあった。ドジョウは本来、水底《みなそこ》を主な生息地として砂のなかでエサを探して生活しているはずである。ところが、金魚と一緒《いっしょ》の環境《かんきょう》に適応したドジョウは、金魚のエサが投入されると自分も水面までのぼっていって金魚と一緒にエサをつつくようになったのである。最初のころ、そのドジョウはエサを食べるのが下手《へた》で、水面までのぼってエサを口にほおばるのだが、うまく飲み込《こ》めず口から出してしまい、金魚に横取りされることも多々あった。しかし、金魚のエサを食べるという努力を毎日やっていると、徐々に食べるのがうまくなってきた。やがて、最短コースで水槽の底から水面にやってきて、エサをかっさらうとまたすぐ水槽の底に戻《もど》り、そこでゆっくりモグモグするという習性を持つに至《いた》ったのである。この水槽では、二匹《ひき》のドジョウを飼っていた。飼いはじめたのは

問四　――線②「全てのネガティブな感情」としてあてはまらないものを次から一つ選び、記号で答えなさい。

ア　ギターを弾くことについて自分の中でとまどいや抵抗があること。
イ　ギターと深くかかわった父さんに対しての主人公の怒りや悲しみ。
ウ　ギターケースを開けるときに感じる黒々としたもやのようなもの。
エ　プロの村木さんから一度しか指導を受けられなかった残念な思い。

問五　――線③「胸がぎゅっと縮んだ」のはなぜか。その理由について、次の一文にある(1)～(3)の空らんをうめる形で答えをまとめたい。それぞれの内容を考えて答えなさい。

ぼくは［　(1)　］しているが、
母さんは［　(2)　］と思っており、
ぼくは［　(3)　］気持ちでいるから。

問六　――線④「ほっとしたが、悲しかった」について、何について「ほっとし」、何が「悲しかった」のか、二つのことをふくめて五十字以内で答えなさい。

問七　――線⑤「たとえ大うそをついてもかくし通した方が母さんのためだ」について、「かくし通した方が母さんのためだ」というのはなぜか、その理由を答えなさい。

問八　コンサート当日の「ぼく」の思いや行動について、クラスの生徒が話し合いをしている。この中で明らかに誤った意見を述べているのはだれか、記号で答えなさい。

Aさん　「ステージに出てゆくころには、一歩ごとにひざの関節がきしるような気がした」には、「ぼく」がとても緊張している様子が描《えが》かれているけれど、その前の「身動きできないほど満員の立ち見席」というのも、「ぼく」の緊張の度合いをさらに高めることにつながっていると思うなあ。

＊アズマ……「ぼく」の父と縁《えん》のあった楽器店。
＊タクト……指揮棒のこと。
＊葛藤……心の中で相反する感情がからみあい、どちらをとるかまよいなやむこと。

問一　空らん［A］～［E］に入る語としてふさわしいものを次から選び、それぞれ記号で答えなさい。
ア　ぞろぞろと　イ　やすやすと　ウ　はっきりと　エ　すごすごと　オ　しっくりと　カ　ペラペラと

問二　～～～線Ⅰ「やみくもに」、Ⅱ「分かちがたく」のここでの意味としてもっともふさわしいものを次から選び、それぞれ記号で答えなさい。

Ⅰ「やみくもに」
ア　できることから手をつけ行おうとすること
イ　まよわずに集中して取り組もうとすること
ウ　あまり考えずにむちゅうで物事をすること
エ　見通しなくむやみやたらに何かをすること

Ⅱ「分かちがたく」
ア　決して分かろうとはしない様子
イ　あまり理解できないでいる様子
ウ　別々に考えることが難しい様子
エ　わけがわからず困っている様子

問三　――線①「こういうことだったのか」とはどういうことか、もっともふさわしいものを次から選び、記号で答えなさい。
ア　ギターをただ習うだけではなく、会話をすることで必要な多くの知識が得られていくということ。
イ　お手本は多くないにしても、必死にやろうとする気持ちが、自然と引き出されていくということ。
ウ　流れるような弾き方ができるようになるので、練習への意欲が少しずつ高まっていくということ。
エ　練習の仕方自体が分かるので、手ごたえが感じられ、演奏がずっと楽しく感じられるということ。
オ　耳に残っているよい演奏を忘れないため、演奏することより聞くことを重視すべきだということ。

らない方がいいことは、たくさんある。そう信じて自分を納得《なっとく》させた。

コンサートの当日、講堂には生徒や保護者のほか、外部からの観客も大勢つめかけた。身動きできないほど満員の立ち見席が、ジョー先生の人気を物語っていた。

開演の時間がせまるにつれ、緊張《きんちょう》で徐々《じょじょ》に体がこわばってゆく。ステージに出てゆくころには、一歩ごとにひざの関節がきしるような気がした。心臓がのど元につき上げている。

弾けるだろうか？

初めてそう思った。

拍手《はくしゅ》に迎《むか》えられ、［Ｃ］みんながそれぞれの位置に立つ。最後にジョー先生が登場し、全員そろって一礼して席に着いた。ぼくは客席から見て最前列、先生のすぐ左側だ。

汗ばんだ手でおそるおそるギターを取り上げ、慎重《しんちょう》に腰をおろし、足台に足をのせたら、不思議なことに心はしんと静まっていった。すると、腕《うで》の中に［Ｄ］おさまった楽器から、名づけようのない熱いものがじかに胸に伝わってきた。胸の鼓動《こどう》は快いリズムに変わっている。

そして、いよいよ最初の一曲。ジョー先生作曲の『フォーシーズンズ・山』だ。

先生の＊タクトに合わせ、全員そろって出だしのワンフレーズ。

弦《げん》をかき鳴らすと同時に、快い興奮が全身をつつんだ。

極端《きょくたん》に緊張しなければ、そこそこ弾けると思っていた。

ギターにまつわる＊葛藤《かっとう》や迷いにわずらわされることさえなければ。

だが、そんな心配は無用だった。最初の一音から、曲そのものに飲みこまれていった。

ギターを弾く喜びが、楽しさが、［Ｅ］よみがえった。二か月間の練習中にさえ一度も抱《いだ》いたことがなかった熱い思いが、胸をいっぱいに満たした。同時に、限りなく無心になれた。父さんといっしょに、ボロンとやったあのころのように。

『ギフト、ぼくの場合』今井　恭子（小学館）

う、とそればかりが心配だった。

　だから、ある日、母さんのもらしたひと言に、ここぞとばかりに飛びついた。

「十一月四日、日曜日なのに午前中レジに入ってくれないかって、店長が言うの。バイトの子が休むからって。コンサートだもの、断るわね」

「えっ、行けばいいじゃん、行けば。来なくていいよ、コンサートなんか。来ないでよ。はずかしいよ、大したことないんだから。ぼくは、いっぱいいるリコーダーで、遠くからじゃ見えないくらいだし、どうせ何ふいてるのかもわからないしさ」

「でも、毎週練習してきたじゃない」

　毎週？

　母さんは、練習は水曜日だけのつもりでいる。まさか毎日のように準備室にこもっているなんて、想像もしていない。ましてやギターを弾いているなんて。

　③胸がぎゅっと縮んだ。

「それにさ、ジョー先生も、今年はピアノ弾くかどうかわかんないらしいよ」

「そうなの？　だって、澤口常一のピアノ目当てで行く人も多いでしょうに」

「先生、チョー忙《いそが》しいし、今年はなんか気が乗らないみたいでさぁ」

　よくもこう［Ａ］、うそがつけたものだ。

「そうなの？　でもねぇ、優太《ゆうた》が一生懸命《いっしょうけんめい》練習してきたんだし、行きたいのよ。母さん、学校行事とかいつもサボってばかりなんだから。コンサート、せっかく日曜日なんだし」

「えー、ほんとにいいってば」

　ぼくはそこで作戦を変えた。

「あ、それよりさ、がんばって練習したごほうびにラーメンおごってよ。日曜出勤のお給料でさ。ねぇ、そうしようよ。駅のそばにできたラーメン屋、おいしいんだってよ」

　母さんは、ラーメンのひと言で、［Ｂ］折れた。④ほっとしたが、悲しかった。きっと久しぶりに外でラーメンを食べさせてやったら、ぼくがすごく喜ぶと思ったのだ。

　胸が痛んだが、しょうがない。自分がまいた種だ。それに、⑤たとえ大うそをついてもかくし通した方が母さんのためだ。知

「いえ、わかりません。ただ……ただ聞いただけです」

プロについて個人レッスンを受けるというのは、①こういうことだったのか、としみじみ思った。やっぱりプロについてレッスンを受けなくちゃだめなんだ、とも悟《さと》った。

これまでは、耳に残っている水谷の演奏を忠実に再現したい、とその思いだけで必死にやってきた。ほかにお手本もなかった。でも、水谷の流れるような弾き方にどうやったら近づけるのか、方法はわからなかった。ただただⅠやみくもに練習すればいいんだ、と思っていた。

そんなとき、村木さんは練習の仕方自体を教えてくれた。確かな手ごたえがあった。すると、演奏自体がもっと楽しくなった。

「楽しんで弾いてね」

村木さんは最後にそう言ったっけ。

でも、ギターを弾くことへのとまどいや抵抗《ていこう》が、決して消えたわけではなかった。ギター自体も、ギターを弾くことも、父さんとⅡ分かちがたく結びついている。父さんにまつわる怒《いか》りや悲しみと一体になっている。特にギターケースを開ける瞬間《しゅんかん》にはいつも、黒々としたもやのようなものが中から立ち昇《のぼ》ってくるような気がした。すぐにはギターに手を伸《の》ばせなかった。

けれども、いすに腰《こし》をおろし、心してしっかりギターをかかえると、不思議と無心になれた。そして、いざ演奏を始めると、とたんに②全《すべ》てのネガティブな感情はギターの音色にかき消された。

たった一度でも、村木さんのレッスンを受けたことで、ギターへの思いは熱くなっているのがわかった。

やっぱりギターが好きだ。

ギターを弾くのが好きなんだ。

いつしかそう思っている自分に気づいたときは、おどろいた。

そんなことを思ってはいけないはずだから。許されないはずだから。

それに、母さんのことも気がかりだった。母さんにかくれて再びギターを弾いていることは、すごく後ろめたかった。もし母さんに知れたら、思い出したくもないつらいことばかりがよみがえり、母さんを苦しめるのはわかっている。

だからコンサートが近づくにつれ、ギターを上手に弾けるかどうかよりも、母さんに知られたくない、知られたらどうしよ

**三** 次の文章を読み、あとの問いに答えなさい。

小学六年生の「ぼく」の学校では、文化祭で澤口常一《さわぐちじょういち》先生（ジョー先生）率いるオーケストラが演奏を行う。「ぼく」はけがをしてしまった同級生の水谷のかわりに、オーケストラでギターを弾《ひ》くことになってしまった。「ぼく」の父はギタリストであり、「ぼく」が三年生のとき、母と離婚《りこん》し家族を置いて家を出て行ってしまった。それ以来「ぼく」はギターを手にしていない。「ぼく」は演奏会でギターを弾くことを母に言えないでいる。ある日、演奏会に向けて、「ぼく」はプロのギタリストである村木さんの個人レッスンを受けることとなった。

気がつけば、あっという間に下校時刻になり、チャイムが鳴っていた。となりの音楽室からは、みんなが帰りじたくをする音が聞こえてきた。

「残念だけど、わたし、きょうだけしか来られないの。でも、とてもよくなったから、だいじょうぶよ。自信を持ってね。そして、楽しんで弾いてね」

「ありがとうございました」

ぼくは深々と頭を下げた。

「あ、それから、お礼を言うの、忘れてたんですけど」

「たった今、言ったじゃない？」

「いえ、このギターのことです。大事なギターを貸してくれて、ありがとうございます」

村木さんはにっこりと笑って、冗談《じょうだん》ぽく頭を下げた。

「このギターを弾いてくれて、ありがとうございます。これね、わたしがちょうどあなたの年ごろに使っていたの」

「*アズマ……。あ、あのぅ、これ、どこで買ったんですか？　アズマですか？」

どうして突然《とつぜん》そんなことをたずねたのかわからない。気がつく前に言葉が出ていた。

村木さんはちょっとおどろいた顔をしてから、

「ええ、そうよ」と、言った。

「アズマで買ったのよ。アズマを知ってるの？　どうしてわかったの？」

# 2023年度 聖セシリア女子中学校

【国　語】〈第二次試験〉（五〇分）〈満点：一〇〇点〉

注意事項：解答するときは、なるべく漢字を使用しなさい。

## 一

次の――線のカタカナを漢字に直し、漢字は読み方を答えなさい。

1　父はジビカの医者だ。

2　妹のニュウシが生えかわった。

3　人からほめられてテれる。

4　北条氏は小田原にチクジョウした。

5　その考え方はランボウだ。

6　人工エイセイを打ち上げる。

7　買い物のソウガクは五千円です。

8　最終決定は先生に委ねる。

9　ひざを交えて話し合おう。

10　温泉でゆっくり養生する。

## 二

例にならって、次の１、２について、それぞれの条件を満たした短文を一文で作りなさい。なお、ことばの順番を変えたり、活用（文の流れの中でことばの形を変化させること）させたりしてもかまいません。

例　「決して」、「努力する」ということばを使った主語・述語の整った文。

日本語を学ぶことは決して簡単なことではないが、それでも話せるようになろうと努力している留学生の姿に、私は感動した。

1　「計画的」、「耳が痛い」ということばを使った主語・述語の整った文。

2　「好奇心」、「うでにみがきをかける」ということばを使った主語・述語の整った文。

# 2023年度 聖セシリア女子中学校 ▶解　答

※　編集上の都合により，第２次試験の解説は省略させていただきました。

## 算　数 ＜第２次試験＞（50分）＜満点：100点＞

**解　答**

1 (1) 180　(2) $2\frac{1}{3}$　(3) 7.5　(4) 4　(5) $\frac{1}{3}$　(6) 39　(7) 44％　2 (1) 380cm　(2) 52cm　(3) 25秒後　(4) 34　3 (1) 98度　(2) $41.04\text{cm}^2$　(3) $125.6\text{cm}^3$　4 (1) 時速96km　(2) 17分　(3) 11時７分　5 (1) **A**…点灯，**B**…点灯，**C**…消灯　(2) ７回　(3) 100秒　(4) 300秒

## 社　会 ＜第２次試験＞（30分）＜満点：50点＞

**解　答**

1 **問１** (1) 貝塚　(2) ア　(3) イ，エ，キ，ク　**問２** (1) ウ　(2) (例) 遣唐使(遣隋使)を派遣し，中国を通じて大陸文化を取り入れたから。　**問３** (1) ① 下田　② イ　③ エ　(2) ① 仏教　② 万葉集　**問４** (1) (例) 豪雪地帯であるため，屋根に積もった雪をすべりやすくするはたらき。　(2) 寝殿造　**問５** (1) **a** イ　**b** ク　**c** カ　**d** エ　(2) ① エ　② ア　**問６** (1) (例) 絵踏をおこなった。　(2) ウ→イ→ア→エ　(3) 八幡製鉄所　(4) ア　**問７** (1) 国際連合　(2) エ　(3) ウ
2 **問１** ア　**問２** (1) ウ　(2) 火事(火災)　**問３** (1) イタイイタイ病　(2) エ　(3) ウ　**問４** (1) 放射性物質が拡散することによって人体に影響をおよぼすから。　(2) 復興　(3) ハザードマップ

## 理　科 ＜第２次試験＞（30分）＜満点：50点＞

**解　答**

1 **問１** A　**問２** (例) 黒い箱をかぶせる。　**問３** ヨウ素液　**問４** (例) エタノール　**問５** (例) 二酸化炭素を吸収しているから。　2 **問１** ① 食べる　② 食べられる　③ 食物連さ　**下線部**…光合成　**問２** **A** (エ)　**B** (イ)　**C** (ア)　**D** (ウ)　**問３** (例) えさを失った小さな魚も，小さな魚を食べる大きな魚も生きられなくなり，人は海の生物を食べられなくなる。　3 **問１** **ア** 体積　**イ** 大きく　**ウ** 小さく　**問２** (例) ビニールボールが縮む。　**問３** (例) びんのふたの金属部分の温度が上がり，

体積がぼう張し，びんとの間にすき間ができるから。　**4**　**問１**　**C**　食塩水　**D**　炭酸水　**問２**　（例）　緑色のBTB溶液を加える。　**問３**　(イ)，(オ)
**5**　**問１**　20cm　**問２**　右の図　**問３**　32cm　**問４**　24cm
**6**　**問１**　(ア)，(イ)，(ウ)　**問２**　（例）　逆向きにつなぐ。　**問３**　（例）　直列につなぐ。　**問４**　光電池　**問５**　（例）　コンデンサーを使い，つくった電気をためておく。　**7**　**問１**　断層　**問２**　火山のふん火　**問３**　Ｂ層とＣ層　**問４**　浅い海

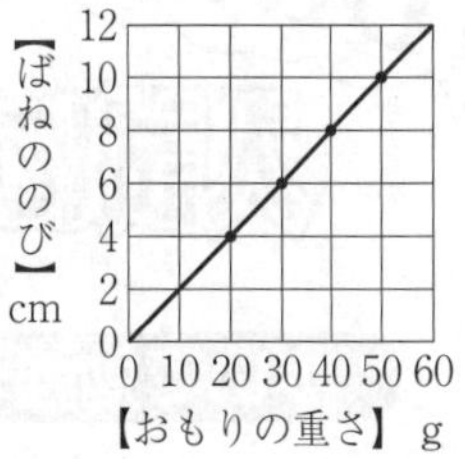


## 国　語　＜第２次試験＞（50分）＜満点：100点＞

### 解　答

**一**　**１～７**　下記を参照のこと。　**８**　ゆだ(ねる)　**９**　まじ(えて)　**10**　ようじょう
**二**　**１**　（例）　学習習慣がまだ身についていない私は，計画的に勉強するよう母に言われて耳が痛いが，そのおかげで学習への意識は高まってきた。　**２**　（例）　スイーツの本を読み，好奇心がそそられた姉は，おかし作りのうでにみがきをかけることになった。　**三**　**問１**　**Ａ**　カ　**Ｂ**　イ　**Ｃ**　ア　**Ｄ**　オ　**Ｅ**　ウ　**問２**　**Ⅰ**　エ　**Ⅱ**　ウ　**問３**　エ　**問４**　エ　**問５**　⑴　（例）　コンサートに向けて毎日ギターの練習を　⑵　（例）　毎週水曜日にリコーダーの練習を頑張っている　⑶　（例）　本当のことを言い出せないのでもうしわけない　**問６**　（例）　母がコンサートに来ないことになりほっとしたが，自分を応えんしている母にうそをついたことが悲しかった。　**問７**　（例）　ぼくが母さんにかくれてギターを弾いていることがわかると，母さんにとって思い出したくもないつらいことがよみがえることになるから。
**問８**　Ｂ　**四**　**問１**　**Ａ**　ウ　**Ｂ**　オ　**Ｃ**　エ　**Ｄ**　イ　**問２**　エ　**問３**　ア　**問４**　（１）→５→２→４→３→（６）　**問５**　（例）　環境問題は複雑であり，単純にその原因を定めたり解決したりすることは難しいから。　**問６**　（例）　環境を守ることに興味がなく，損得で考えて，損をしたくない人。　**問７**　（例）　一部の善人だけで環境問題が解決されるわけではないし，環境問題解決を加速するようなインセンティブという考え方などをもっと導入しなければならないから。　**問８**　**１**　Ｂ　**２**　Ｂ　**３**　Ａ　**４**　Ａ　**５**　Ｂ

**●漢字の書き取り**

**一**　**１**　耳鼻科　**２**　乳歯　**３**　照(れる)　**４**　築城　**５**　乱暴　**６**　衛星　**７**　総額

## Dr.福井の

# 入試に勝つ！脳とからだのウルトラ科学

### 歩いて勉強した方がいい？

みんなは座って勉強しているよね。だけど，暗記するときには歩きながら覚えるといいんだ。なぜかというと，歩いているときのほうが座っているときに比べて，心臓が速く動いて（脈はくが上がって）脳への血のめぐりがよくなるし，歩いている感覚が背骨の中を通って脳をつつくので，頭が働きやすくなるからだ（ちなみに，運動による記憶力アップについては，京都大学の久保田名誉教授の研究が有名）。

具体的なやり方は，以下のとおり。まず，机の上にテキストを広げ，1ページぐらいをざっと読む。そして，部屋の中をゆっくり歩き回りながら，さっき読んだ内容を思い出す。重要な語句は，声に出して言ってみよう。その後，机にもどってテキストをもう一度読み直し，大切な部分を覚え忘れてないかをチェック。もし忘れている部分があったら，また部屋の中を歩き回りながら覚え直す。こうしてひと通り覚えることができたら，次のページへ進む。あとはそのくり返しだ。

さらに，この“歩き回り勉強法”にひとくふう加えてみよう。それは，なかなか覚えられないことがら（地名・人名・漢字など）をメモ用紙に書いてかべに貼っておくこと。ドンドン貼っていくと，やがて部屋中がメモでいっぱいになるハズ。これらはキミの弱点集というわけだが，これを歩き回りながら覚えていくようにしてみよう！　このくふうは，ふだんのときにも自然と目に入ってくるので，知らず知らずのうちに覚えることができてしまうという利点もある。

歴史の略年表や算数の公式などを大きな紙に書いて貼っておくのも有効だ。

Dr.福井（福《ふく》井《い》一成《かずしげ》）…医学博士。開成中・高から東大・文Ⅱに入学後，再受験して翌年東大・理Ⅲに合格。同大医学部卒。さまざまな勉強法や脳科学に関する著書多数。

# 2022年度　聖セシリア女子中学校

〔電　話〕　046（274）7405
〔所在地〕　〒242－0006　神奈川県大和市南林間３－10－１
〔交　通〕　小田急江ノ島線 ― 南林間駅より徒歩５分
　　　　　　東急田園都市線 ― 中央林間駅より徒歩10分

**【算　数】**〈第１次試験〉（50分）〈満点：100点〉

注意事項　１．円周率は3.14を使用しなさい。
　　　　　２．定規・コンパス・分度器は使用できません。

**1** 次の □ にあてはまる数を入れなさい。

（１）$14+16\div 2\times 9-5=\square$

（２）$\left(\frac{2}{3}-\frac{1}{2}\right)\times\frac{6}{7}\div 1\frac{2}{7}=\square$

（３）$15\times 1.1+14\times 2.2-13\times 3.3=\square$

（４）$1\frac{1}{5}\div\left(\frac{4}{5}-\frac{1}{2}\right)-1\frac{1}{2}\times\frac{2}{3}=\square$

（５）$\frac{4}{5}\times 0.25+0.49\div 1\frac{2}{5}-0.5=\square$

（６）$1-(0.6-\square)\div 1.5=0.8$

（７）時速７０ｋｍの車で３時間３６分かかる道のりは、分速１.８ｋｍの車で □ 時間 □ 分かかります。

**2** 次の各問いに答えなさい。また、答えを求めるときの式も書きなさい。

（１）博物館の入場料は大人４人と子供６人で６２００円、大人５人と子供７人で７５００円です。子供１人の入場料はいくらですか。

（２）大和さんはおこづかいの $\frac{2}{5}$ で本を買い、残りの $\frac{4}{7}$ で文房《ぼう》具を買ったところ、９００円残りました。大和さんがはじめに持っていたおこづかいはいくらですか。

（３）一定の速さで走る長さ１５０ｍの電車が、長さ７００ｍの橋を渡り始めてから渡り終えるのに３４秒かかりました。この電車は時速何ｋｍで走りましたか。

（４）長さが７２ｃｍのひもを２つに切り、２本のひもを折り曲げて正方形を２つ作ります。長い方のひもで作った正方形の１辺の長さが短い方のひもで作った正方形の１辺の長さの２倍となるとき、短い方のひもは何ｃｍですか。

**3** 次の各問いに答えなさい。

（１）下の図は１組の三角定規《じょうぎ》を重ねたものです。角Ｘの大きさを求めなさい。

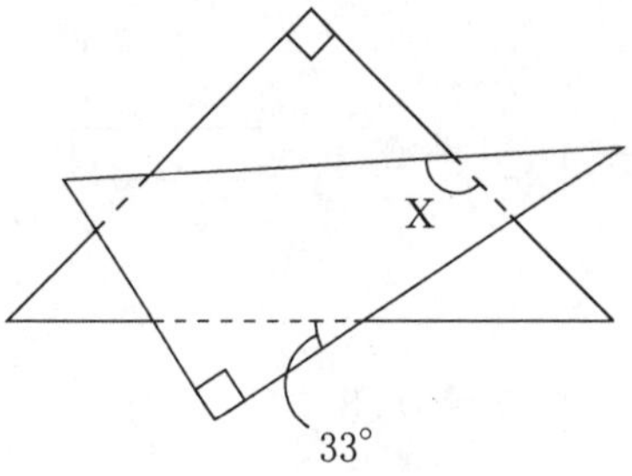


（２）下の図の斜《しゃ》線部分の面積を求めなさい。

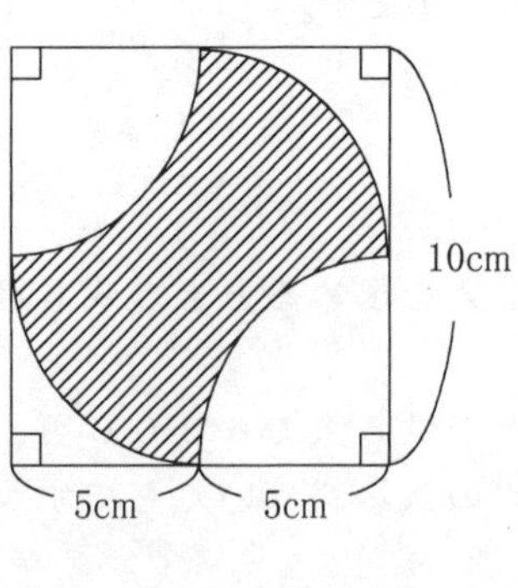

（３）下の図は、直方体から直方体を切り抜いた立体です。この立体の体積と表面積を求めなさい。

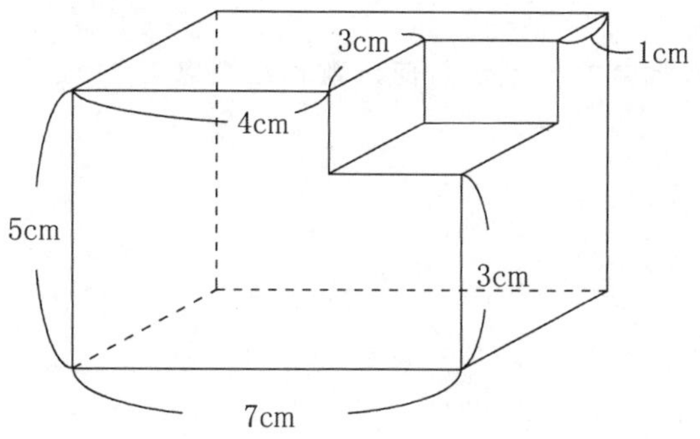


**4** 姉は家から２ｋｍ離《はな》れた駅に向かいましたが、忘れものに気がつき、それまでの１.５倍の速さで引き返しました。妹は姉の忘れものに気がつき、姉が出発してから１７分後に分速１００ｍの速さで追いかけたところ、引き返してきた姉と出会いました。姉は、妹と出会った後に引き返すときと同じ速さで駅に向かいました。下のグラフは、姉が出発してからの時間と、家からの道のりを表したものです。次の各問いに答えなさい。

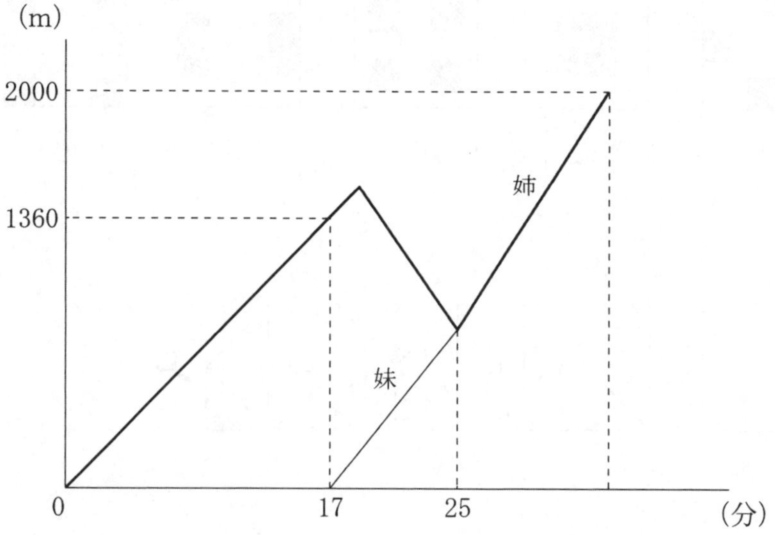


（１）姉が引き返したときの速さは分速何ｍですか。

（２）２人が出会ったのは、家から何ｍ離れた地点ですか。

（３）姉が駅に着いたのは、家を出てから何分後ですか。

（４）姉が引き返し始めたのは、家から何ｍ離れた地点ですか。

**5** 次の各問いに答えなさい。

下の図のように正方形の紙を折り、斜線部分を切り取ります。この紙を広げると①～⑤のどれになるか答えなさい。

（１）

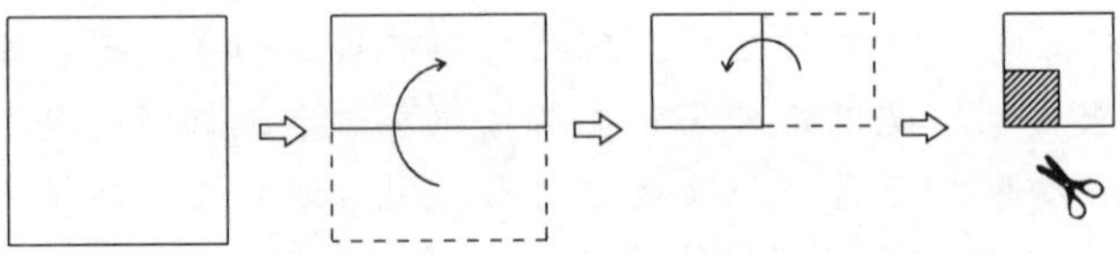

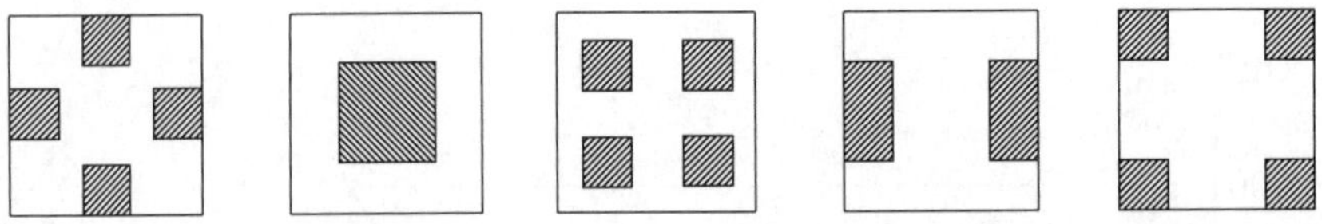

①　②　③　④　⑤

（２）

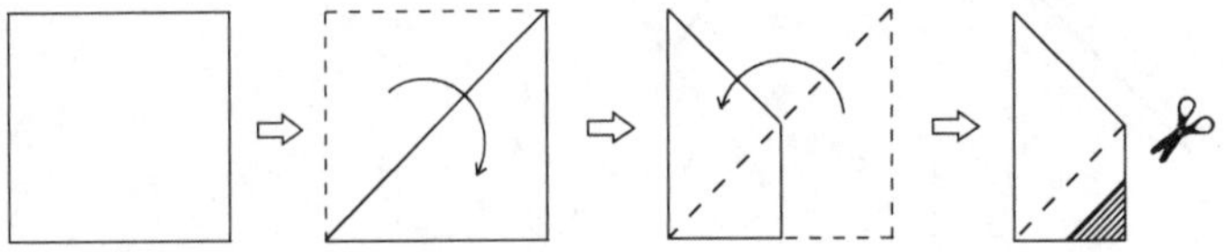

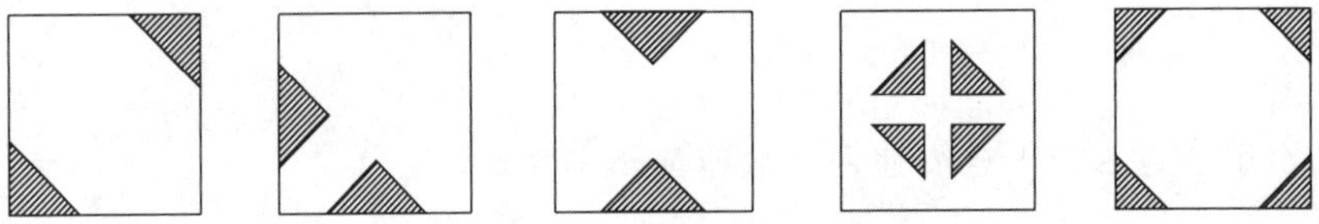

①　②　③　④　⑤

（３）下の図のように正方形の紙を折り、一部分を切り取った後に、この紙を広げると【図１】のようになりました。折った紙をどのように切り取りましたか。解答用紙の図で、切り取った部分に斜線を入れてください。

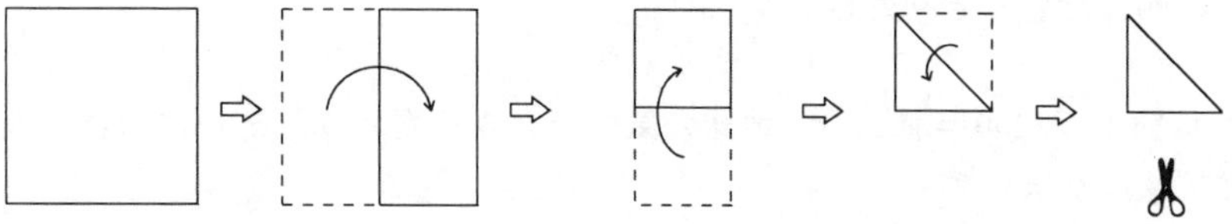

【図１】

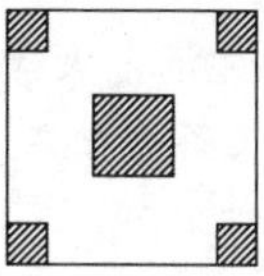

（４）下の図のように三角形の紙を折り、一部分を切り取った後に、この紙を広げると【図２】のようになりました。折った紙をどのように切り取りましたか。解答用紙の図で、切り取った部分に斜線を入れてください。

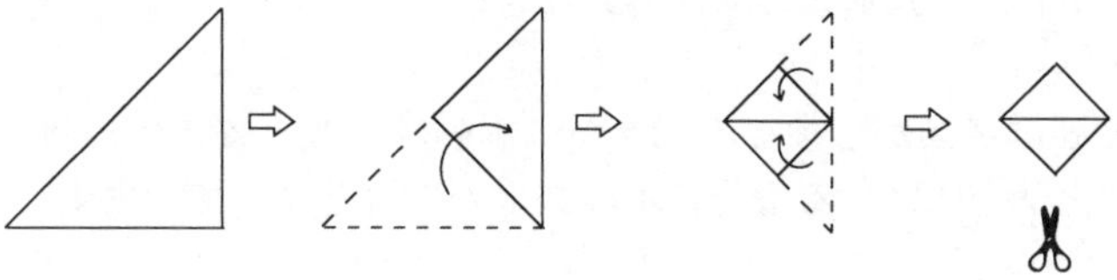

【図２】

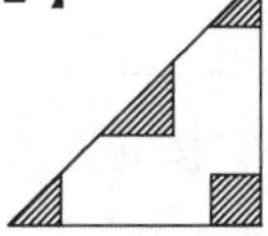

**【社　会】**〈第１次試験〉（30分）〈満点：50点〉

〈編集部注：実物の試験問題では，一部の地図や写真以外はカラー印刷です。〉

**1**　日本がたどってきた歴史は決して直線道路ではありません。いくつもの「曲がり角」を経て現在にいたっているのです。ここではそうした「曲がり角」、「変わり目」、変化の時期を古い順にたどってみましょう。

問１．今から約１万2000年前ころ、地球の気候が大きく変わり、それにつれて人々の生活も大きく変わりました。

（１）その頃から約１万年ほど続いた時代を何とよんでいますか。

（２）この時代の人々の生活がそれ以前の人々の生活と大きく変わった点としてあやまっているものを次のア～エより１つ選び、記号で答えなさい。

ア．土器を作り、使うようになった。
イ．イノシシなどの小型動物を弓矢で狩るようになった。
ウ．竪穴《たてあな》住居を建てて住むようになった。
エ．金属でできた道具を使うようになった。

（３）この時代のいくつかの遺跡《いせき》が昨年、ユネスコの世界文化遺産に登録されました。そのうち、青森県にある遺跡で、1500年にわたって人々が住み着き、クリなどの栽培《さいばい》もおこなっていたことがわかった遺跡の名を答えなさい。

問２．弥生時代、中国や朝鮮半島から多くの人々が日本列島に渡ってきて、新しい文化を伝えました。その文化は今にいたるまで日本の文化の土台となっています。

（１）この新しい文化は日本の社会を大きく変えました。その変化を説明した次の文の（　）にあてはまることばの組み合わせとして正しいものを次のア～エより１つ選び、記号で答えなさい。

この文化は水田で(A)づくりをする文化である。安定して食料が得られるようになり、むら人が増え、共同の農作業も増えて、周囲にほりやさくをめぐらした(B)も生まれた。むら人をまとめる首長が現れ、(C)の差が広がった。首長の中には他のむらを従えてくにをつくる強い者も現れ(D)とよばれるようになった。

＜語　群＞

ａ．男女　ｂ．麦　ｃ．環濠集落《かんごうしゅうらく》　ｄ．大名　ｅ．米　ｆ．王　ｇ．身分
ｈ．高地性集落

＜組み合わせ＞

ア．A＝b　B＝h　C＝a　D＝f　　イ．A＝e　B＝c　C＝g　D＝f
ウ．A＝e　B＝c　C＝g　D＝d　　エ．A＝b　B＝h　C＝a　D＝d

（２）下の写真は、（１）の様子をうかがわせる遺跡の写真です。ほりやさくで囲まれた当時の集落の様子がわかります。集落がほりやさくで囲まれた理由を簡単に説明しなさい。

（３）弥生時代の終わりごろの日本(の一部)の様子は、中国の歴史の本に書かれています。そこから分かる当時の日本(の一部)の様子としてあやまっているものを次のア～エより１つ選び、記号で答えなさい。

ア．当時の日本(の一部)は卑弥呼という女性が治めていた。
イ．卑弥呼は中国の皇帝《こうてい》から金印をおくられたが、その実物と思われるものが奈良県から発見されている。
ウ．卑弥呼はまじないをする力で人々を従えていた。
エ．卑弥呼は30ほどのくにを従えていた。

（４）首長の力はさらに強くなり、その支配する地域は拡大していきました。大和国(現在の奈良県)を中心とするヤマト政権は５世紀中ごろには関東地方から九州地方まで支配下においていたことがわかっています。こうしたヤマト政権の支配地の拡大をうかがわせる、当時の首長の古墳《こふん》の形を何といいますか。

問３．聖徳太子の時代はそれまでの日本の国のしくみを大きく変える第一歩が踏《ふ》み出された時代です。

（１）聖徳太子がめざした中国風の新しい国の説明としてあやまっているものを次のア～エより１つ選び、記号で答えなさい。

ア．国の役人はみな天皇の命令には必ず従う。
イ．家柄《いえがら》にとらわれずに能力のある者を国の役人としてとりたてる。
ウ．仏教を重んじ、人の和を大切にする。
エ．国をとざし、外国との交わりを断つ。

（２）聖徳太子がめざした新しい国づくりは、その後７世紀半ばころから本格化し、８世紀初めにほぼ完了《かんりょう》しました。この新しい国についての具体的な説明としてあやまっているものを次のア～エより１つ選び、記号で答えなさい。

ア．政治は天皇を中心に、貴族《きぞく》たちによって進められる。
イ．政治の柱になっていた法律は中国にならった貞永式目《じょうえいしきもく》とよばれる法律である。
ウ．各地の農民は稲や特産物を納《おさ》める他に、工事で働いたり警備《けいび》についたりした。
エ．碁盤《ごばん》の目状に区画された都を中国にならって造った。

問４．平安京に都が移ってからほぼ100年、10世紀初めに中国では唐《とう》が滅《ほろ》び、朝鮮半島では新《しら》羅《ぎ》が滅んで、国際社会が大きく変わりました。日本もその影響を受けて中国風の国から日本独自の国に変化していきました。

（１）９世紀の終わりごろ、唐の衰《おとろ》えを理由に遣唐使《けんとうし》の派遣が中止されました。

① 遣唐使の派遣の中止を提案した人物を次のア～エより１人選び、記号で答えなさい。

ア．菅原道真　　イ．藤原道長　　ウ．藤原鎌足　　エ．蘇我馬子

② 遣唐使の廃止によって日本の文化が日本風のものに変化していったといわれています。この日本風の文化の例としてあやまっているものを次のア～エより１つ選び、記号で答えなさい。

ア．

イ．

ウ．
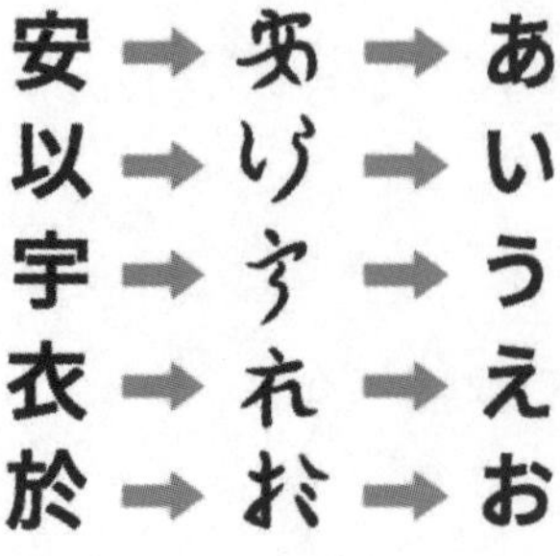


エ．

（２）11世紀になると都や地方に武士が現れます。武士たちは武力を背景に力をつけ、朝廷や貴族たちの勢力争いに関わって大きな力をもつようになり、政治を動かすにいたります。そのきっかけとなった事件と政治を動かした人物の組み合わせとして正しいものを次のア～エより１つ選び、記号で答えなさい。

ア．事件＝保元《ほうげん》・平治《へいじ》の乱　　人物＝源義仲
イ．事件＝島原の乱　　人物＝平清盛
ウ．事件＝保元・平治の乱　　人物＝平清盛
エ．事件＝島原の乱　　人物＝源義仲

問５．12世紀末、源頼朝が京都の朝廷とは別に鎌倉に新しい政府を開き、武士が中心となって政治を動かす時代が始まります。

（１）次の文章は頼朝によって開かれた鎌倉幕府についての説明文です。（　　）にあてはまることばの組み合わせとして正しいものを次のア～エより１つ選び、記号で答えなさい。

1192年、源頼朝は（A）に任命され、全国の武士を従える地位についた。頼朝に従った武士は（B）とよばれ、頼朝から自分の領地の支配を認められたり、新たに領地をもらう（C）を受ける代わりに、戦いの時に頼朝のために命がけで戦ったり、都や鎌倉を警備したりする（D）をおこなった。

ア．A＝征夷大将軍《せいいたいしょうぐん》　B＝御家人《ごけにん》　C＝ご恩《おん》　D＝奉公《ほうこう》
イ．A＝右近衛大将《うこのえのたいしょう》　B＝旗本　C＝ご恩　D＝奉公
ウ．A＝征夷大将軍　B＝御家人　C＝奉公　D＝ご恩
エ．A＝右近衛大将　B＝旗本　C＝奉公　D＝ご恩

（２）その後の鎌倉幕府の説明としてあやまっているものを次のア～エより１つ選び、記号で答えなさい。

ア．朝廷が幕府を倒そうとして兵をあげる事件があったが、北条政子の演説によって幕府は勝利をおさめた。
イ．13世紀の前半、源氏の血《ち》筋《すじ》が途《と》絶《だ》えると北条氏が執権《しっけん》の地位について幕府の政治を進めた。
ウ．鎌倉幕府は独自の法を定め、裁判などの制度も整えられてその力は朝廷をしのぐようになった。
エ．13世紀の後半、元《げん》の襲来《しゅうらい》を受けたが、全国の武士が一致団結《いっちだんけつ》して切り抜け、このできごとをきっかけに鎌倉幕府の力は一層強くなり、その後100年以上にわたって幕府支配が続くことになった。

（３）鎌倉幕府滅亡後、京都に開かれたのが室町幕府です。

①　室町時代には現在に続く日本の文化が次々生まれました。その例としてあやまっているものを次のア～エより１つ選び、記号で答えなさい。

ア．

イ．

ウ．

エ．

② 15世紀後半、京都を舞台に10年余りも続いた戦乱によって室町幕府の権力は衰え、100年にわたって続く長い戦国の世になりました。この戦乱を何といいますか。

③ 16世紀の後半、尾張国にでた「ある大名」が全国の統一をめざして突き進みました。室町幕府を滅ぼした「ある大名」とは誰《だれ》ですか。

問６．室町幕府が滅んだ後、豊臣秀吉は新しい時代の社会のしくみの土台を築きました。

（１）秀吉は農民たちが武器をもつことを禁止する法令を出しました。

①　この法令を何といいますか。

②　この法令の目的のひとつは、室町時代に盛んに起きた、農民たちが団結して支配者に抵抗《ていこう》する行動を防止することでした。この「農民たちが団結して支配者に抵抗する行動」を何といいますか。漢字２字で答えなさい。

（２）秀吉は（１）の法令に先立って全国的な土地調査を統一した方法で開始しています。この土地調査では田畑の面積を測り、土地のよしあしを調べ、収穫量と耕作者を確認して記録しました。この調査は歴史的にどのような意味があったのか、それを説明した次の文章の［　　　　　　］にあてはまることばとして正しいものを、次のア～エより１つ選び、記号で答えなさい。

> 耕作者である農民は、田畑を耕す権利を保障《ほしょう》される代わりに、収穫された米の中から［　　　　　　］義務を負った。農民は田畑を捨てたり、武士や町人になることはできなくなり、ここに江戸時代を通じて明治維新《いしん》まで270年ほど続く身分制度の社会がつくられたのである。

ア．年貢《ねんぐ》を納める　　イ．租《そ》を納める　　ウ．調《ちょう》を納める　　エ．庸《よう》を納める

（３）徳川家光の時代に幕府は日本人が海外に行くことも海外から帰ることも禁止しました。この体制はペリーの来航によって打ち破られるまで続きました。

①　この体制を何といいますか。

②　この体制のもとでも、日本は完全に国をとざしたわけではなく、４つの場所で外国との交易をおこなっていました。その場所と交易相手の組み合わせとして正しいものを次のア～エより１つ選び、記号で答えなさい。

| | | | | |
|---|---|---|---|---|
| ア． | 長崎＝オランダ・中国 | 対馬《つしま》＝朝鮮 | 薩摩《さつま》＝琉球 | 松前《まつまえ》＝アイヌ |
| イ． | 平戸《ひらど》＝オランダ・中国 | 対馬＝朝鮮 | 薩摩＝琉球 | 松前＝ロシア |
| ウ． | 長崎＝スペイン・中国 | 対馬＝琉球 | 薩摩＝台湾 | 松前＝ロシア |
| エ． | 平戸＝スペイン・中国 | 対馬＝台湾 | 薩摩＝琉球 | 松前＝アイヌ |

問７．1853年の黒船来航は、日本の外国との関係や政治のしくみなどが大きく変わるきっかけとなりました。

（１）江戸幕府を倒して成立した新政府は新しい国づくりに全力を注ぎました。

①　明治時代初期に新政府がおこなった政策《せいさく》としてあやまっているものを次のア～エより１つ選び、記号で答えなさい。

ア．全ての藩《はん》を廃止《はいし》して県を置く廃藩置県《はいはんちけん》をおこない、各県にはもとの大名を役人に任命して政治をおこなわせることとした。
イ．身分制度を廃止し、国民が職業や住む場所を自由に選べるようにした。
ウ．政府の財政を安定させるために、従来の年貢をやめて土地の価格に応じた地租《ちそ》という新しい税をとることとした。
エ．経済を発展させるため、官営工場をつくり、外国から技術者や学者を招《まね》いて日本人に新しい技術を学ばせた。

② 欧米の近代国家の特色のひとつが、憲法を定め、議会を開いて、国民を政治に参加させるしくみをとっていることです。日本も1889年に憲法を定め、翌年から議会を開きました。次の資料はこの時に定められた憲法の一部です。□□にあてはまることばを答えなさい。(□１つには漢字１字が入ります)

| | |
|---|---|
| 第１条 | 大日本帝国は、永遠に続く同じ家系の□□が治めるものとする。 |
| 第３条 | □□は神のように尊《たっと》い存在であり、けがしてはならない。 |
| 第４条 | □□は国の元首《げんしゅ》であり、憲法に従って国を統治《とうち》する権利をもつ。 |
| 第11条 | □□は陸海軍を統率する。 |

③ 経済の発展とともに日本は海外に進出し、植民地を獲得《かくとく》していきました。次の４枚の地図は、明治時代の日本の領土(植民地を含《ふく》む)の変化を黒い色で示したものです。この４枚の中で１枚だけあやまっているものがあります。その地図を次のア～エより１つ選び、記号で答えなさい。

ア．日清戦争前

イ．日清戦争後

ウ．日露戦争後

エ．韓国併合《へいごう》後

(２) 1931年以降、日本は中国大陸に対する侵略《しんりゃく》を本格的に開始しました。1945年の敗戦にいたるまで、日本は15年にわたる長い戦争の時代を迎《むか》えたのです。次のページの各文はこの戦争の説明文です。正しい説明文の組み合わせを次のページのア～カより１つ選び、記号で答えなさい。

A．1931年の満州事変《まんしゅうじへん》の背景にあるのは、好景気にわき立つ世論《せろん》が海外への侵略を熱狂的に支持したことである。

B．満州事変の結果成立した満州国を国際連合は国家として認めず、日本は国際連合を脱退して国際的に孤立《こりつ》する道を歩むこととなった。

C．1937年に始まった日中戦争は、アメリカやイギリスが中国を援助《えんじょ》したこともあって長期化し、1945年の敗戦をもって終結した。

D．日本はドイツ・フランスと同盟《どうめい》を結び、石油・ゴムなどの資源《しげん》を求めて東南アジアに進出した。

E．日本とアメリカの対立を決定的にしたのは、アメリカが日本への石油の輸出を禁止したことである。

F．日本がポツダム宣言《せんげん》を受け入れる決断をした最終的な理由は、原子爆弾の投下とソ連の参戦である。

| | | |
|---|---|---|
| ア．A・D・E | イ．B・C・E | ウ．A・C・F |
| エ．B・D・F | オ．C・E・F | カ．A・C・D |

問８．1945年８月14日、ポツダム宣言を受け入れて無条件降伏《こうふく》した日本は、その後の連合国軍の占領《せんりょう》のもとで大きく国のしくみを変えました。

（１）それ以降の日本はそれまでの日本と大きく変わりました。大日本帝国《ていこく》憲法に代わって日本国憲法が公布され、様々な改革《かいかく》がおこなわれました。そうした改革の例を１つあげなさい。

（２）前回の東京オリンピックがおこなわれた1964年のころ、日本は高度経済成長とよばれる経済の成長期でした。この時期の日本の様子としてあやまっているものを次のア〜エより１つ選び、記号で答えなさい。

ア．

イ．

ウ．

エ．

**2**　2021年夏、東京でオリンピック競技大会が開催《さい》されました。近代オリンピックに関する一連の活動（オリンピック・ムーヴメント）には、スポーツを通じて心身を高めるとともに、文化や国など様々な違《ちが》いを超えて交流することで、平和でより良い世界をつくろうという考え（オリンピズム）があります。歴代のオリンピック憲章にある次のオリンピズムの根本原則を読んで、オリンピック競技大会について、あとの問いに答えなさい。

> **【オリンピズムの根本原則】**（抜粋《ばっすい》・一部改訂）
>
> 第１項　オリンピズムは肉体と意志と精神のすべての資質を高め、バランスよく結合させる生きる哲学《てつがく》である。オリンピズムはスポーツを文化、教育と融合《ゆうごう》させ、生き方の創造《そうぞう》を探《さが》し求めるものである。（後略）
>
> 第２項　オリンピズムの目的は、一人ひとりを大切にする①平和な社会の推進《すいしん》を目指すために、人類の調和のとれた発展《はってん》にスポーツを役立てることである。
>
> 第３項　（前略）その活動（オリンピック・ムーヴメント）の最高機関はＩＯＣである。活動は②５大陸にまたがり、（中略）そのシンボルは５つの結び合う輪である。
>
> 第６項　このオリンピック憲章の定める権利《けんり》および自由は人種、肌《はだ》の色、性別、性的指向、言語、宗教《しゅうきょう》、政治的またはその他の意見、国あるいは社会的な出身、財産、出自やその身分などの理由による、いかなる種類の差別も受けることなく、確かに受け入れられなければならない。

問１．今回の東京オリンピックは第32回目の夏季オリンピックですが、近代オリンピックの第１回競技大会は、古代オリンピックが開かれたギリシャで開催されました。ギリシャについて、次の問いに答えなさい。

（１）1896年、第１回競技大会が開催されたギリシャの都市名を答えなさい。

（２）ギリシャでは古代においてすでに民主主義が徹底《てってい》され、それはその後のモデルとされました。現在の日本も民主主義国であり、国を統治する権力《けんりょく》を誰が持っているかが日本国憲法に定められています。そのことが定められた下の憲法の条文において、空欄《くうらん》A・B にあてはまる適語の組み合わせを次のア～エより１つ選び、記号で答えなさい。

> 第一条　天皇は、日本国の［ A ］であり日本国民統合の［ A ］であって、この地位は、［ B ］の存《そん》する日本国民の総意に基づく。

ア．A－絶対者　　B－人権　　　イ．A－絶対者　　B－主権
ウ．A－象徴《しょうちょう》　　B－人権　　　エ．A－象徴　　B－主権

問２．オリンピック活動の理想的な考えであるオリンピズムについて、14ページの【オリンピズムの根本原則】を読んで次の問いに答えなさい。

（１）下線部①の「平和な社会」をつくっていくために、右の旗をもつ国際組織の総会で、オリンピック開催ごとに世界平和をよびかける、「オリンピック停戦」が決議されています。ニューヨークに本部があるこの国際組織を答えなさい。

（２）下線部②の「５大陸」とは、アジア、ヨーロッパ、アフリカ、南北アメリカ、オセアニアの５つの大陸を指します。それらの大陸について、次の問いに答えなさい。

① 南北アメリカ大陸において、2028年に２度目のオリンピック開催都市となるロサンゼルスがある国について述べた次の文のうち、正しいものをア～エより１つ選び、記号で答えなさい。

ア．白人による建国以来、移民を排除《はいじょ》してきた国であり、単一民族による単一文化の社会を形成している。
イ．1958年にアメリカ航空宇宙局（ＮＡＳＡ）が設立され、アポロ計画により最初の月面着陸に成功するなど宇宙開発の研究が進められている。
ウ．17世紀にイギリスからアメリカへやってきた人々の苦労を思い、それを助けた先住民への感謝の気持ちを表すために、毎年11月の第４木曜日にハロウィンがおこなわれる。
エ．アメリカンフットボールのＮＦＬや野球のＭＬＢなど世界最高峰《さいこうほう》のプロスポーツリーグがあるが、レベルが高いため、日本人などの国外選手は存在しない。

② 次の地図は、アジア大陸で次期冬季オリンピックの開催地である都市を首都とする国の民族分布を示したものです。地図中の空欄 C に入る民族は、右下の文字を作ったとされます。空欄 C に入る語句を答えなさい。（地図出典『東京書籍 新しい社会６　政治・国際編』）

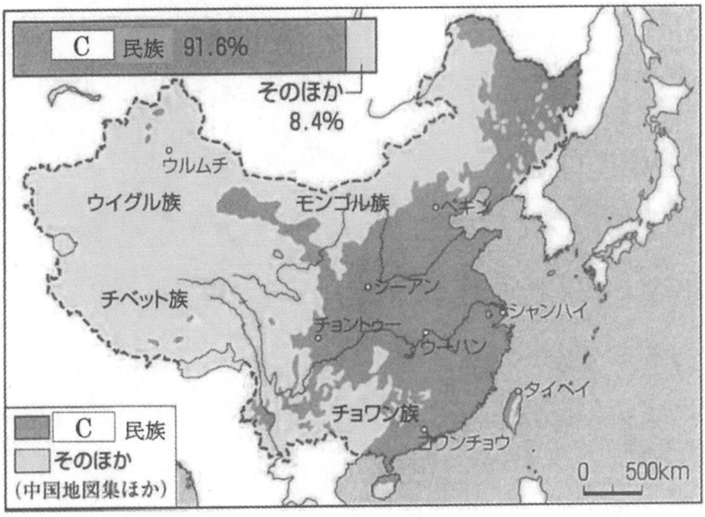


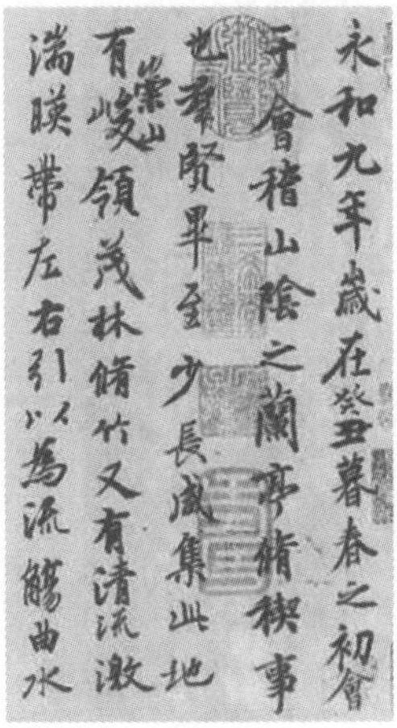

③　次の写真は、1968年のメキシコシティオリンピックの男子200m走の表彰台《ひょうしょうだい》で、金メダリストと銅メダリストの２人のアメリカ代表選手が拳《こぶし》をあげて、あることに対する抗議《こうぎ》行動を写した場面です。この抗議行動は、何に対するものかを次のア～エより１つ選び、記号で答えなさい。またそれが14ページの【オリンピズムの根本原則】の第何項にもとづいた抗議であると考えられるか、１つ選びなさい。

ア．大統領による教育政策によって体育の授業が減らされること。

イ．政府が隣国《りんごく》を侵略して第二次世界大戦に参戦したこと。

ウ．黒人に対して差別がおこなわれてきたこと。

エ．イスラーム教過激派《かげきは》によって、女性の権利が侵害されていること。

問３．オリンピック活動は、競技大会開催のための施設《しせつ》をつくる必要性から、環境について考えることも求められ、1994年からのオリンピック憲章にも「環境」についての項目が追加されました。国際社会においても、2015年の国連サミットで「持続可能な開発目標」が確認《かくにん》されました。この「持続可能な開発目標」を何というかアルファベットで答えなさい。

問４．東京オリンピック・パラリンピックは、新型コロナウイルスが流行する中でおこなわれ、その開催の意義についてあらためて問われる大会となりました。14ページの【オリンピズムの根本原則】の条項から１つ選び、あなたが考えるオリンピックを開催する意義を述べなさい。

**【理　科】**〈第１次試験〉(30分)〈満点：50点〉

注意事項：定規・コンパス・分度器は使用できません。

**1**　アサガオについて、次の問いに答えなさい。

問１．アサガオの花を表している図を、次の(ア)～(ウ)から一つ選び、記号で答えなさい。

(ア)

(イ)

(ウ)

問２．次の(ア)～(エ)には、アサガオの育ち方が書かれています。(ア)～(エ)を正しい順番に並べかえなさい。

(ア) 子葉が出る。
(イ) 実ができる。
(ウ) 受粉する。
(エ) 花が開く。

問３．アサガオの実はどこにできますか。次の(ア)～(エ)から一つ選び、記号で答えなさい。

(ア) おしべの先たん　　(イ) めしべの先たん
(ウ) おしべの元　　(エ) めしべの元

問４．アサガオの実の中につくられるものは何ですか。

問５．アサガオは同じ花の中で受粉をすることができますが、他の花では、花粉がこん虫などによって運ばれ受粉をするものもあります。こん虫によるものの他に、どのような花粉の運ばれ方がありますか。二つ答えなさい。

問６．こん虫が花粉を運ぶ花では、こん虫を呼び寄せるためにどのような工夫をしていると考えられますか。次の(ア)～(カ)の中から全て選び、記号で答えなさい。

(ア) 目立つ色・模様の花びらをしている。
(イ) 地味な色・模様の花びらをしている。
(ウ) 花粉が特別に軽い。
(エ) 花粉が特別に重い。
(オ) 花のにおいが強い。
(カ) 花のにおいが弱い。

**2**　からだが動くしくみについて、下の問いに答えなさい。

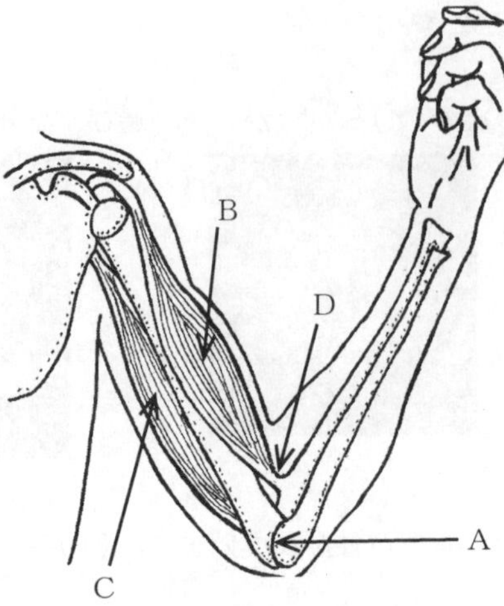


問１．図は、人のうでの骨が動くしくみを表したものです。図のＡの部分では、２つの骨がお互い自由に動くようにつながっています。この部分を何といいますか。

問２．うでを曲げるとき、筋肉Ｂと筋肉Ｃはそれぞれどのようになりますか。

問３．図のＤの部分を何といいますか。また、どのようなはたらきをしますか。

問４．動物のからだにも人と同じように、骨や筋肉がからだのいろいろなところにあります。例えば、ウサギははねるように走ることができますが、これはどのように骨や筋肉がついているからですか。次の(ア)～(エ)の中から一つ選び、記号で答えなさい。

(ア) 前あしの骨が長く、よく発達した筋肉がついている。
(イ) 前あしの骨が短く、よく発達した筋肉がついている。
(ウ) 後ろあしの骨が長く、よく発達した筋肉がついている。
(エ) 後ろあしの骨が短く、よく発達した筋肉がついている。

**3**　鉄にうすい塩酸を加えると、鉄が溶《と》けて水素という気体が発生します。
５ｇの鉄に、同じ濃《こ》さの塩酸を加えたときの、塩酸の体積と発生した水素の体積との関係を調べる実験をしました。実験結果は、次のグラフのようになりました。下の問いに答えなさい。

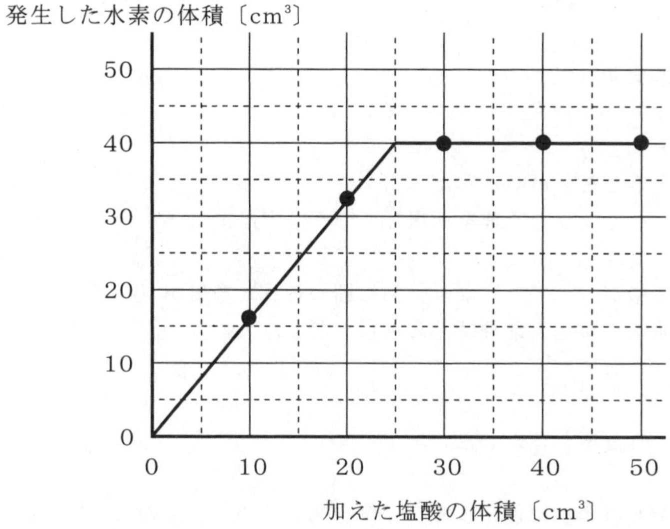


問１．発生した水素の体積は、加えた塩酸が25cm$^3$になるまで塩酸の体積に比例して増えました。しかし、塩酸を25cm$^3$以上加えても水素の体積は増えませんでした。その理由を次の(ア)～(ウ)から一つ選び、記号で答えなさい。

(ア) 鉄が全部溶けて別のものに変化したから。
(イ) 塩酸に溶けていた気体がなくなったから。
(ウ) 鉄が残っていても、塩酸が鉄を溶かせなくなったから。

問２．この実験を２ｇの鉄で行うと、水素の体積が増えなくなるのは、塩酸を何cm$^3$以上加えたときですか。

問３．８ｇの鉄に、この実験と同じ濃さの塩酸を50cm$^3$加えると、何cm$^3$の水素が発生しますか。

**4** 45Lのビニール袋《ふくろ》に空気を閉じ込めて袋の口を閉じ、空気がもれないようにしました。次の会話は、この袋を使って遊んでいる２人の会話です。会話を読んで下の問いに答えなさい。

A「ねえ、ビニール袋をおすとへこむね。」
B「本当だ。面白いね。」
A「一緒におし合いっこしようよ。」
B「いいよ。」
A「すごいよ。手ごたえが・・・。」
B「空気をおすと、おし返す手ごたえがあるんだね。」
A「そういえば、空気鉄ぽうって、この原理を利用しているはずだよ。」
B「どういう原理？」
A「空気をおしていくと、体積が（　ア　）なり、おし縮められた空気が（　イ　）とする力を利用して、前につめた玉を飛ばすおもちゃだよ。」
B「お〜なるほどね。」

問１．会話中の(ア)、(イ)にあてはまる言葉を答えなさい。

問２．注射器に閉じ込められた空気を「ばね」に例えます。空気を閉じ込めて、図のように力を加えると、ばねはどのようになりますか。解答用紙の図にかきなさい。

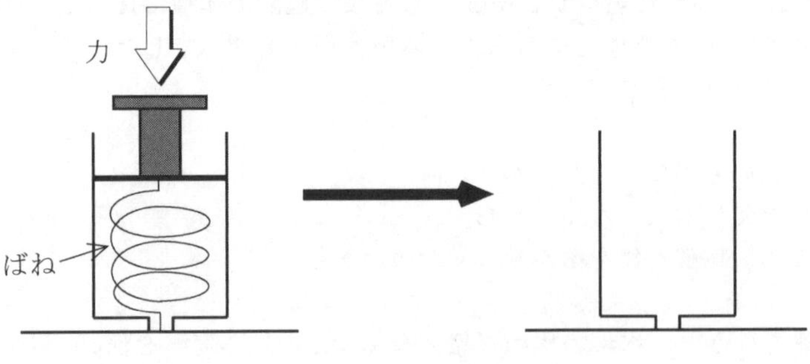


問３．問２で空気の代わりに、注射器に水を閉じ込めて力を加えたら、ばねはどのようになりますか。説明しなさい。

問４．こわれやすいものを送る時には、右の写真のようなシートで包むとこわれにくくなります。これはなぜですか。会話を参考にして説明しなさい。

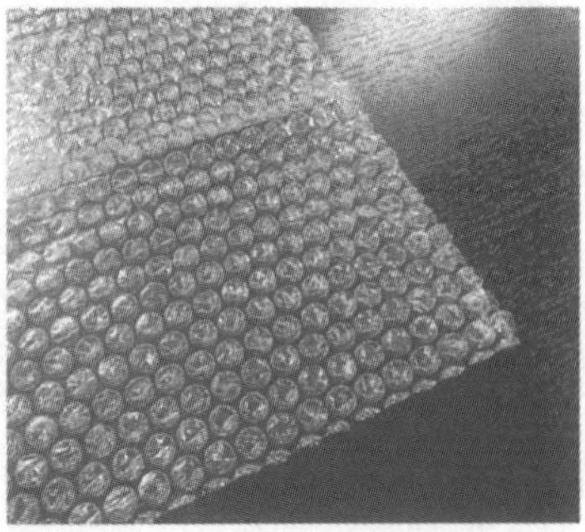

**5** 棒やひも、おもりを使って、つり合うてこを作りました。次の問いに答えなさい。ただし、棒やひもの重さは考えないものとします。

問1．棒の中心を点Oとします。図1のようにおもりをつり合わせました。この時、おもりAの重さは何gですか。

図1

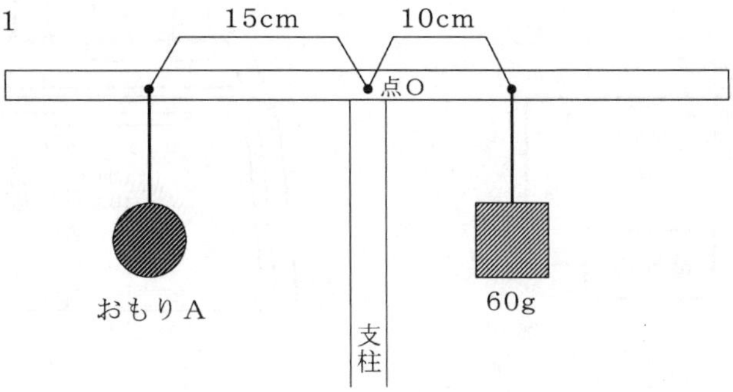


問2．支柱を棒の中心(点O)からずらして、図2のようにおもりをつり合わせました。この時、Bの長さは何cmですか。

図2

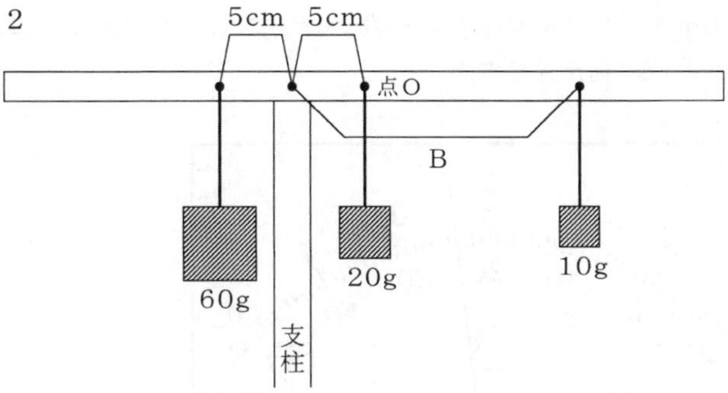


問3．棒の中心を点Oとします。ばねばかりを用いて、図3のようにおもりをつり合わせました。この時、ばねばかりが示す値は何gですか。

図3

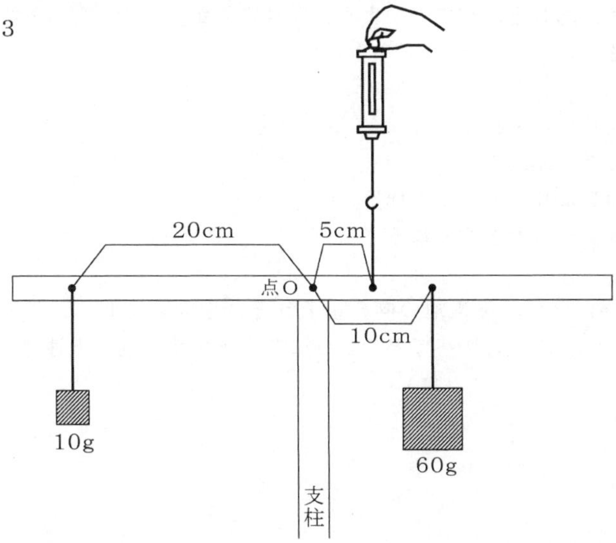

**6**　モーターと乾電池《かんでんち》、電流計を次の図１のようにつなぎ、回路を作りました。下の問いに答えなさい。

図１

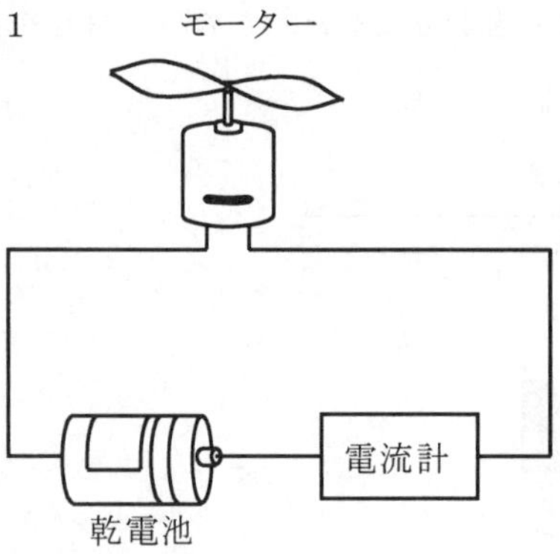


図２　電流計

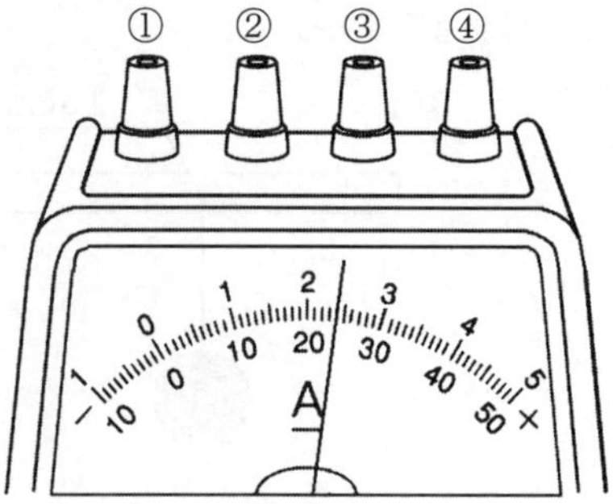


問１．電流計には、図２のように４つの端子《たんし》があります。①～④から「＋端子」を一つ選び、番号で答えなさい。

問２．電流計の端子を「500mA」と「＋端子」につないだところ、針は図３のようになりました。回路に流れている電流は何mAですか。

図３

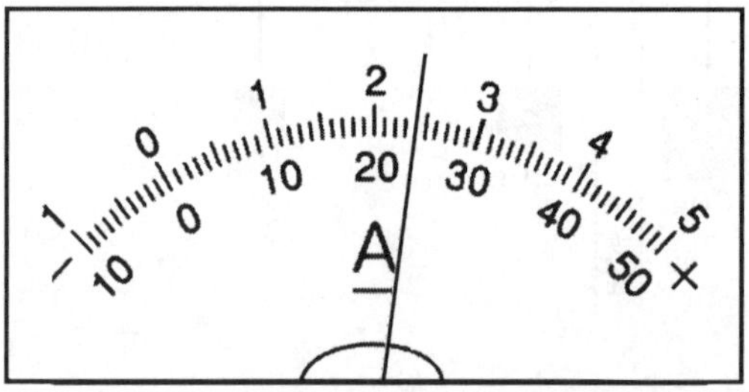


問３．図１の回路につなぐ乾電池を２個にし、２個の乾電池を直列につなぎました。このとき、電流計の針の動きは、図３と比べてどのようになりますか。次の(ア)～(エ)から一つ選び、記号で答えなさい。

（ア）同じ向きに、同じだけふれる。
（イ）逆向きに、同じだけふれる。
（ウ）同じ向きに、図３よりも大きくふれる。
（エ）逆向きに、図３よりも大きくふれる。

問４．問３の回路につないだ２個の乾電池の向きをそれぞれ逆向きにして、直列につなぎました。モーターの回転は、図１と比べてどのようになりますか。向きと速さについて答えなさい。

**7**　次の図は地球のまわりをまわる月の軌道《きどう》を示したものです。下の問いに答えなさい。

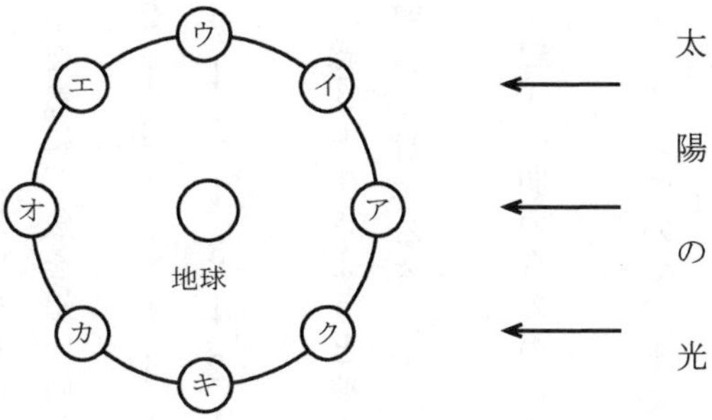


問１．地球から観測される月の形が、次のＡ～Ｃのようになりました。それぞれの形における月の位置を上の図のア～クからそれぞれ一つずつ選び、記号で答えなさい。

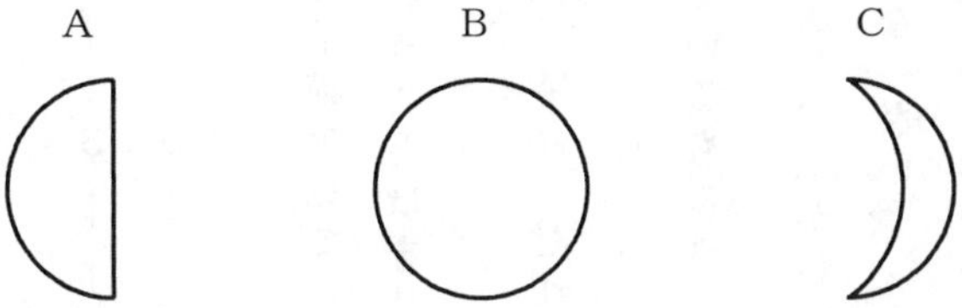


問２．２０２１年５月２６日の皆既《かいき》月食と１１月１９日の部分月食は、いずれも満月の日に観測されました。半月の日に月食がおこらない理由を簡単に説明しなさい。

２　そこには、自然の生き物である魚への思いやりも何もありません。
３　でも、その一方で大人たちは、子どもたちに自然を経験させようと考えて、夏休みに「魚のつかみ取り大会」なんていうのを平然と企画《きかく》したりします。
４　大人こそ、思いやりのなさのお手本になっているのです。
５　不自然に、魚を追い回し、殺していくのです。

ア　２→３→１→４→５　　イ　３→１→５→２→４
ウ　４→５→３→２→１　　エ　５→２→４→１→３

問六　――線③「生きようと夢中になっている子猫を見てどうして私が『つらい』気分になるのでしょうか」について、この問いに対する答えを「水平目線」ということばを使って書きなさい。

問七　――線④「弱いもののほうの心」とはこの場合、だれの、どのような心をいうか、四十字以内で答えなさい。

問八　次の１～５について、本文の内容と合っているものはA、合っていないものはBと答えなさい。

１　「いとおしむ」にはたくさんの意味があり、「かわいい」と「つらい」というように正反対の意味もあるが、文章によってよく使い分けていかなければならない。
２　たとえ上から目線であったとしても、弱いものや小さいものをいとおしむことはとても大事であり、人間が他の生き物に対しても心がけなければならないことだ。
３　兄弟げんかは「いとおしむ」ことから離《はな》れているように見えて、兄からの上から目線、弟からの兄を思いやる目線の二つから実は「いとおしむ」心が働いている。
４　いそがしい世の中にいる私たちは、小さいものや弱いものを軽く見てしまい、そのかけがえのない命を考えようとしないので、その点は考えを改めるべきである。
５　人類はみんな仲間であるという目線と、その中でも力のあるものは時に上から見下しながらも、ほかのものを気にかけようと努める目線の、二つの目線が大切だ。

問二　空らん（　A　）、（　B　）にあてはまる語を次から選び、それぞれ記号で答えなさい。

（　A　）……ア　天変地異《てんぺんちい》　イ　自然破壊《しぜんはかい》　ウ　三寒四温　エ　急転直下

（　B　）……ア　年代　イ　身分　ウ　家庭　エ　境遇《きょうぐう》

問三　――線①「テレビをつけたら、旅番組をやっていました」は具体例だが、この具体例から筆者がどういうことを発見したかを答えなさい。

問四　――線②「もしかしたら半分死語になっているのかもしれません」という部分からうかがえる筆者の思いとして、もっともふさわしいものを次から選び、記号で答えなさい。

ア　ことばと社会とは結びついているので、「いとおしい」と感じられない社会であれば、逆に「いとおしい」という語を多く用いて社会を変えなければならないと強く思っている。

イ　「いとおしい」という語は半分死語になってしまったが、今からでも人を思いやる社会を作ろうと努めれば、必ずこの語がまたふつうに使われる時代が来ることを期待している。

ウ　「いとおしい」という語がなくなりかけているのは「上から目線」があるためだが、人間はどうしても物事を上から目線で見てしまいがちであるということを残念に思っている。

エ　自分の好きな「いとおしい」ということばが日常的にあまり聞かれなくなってしまったということは、「いとおしい」と感じる心が薄《うす》れているためではないか、と心配している。

オ　「いとおしい」ということばがテレビで出てきたのはうれしいが、もっと全国的に宣伝していかないと、その語は世間から消えてしまうのではないかという危機感を持っている。

問五　空らん［　　　］の部分には、次の１～５の文を並べかえたものが入ります。どのように並べかえたらよいか、その順番を示したものとして、ふさわしいものをア～エから選び、記号で答えなさい。

１　自分のほうには何も危険がなく、安全が保証された状態で相手を殺すのだとしたら、それはもう自然とは呼べないでしょう。

って、いつ、戦争や（　　A　　）にまきこまれて、どうなってしまうかもわかりません。そう思ったとき、子猫の姿と自分の姿が重なって、「私もこんな子猫と同じなんだ。忘れていたけど、おまえを見て思い出した。私も本当は大変なんだよ」としみじみと、生き物の大変さや危なっかしさを感じたりするのです。

生き物はつらいものなのです。私も忘れてはいましたが生き物でした。生き物って、本当はつらいものなのです！

このとき、「いとおしい」は、上から目線の「いとおしい」ではなく、生き物としての自分に目線をもどし、自分も同じ生き物としての仲間だと感じる水平目線の「いとおしい」になるのです。

この「水平目線」は仲間目線、［２］兄弟目線といってもいいでしょう。家庭の中の兄弟の間には、兄弟目線の「いとおしい」が知らず知らずのうちに表れているのです。［３］いちばん「いとおしい」から遠そうな、兄弟げんかのときにでも、です。

強いお兄ちゃんが殴《なぐ》りかかってくるとしても、それが一瞬本気だったとしても、兄弟ならほとんどの場合そんなにひどい殴り合いにはならないでしょう。それは、小さいものをいとおしむ心があるからだと思うのです。

さらに、兄弟げんかのときにはもう一つの「いとおしむ」心が働いているのに気付きませんか。④弱いもののほうの心です。弱いものとは年齢《ねんれい》の小さい弟のことです。弟も殴られれば抵抗《ていこう》するし、大声で親を呼んだりもします。でも、親が飛んできて、お兄ちゃんがシュンとして手を引くと、それでも弟は、親にお兄ちゃんの悪口を言い続けるでしょうか。親の口うるさい小言を、弟だって日ごろから体験しているのです。

強くて怖いお兄ちゃんだけど、あの小言をお兄ちゃんがいつまでも聞かされてるなんてと、自分だったらとてもがまんできない状況《じょうきょう》を思い出して、お兄ちゃんだって、ちょっと年齢が大きなだけで自分と同じ仲間なんだ、かわいそうに、と思いやる心が働き始めるでしょう。

同じ（　　B　　）で生きているという状況が共通項《きょうつうこう》になっている兄弟だからこそ、小さいものである弟が年長者である兄を「思いやる」心が働くし、仲間目線で兄を「いとおしむ」気持ちも湧《わ》いてくるのです。

『なぜねこは幸せに見えるの？』左近司　祥子（講談社）

問一　空らん［１］～［３］にあてはまる語を次から選び、それぞれ記号で答えなさい。

ア　もしくは　　イ　だから　　ウ　でも　　エ　しかも

タレントが言っていた「いとおしい」も、生まれたばかりの小さな子牛に対してのものでした。

ですから、「いとおしい」は、たしかに、「上から目線」の言葉だと言えます。もう大人で、しかも人間の私。それが小さい子猫や子牛を気の毒がっているのです。

この言葉、テレビにチラッと出てきたので、死語ではないと安心したのですが、それでもふだんの会話ではあまり耳にすることがありません。②もしかしたら半分死語になっているのかもしれません。誰《だれ》かをいとおしいと思い気の毒だと思いやる心がだんだんとなくなってしまったということなのでしょうか。

大人たちが、近頃《ちかごろ》の子どもたちには「思いやり」が欠けていると言ったりします。

思いやる心は上から目線であったとしても、実はとても大切なのです。これがあれば、自分より弱いものをたとえ食べなくてはいけなくなっても、必要以上に痛《いた》めつけて、怖がらせて、そのあげくに殺して食べる、なんていうことはしなくなるでしょう。

でも「いとおしい」という言葉のもっと重要な意味は、三つ目の、自分に対しての「つらい」にあるのではないでしょうか。たとえば、③生きようと夢中になっている子猫を見てどうして私が「つらい」気分になるのでしょうか。子猫を見て、かわいそうだ、と思うことはあるでしょう。でも、今、私は大きいし、人間です。生きようと努力してもその努力がむくわれるかどうかわからない子猫とは違います。努力すれば、らくらくと生き延びることができるのです。そんな人類の一員である私自身が、自分のことをつらいと感じることはないはずでしょう。

[ 1 ]本当にそうでしょうか。今私たちは、しっかりした仲間のうちにあり、「もっともっと」を目指してがんばったおかげで、数年後の食糧《しょくりょう》さえ備蓄《びちく》することができています。とはいえ、地上には、飢《う》えて死んでいく子がいます。私たちだ

**四　次の文章を読み、あとの問いに答えなさい。**

①テレビをつけたら、旅番組をやっていました。どうやら旅先は北海道で、旅人は男女二人のタレントです。ちょうど、場面は本日の「目玉」の酪農《らくのう》体験。女性のほうが乳搾《ちちしぼ》りに挑戦《ちょうせん》していました。

　次の場面はその乳を子牛にやるところです。母牛の乳首《ちくび》にそっくりな飲み口をつけた缶《かん》から、子牛はうれしそうにごくごくと乳を飲んでいました。

「いとおしい」

　ぼんやりとテレビを見ていたそのとき、乳を飲む子牛のそばにいた男性タレントがつぶやいたのです。若《わか》いタレントでした。

私が驚いてしまったのは、この言葉はもうとっくに死語になっていると勝手に思っていたからです。生きていた！　私は実はこの言葉が好きなのです。

「いとおしむ」という単語には、自分より小さいものを気にかける、という意味合いがあります。テレビに出ていた男性タレントも、この言葉を、子牛に使ったのです。でも、実はこの言葉、本当にそういった、上から目線の言葉でしょうか。

「いとおしい」という形容詞は、漢字にすると「愛《いと》おしい」です。でも、「愛してる！」なんて言葉とは少し違《ちが》います。『大辞泉《だいじせん》』を見ると、以下のように出てきます。

　1：たまらなくかわいい
　2：かわいそうだ
　3：つらい

　さらに、こんなコメントがついています。

「この語は『厭《いと》う』からの派生語《はせいご》だという。つらいと思って、疎《うと》ましく思うさま、苦痛《くつう》で心身を悩《なや》ますさまを表すところから、自分に対しては、苦しい、つらいの意、他人に対しては気の毒だ、かわいそうだ、いじらしい、さらに、可愛《かわい》いの意が生じる」

　小さな子猫《こねこ》がお母さんのおっぱいを飲もうとして、小さな手で懸命《けんめい》にお乳を押《お》しているのを見ると、思わず「いとおしい」という言葉が出てくるでしょう。「たまらなくかわいい」のはもちろんのことですが、こんなに小さいのに、だからがんばったって、生き延びられるかどうかわからないのに、それでも生きようとして必死なのです。その必死の様子が私の心をつかみ、生きられないかもしれないのにと気の毒に思い、「かわいそうだ」と感じ、「いとおしい」と声になるのです。テレビで男性

問六　——線④「『日向』と『日陰』の境界線。それを朱里がたった今、私の前に、完全に引いたことが、はっきりと分かった」について、「日向」と「日陰」の境界線を完全に引く、とはどういうことを言っているか。次の二つの条件に沿ってくわしく答えなさい。

条件１　「今までは……、今回のことで……こと。」という形で答えること。

条件２　「関係」という言葉を使って、一文で答えること。

問七　——線⑤「心配そうなそのまなざし」とあるが、しおりが心配そうなまなざしをしているのはなぜか、四十字以内で答えなさい。

問八　——線⑥「やろうよ、それ」について、最終的にみんなが選んだのは、応援旗の何を、何のために、どうすることか、を答えなさい。

問九　本文の表現上の特ちょうとしてもっともふさわしいものを次から選び、記号で答えなさい。

ア　回想している部分と現在起こっている事件とがうまく関連づけられ、細かい情景描写《びょうしゃ》により登場人物の思いが伝わってくる。

イ　主人公が心の中で感じたことや会話文が多くあるため、それぞれの人物の心情や立場などが大変分かりやすくえがかれている。

ウ　文のはじめに「……」や「——」を多く用いることで、ゆったりとした時間の流れや登場人物の複雑な思いが表現されている。

エ　「？」や「！」の記号には登場人物の強い思いが表れており、教室を舞台《ぶたい》とした単調な物語に変化をつける役割も担《にな》っている。

オ　時間や季節、人物の名前を具体的に書くことで、風景や人物をイメージしやすく、読者もその場にいるような効果を生み出す。

ア　応援旗の完成のため人知れず努力してきた朱里と自分の努力が台なしになってしまったため、気持ちの整理ができずに不安定になった感情。

イ　本当はやさしい人なのに周りに他の人がいると自分をかくし、わざとえらそうにふるまってしまう朱里について親友として残念に思う心情。

ウ　親友である「私」のことばにまったく耳をかたむけず、いつも自分のことばかり考えて、身勝手な行動をとる朱里をうとましく思う気持ち。

エ　みんなで応援旗を作っているのに協力してくれようとせず、そればかりか友人にきついことばを投げかけた朱里に対していだいている不満。

問五　――線③「水を打ったような静けさの中で、カツン、と時計の針が動く音がした」について、クラスの生徒が話し合っています。その中で、もっとも正しいことを言っている生徒はだれか、記号で答えなさい。

Ａさん　今まで親しく接していた朱里と主人公の「私」が対立してしまったことから生まれた緊張感《きんちょうかん》が、教室中にただよっていて、だれも何も言えずに時だけが過ぎていく、というはりつめた感じがよく出ている文だね。

Ｂさん　そうだね、その前に「言ってしまった」とあるから、主人公の「私」は後悔しているのだろうけれど、時計の針の動きは、今となってはもどらない二人の楽しかった過去を思い出させてくれるものとしてえがかれているね。

Ｃさん　「水を打ったような」で分かるように、ひんやりとした空気が流れているね。二人だけでなく、教室にいるみんなが今回の出来事をおそろしいと感じ、その場からにげだしたい気分でいることが伝わってくるよ。

Ｄさん　時計の針が進めば進むほどいやな空気はすこし薄らいでくるはずだから、本文には書いていないけれど、だれもが早く時間がたってほしいと願い、時計ばかりを見つめているんだね。

Ｅさん　耳をすまして時計の針の音が鳴りつづけているのを聞きながら、みんなが思い思いに今日の出来事を静かに受け止めながら反省し、前のようになかよくなろうとしている姿が想像できるような文だね。

「そう。隠《かく》すんじゃなくて、デザインの一部にするのってどうかな。空に花びらが舞《ま》ってるようなイメージで全体に描《か》きたして。そしたら、遠目からでも華《はな》やかに見えるし……」

そこまで言った時、みんなの視線が私に集まっているのを感じて、はっとした。遅《おく》ればせながら恥《は》ずかしくなって、かっと頬《ほお》がほてる。どうしよう。もしかして、おかしいことを言ってしまっただろうか――。

けれど、その時。

「いいと思う。すごく」

え、とまばたきをする私の前で、しおりがまっすぐ私にほほえみかけて言った。

⑥「やろうよ、それ」

『十四歳日和』水野 瑠見（講談社）

問一　空らん［A］～［D］にあてはまる語を次から選び、それぞれ記号で答えなさい。

ア　ぽつんと　イ　すごすごと　ウ　くっきりと　エ　ぎょっと　オ　おずおずと

問二　〰〰線Ⅰ「あいづちを打ち」、Ⅱ「手持ちぶさた」の本文中の意味を次から選び、それぞれ記号で答えなさい。

Ⅰ「あいづちを打ち」

ア　考え方がちがっても心を合わせようとつとめて
イ　自分が思ったことを相手に先に言われてしまい
ウ　相手がよろこぶような身ぶり手ぶりをまじえて
エ　相手のことばに同意したり調子を合わせたりし

Ⅱ「手持ちぶさた」

ア　仕事が多すぎて手につかないようす
イ　なすべきことがなく、退屈《たいくつ》なようす
ウ　何をするにもやる気が出ないようす
エ　やることが終わり手の空いたようす

問三　――線①「それ」とはどのようなことをさすか、三十字以内で答えなさい。

問四　――線②「私の中で、何かが弾けた」とあるが、「何か」とはどういうものだと考えられるか、もっともふさわしいものを次から選び、記号で答えなさい。

抑揚《よくよう》のない声で言って、朱里がカバンをつかむ。そしてポニーテールを揺《ゆ》らして、私をまっすぐに見た。少し前まで「葉《よう》！」と笑いかけてくれていた、勝ち気な猫《ねこ》みたいな瞳《ひとみ》。でも今そこにあるのは、以前のような親しみじゃなかった。

④「日向《ひなた》」と「日陰《ひかげ》」の境界線。それを朱里がたった今、私の前に、完全に引いたことが、はっきりと分かった。

「……もういい。帰る」

そう吐《は》き捨《す》てると、ふり向きもせず、朱里は足早に歩いていってしまった。その背中を視線だけで追いかけながら、私は、そっと目をふせる。

泣きたかった。

だけど、泣かない、と思った。

だって、私は今、朱里に本当の気持ちを言った。そのことに、⑤後悔《こうかい》はなかったから。

ゆっくりと深呼吸してふり向くと、しおりと最初に目が合った。心配そうなそのまなざしに、大丈夫だよ、というふうに、私はうなずいてみせる。

「佐古さん……ごめんなさい。私のせいで」

目を赤くした松村さんに、私はううん、と首をふった。それは、本当の気持ちだった。私と朱里が衝突《しょうとつ》したのは、絶対に、松村さんのせいじゃない。

「……だけど、どうしようか。これ」

と百井くんがつぶやいて、私たちは改めて、赤く散らばったシミを見下ろした。

淡《あわ》い色が混じり合った幻想的《げんそうてき》な空の中に、点々と散った鮮やかな赤。たしかに、そこだけ見れば、違和感《いわかん》はある。だけど、なんて鮮やかなんだろう。

そう思った時、ぴんと心にひらめくものがあった。そうだ、初めてしおりと出会った日、私たちの間を吹《ふ》き抜《ぬ》けていった風と、ひらめく花びらと——。

「……花」

［D］こぼした私のつぶやきに、三人が、いっせいに顔を上げる。

「花？」

首をかしげるしおりに、私は大きくうなずいた。

実際、これはまずいかも、というのは、私自身も思ってしまったことだった。上から塗《ぬ》り直《なお》したって、背景の色が薄《うす》いぶん、どうしても派手な赤色のほうが浮き出てしまう。ごまかそうとしても、かえって悪目立ちしてしまいそうだ。だけど今は、涙目《なみだめ》になっている松村さんを責める気にはなれなかった。

大丈夫《だいじょうぶ》だよ、なんとかなるよ――。

そうフォローの言葉を口にしようとした。けれど、その時だった。

「えー、超《ちょう》目立つじゃん。どうすんの？　これ」

ロコツな物言いに B 顔を上げると、さっきまでⅡ手持ちぶさたにしていた朱里が、すぐそばに立っていた。きれいに整った眉《まゆ》をひそめて、応援旗を見下ろしている。

「あ、でも、上から塗り直せば……」

C 、百井くんが言いかける。

けれどそれを朱里は、「や、そこだけ塗り直しても、かえって目立つでしょ」とあっさり一蹴《いっしゅう》した。その一言に、松村さんはさらに耳を真っ赤にして、「ごめんなさい……」とうつむいてしまう。しおりが手を当てた松村さんの肩《かた》は、すでに、泣き出す寸前のように小さく震《ふる》えている。

――なんで？　朱里……。

思わず隣《となり》をふりあおぐと、朱里はもう他人事《ひとごと》みたいにつまらなそうにそっぽを向いていた。

その瞬間、②私の中で、何かが弾《はじ》けた。

「朱里」

口を開くと、思ったよりも低い声が出て自分でも驚《おどろ》いた。

朱里が、おっくうそうに首をもたげて私を見る。その視線にひるみそうになったけれど、私は、構わずに口を開く。

「……なんで、そういう言い方するの。それに、ずっとサボってたじゃん、朱里。こんな時だけ責めるのって、おかしいよ」

言った。言ってしまった。

③水を打ったような静けさの中で、カツン、と時計の針が動く音がした。しおりの、そして百井くんと松村さんの視線をひりひりと肌《はだ》に感じる。怖《こわ》い。怖くてたまらない。

「……何ソレ。なんであたしが、悪者みたいになってんの？」

三　**次の文章を読み、あとの問いに答えなさい。**

作業を終えて、片付けをしている時に、

「だいぶ、進んだね」

と、うれしそうに百井《ももい》くんが言った。「頑張《がんば》れば、明日《あした》か明後日《あさって》には完成するんじゃないかなあ」と松村さんがⅠあいづちを打ち、私としおりも、笑顔《えがお》でうなずく。応援旗《おうえんき》を見下ろせば、パステルカラーの空の中に、まだ白いままのクジラのシルエットが［　Ａ　］浮《う》かび上《あ》がっていた。

――どうか無事に、この絵が完成しますように。

祈《いの》るようにそう思いながら、私はそっと、教室のドアを閉める。

事件が起きたのは、その翌日のことだった。

午後四時。外は、まだずいぶん明るくて、グラウンドからは野球部の掛《か》け声《ごえ》が、中庭からはトランペットの音色が響《ひび》いている。作業を開始してまだ十分しか経《た》っていないこともあって、その時教室にはまだ、朱里《あかり》も含《ふく》めた応援旗係全員が顔をそろえていた。

そんな時、①それは起こった。

「あ」

ぽつ、と目の前で鮮《あざ》やかな赤色の絵の具がしぶきのように散ったのと、松村さんが短い悲鳴を上げたのは、どっちが先だったんだろう。

――嘘《うそ》。

気づいた時には、背景の空の上に、赤い絵の具が点々と散っていた。拭《ふ》きとる間もなく、赤い絵の具はすうっと吸いこまれるようにシミになっていく。目の前には、赤く染まった筆をパレットに置いて、青ざめた顔をした松村さんの姿があった。

「ごめん！　ごめんなさい……」

一瞬《いっしゅん》、しん、と静まり返った教室の中で、だれよりも先に声を上げたのは、松村さん本人だった。今にも泣きだしそうな顔で、「どうしようどうしよう」とうろたえている。

# 二〇二二年度　聖セシリア女子中学校

【国　語】〈第一次試験〉（五〇分）〈満点：一〇〇点〉

注意事項：解答するときは、なるべく漢字を使用しなさい。

一　次の――線のカタカナを漢字に直し、漢字は読み方を答えなさい。

1　ユウエイ禁止の海岸。
2　言葉のケンキュウをする。
3　サイバン所へ社会科見学に行く。
4　お酒をチョゾウするタンク。
5　世界イサンに登録された。
6　海外でキョジュウ権を得る。
7　朝顔のカンサツをする。
8　無下にあしらわれた。
9　デパートは品数が豊富だ。
10　エンジンの馬力が足りない。

二　例にならって、次の1、2について、それぞれの条件を満たした短文を一文で作りなさい。なお、ことばの順番を変えたり、活用（文の流れの中でことばの形を変化させること）させたりしてもかまいません。

例　「ためらう」、「きらびやか」ということばを使った主語・述語の整った文。

姉があまりにもきらびやかな服で現れたので、私はいっしょに出かけるのをためらった。

1　「持続する」、「おろそかに」ということばを使った主語・述語の整った文。
2　「たわいない」、「身にしみる」ということばを使った主語・述語の整った文。

**2022年度**

# 聖セシリア女子中学校　▶解説と解答

## 算　数　＜第１次試験＞（50分）＜満点：100点＞

### 解　答

[1] (1)　81　(2)　$\frac{1}{9}$　(3)　4.4　(4)　3　(5)　$\frac{1}{20}$　(6)　0.3　(7)　２時間20分
[2] (1)　500円　(2)　3500円　(3)　時速90km　(4)　24cm　[3] (1)　132度　(2)　$50\mathrm{cm}^2$　(3)　**体積**…$122\mathrm{cm}^3$，**表面積**…$166\mathrm{cm}^2$　[4] (1)　分速120m　(2)　800m　(3)　35分後　(4)　1520m　[5] (1)　④　(2)　②　(3)　解説の図Ⅲを参照のこと。　(4)　解説の図Ⅳを参照のこと。

### 解　説

**[1] 四則計算，計算のくふう，逆算，速さ，単位の計算**

(1)　$14+16\div2\times9-5=14+8\times9-5=14+72-5=81$

(2)　$\left(\frac{2}{3}-\frac{1}{2}\right)\times\frac{6}{7}\div1\frac{2}{7}=\left(\frac{4}{6}-\frac{3}{6}\right)\times\frac{6}{7}\div\frac{9}{7}=\frac{1}{6}\times\frac{6}{7}\times\frac{7}{9}=\frac{1}{9}$

(3)　$A\times C+B\times C=(A+B)\times C$となることを利用すると，$15\times1.1+14\times2.2-13\times3.3=15\times1.1+14\times2\times1.1-13\times3\times1.1=15\times1.1+28\times1.1-39\times1.1=(15+28-39)\times1.1=4\times1.1=4.4$

(4)　$1\frac{1}{5}\div\left(\frac{4}{5}-\frac{1}{2}\right)-1\frac{1}{2}\times\frac{2}{3}=\frac{6}{5}\div\left(\frac{8}{10}-\frac{5}{10}\right)-\frac{3}{2}\times\frac{2}{3}=\frac{6}{5}\div\frac{3}{10}-1=\frac{6}{5}\times\frac{10}{3}-1=4-1=3$

(5)　$\frac{4}{5}\times0.25+0.49\div1\frac{2}{5}-0.5=\frac{4}{5}\times\frac{1}{4}+\frac{49}{100}\div\frac{7}{5}-\frac{1}{2}=\frac{1}{5}+\frac{49}{100}\times\frac{5}{7}-\frac{1}{2}=\frac{1}{5}+\frac{7}{20}-\frac{1}{2}=\frac{4}{20}+\frac{7}{20}-\frac{10}{20}=\frac{1}{20}$

(6)　$1-(0.6-\square)\div1.5=0.8$より，$(0.6-\square)\div1.5=1-0.8=0.2$，$0.6-\square=0.2\times1.5=0.3$　よって，$\square=0.6-0.3=0.3$

(7)　３時間36分＝$3\frac{36}{60}$時間＝$3\frac{3}{5}$時間だから，時速70kmで走ると３時間36分かかる道のりは，$70\times3\frac{3}{5}=252$(km)である。よって，この道のりを分速1.8kmで走ると，$252\div1.8=140$(分)かかる。$140\div60=2$余り20より，これは２時間20分となる。

**[2] 消去算，相当算，通過算，比の性質**

(1)　はじめに，２通りの入場のしかたを式で表すと，右の図１のア，イのようになる。次に，アの式を５倍，イの式を４倍して大人の人数をそろえると，それぞれウ，エのようになる。さらに，ウの式からエの式をひくと，子供，30－28＝２(人分)の入場料が，31000－30000＝1000(円)とわかる。よって，子供１人の入場料は，1000÷２＝500(円)と求められる。

図１

(大人)×４＋(子供)×６＝6200(円)…ア
(大人)×５＋(子供)×７＝7500(円)…イ
⬇
(大人)×20＋(子供)×30＝31000(円)…ウ
(大人)×20＋(子供)×28＝30000(円)…エ

(2)　下の図２のように，はじめに持っていたおこづかいを１とすると，本の値段は，$1\times\frac{2}{5}=\frac{2}{5}$だから，本を買った後の残りのお金は，$1-\frac{2}{5}=\frac{3}{5}$となる。すると，文房具《ぶんぼうぐ》の値段は，$\frac{3}{5}\times\frac{4}{7}=\frac{12}{35}$なので，文房具を買った後の残りのお金は，$\frac{3}{5}-\frac{12}{35}=\frac{9}{35}$とわかる。これが900円だから，(はじめに持っていたおこづかい)$\times\frac{9}{35}$＝900(円)と表すことができ，はじめに持っていたおこづかいは，$900\div\frac{9}{35}$＝3500(円)と求められる。

図２
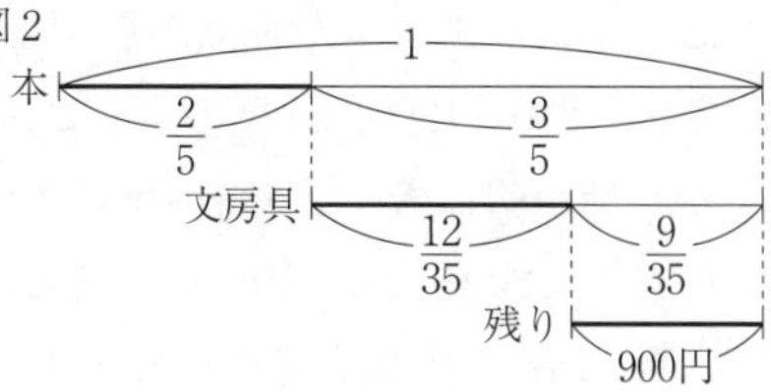


(3)　右の図３のように，電車が橋を渡《わた》るときに走る長さは，700＋150＝850(m)である。この長さを走るのに34秒かかるので，電車の速さは秒速，850÷34＝25(m)とわかる。これを時速に直すと，25×60×60÷1000＝90(km)になる。

図３
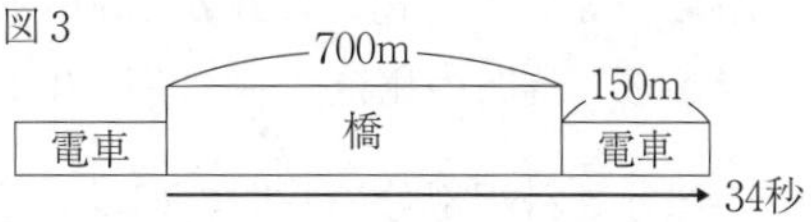


(4)　長い方と短い方の正方形の１辺の長さの比が２：１だから，長い方と短い方の正方形のまわりの長さの比も２：１である。この和が72cmなので，短い方のひもの長さは，$72\times\frac{1}{2+1}$＝24(cm)とわかる。

## 3　角度，面積，体積，表面積

(1)　下の図１で，○印をつけた角の大きさは33度であり，三角形の内角の和は180度だから，●印をつけた角の大きさは，180－(33＋45)＝102(度)とわかる。よって，かげをつけた三角形で，●＋30＝角Ｘという関係があるから，角Ｘの大きさは，102＋30＝132(度)と求められる。

(2)　下の図２のように斜線《しゃせん》部分を移動すると，斜線部分の面積は，１辺の長さが５cmの正方形２個分の面積と等しくなる。よって，５×５×２＝50(cm$^2$)とわかる。

(3)　下の図３で，アの長さは，１＋３＝４(cm)なので，この立体は，たて４cm，横７cm，高さ５cmの直方体から，たて３cm，横，７－４＝３(cm)，高さ，５－３＝２(cm)の直方体を取り除いたものとわかる。よって，体積は，４×７×５－３×３×２＝140－18＝122(cm$^3$)と求められる。また，この立体を正面から見るとかげをつけた部分が見え，これを合わせると，もとの直方体を正面から見た面と同じになる。真上，右横から見える部分についても同様だから，この立体の表面積は，もとの直方体の表面積と等しくなる。したがって，表面積は，(４×７＋７×５＋５×４)×２＝166(cm$^2$)とわかる。

図１
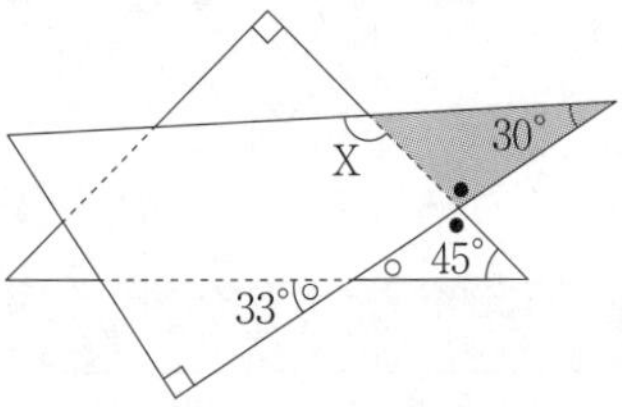


図２
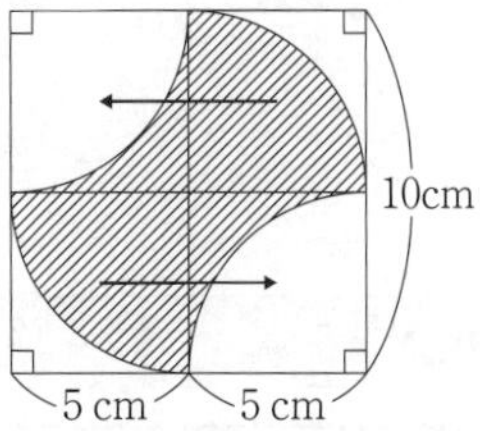


図３
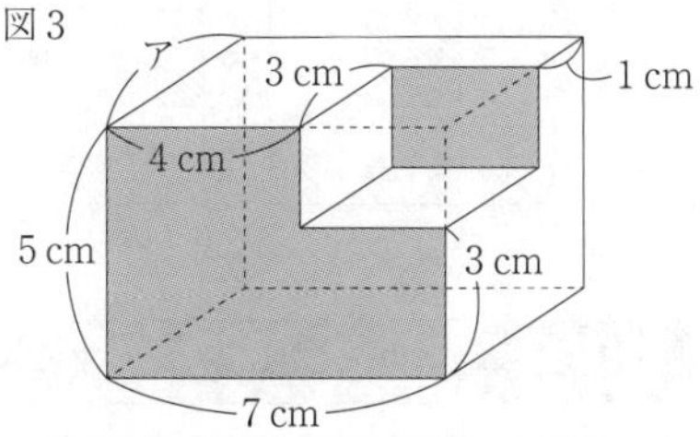


## 4　グラフ―速さ，速さと比

(1)　下のグラフで，姉ははじめの17分で1360m進んでいるから，はじめの姉の速さは分速，1360÷17＝80(m)である。引き返したときの速さはこの1.5倍なので，分速，80×1.5＝120(m)とわかる。

(2)　グラフのアの距離《きょり》を求めればよい。これは，妹が分速100mで，25－17＝８(分)で進んだ距離だから，100×８＝800(m)と求められる。

(3)　２人が出会った地点から駅までの距離は，2000－800＝1200(m)なので，２人が出会ってから姉が駅に着くまでの時間(グラフのイの時間)は，1200÷120＝10(分)である。よって，姉が駅に着いたのは家を出てから，25＋10＝35(分後)とわかる。

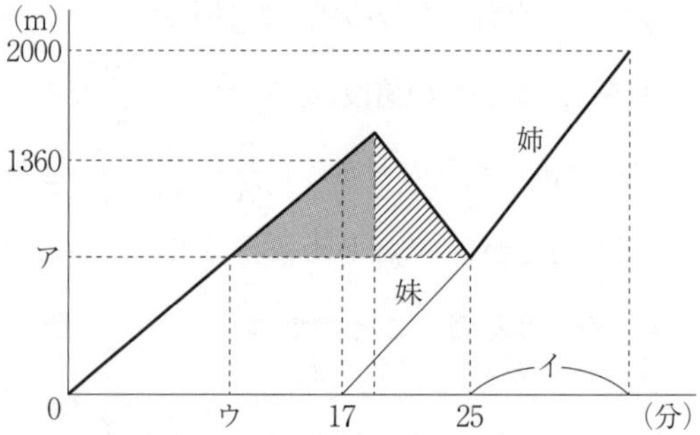


(4)　グラフのかげの部分と斜線部分について，距離が等しく，速さの比が，80：120＝２：３だから，時間の比は，$\frac{1}{2}:\frac{1}{3}=3:2$となる。また，ウの時間は，800÷80＝10(分)なので，かげの部分と斜線部分の時間の和は，25－10＝15(分)となり，かげの部分の時間は，$15\times\frac{3}{3+2}=9$(分)と求められる。よって，姉が引き返し始めたのは家を出てから，10＋９＝19(分後)だから，引き返し始めたのは家から，80×19＝1520(m)の地点である。

**5　平面図形—構成**

(1)　折ったのとは逆の方向に広げていくと，下の図Ⅰのようになる。よって，正しいのは④である。

(2)　折ったのとは逆の方向に広げていくと，下の図Ⅱのようになる(太線で囲んだ部分の下にはかげの部分があることに注意する)。よって，正しいのは②とわかる。

図Ⅰ

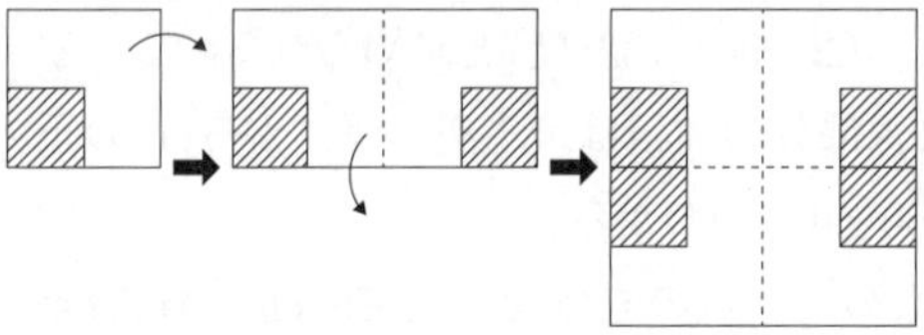

図Ⅱ

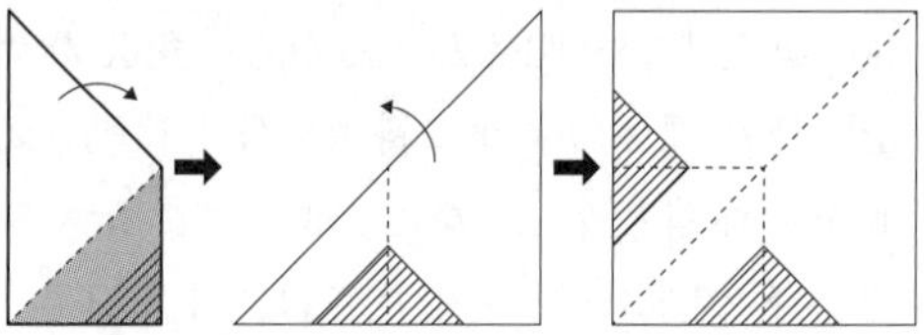

(3)　問題文中の【図１】を，問題文で示されたのと同じ折り方で折っていくと，下の図Ⅲのようになるので，切り取った部分は，図Ⅲの一番右の図の斜線部分となる。

(4)　問題文中の【図２】を，問題文で示されたのと同じ折り方で折っていくと，下の図Ⅳのようになるので，切り取った部分は，図Ⅳの一番右の図の斜線部分となる。

図Ⅲ

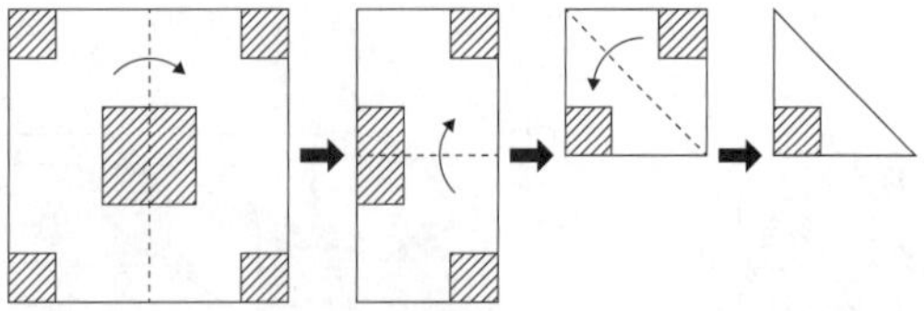

図Ⅳ

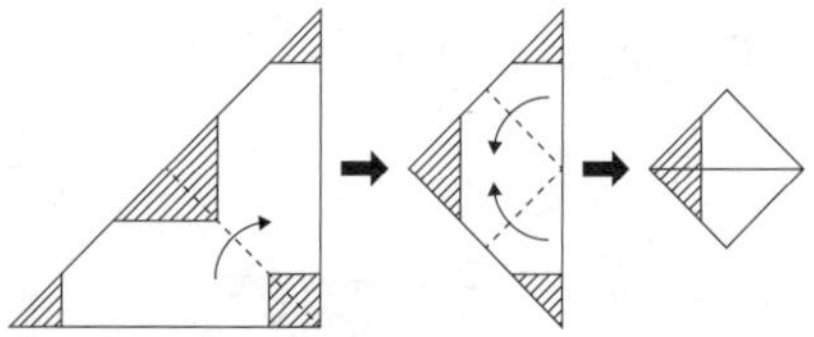

## 社　会　＜第１次試験＞（30分）＜満点：50点＞

**解　答**

**1**　**問１**　(1)　縄文時代　(2)　エ　(3)　三内丸山遺跡　**問２**　(1)　イ　(2)　(例)　戦争が始まったから。(敵の攻撃からむらを守るため。)　(3)　イ　(4)　前方後円墳　**問３**　(1)　エ　(2)　イ　**問４**　(1)　①　ア　②　イ　(2)　ウ　**問５**　(1)　ア　(2)　エ　(3)　①　ウ　②　応仁の乱　③　織田信長　**問６**　(1)　①　刀狩令　②　一揆　(2)　ア

(3) ① 鎖国　② ア　**問７** (1) ① ア　② 天皇　③ イ　(2) オ　**問８** (1)（例） 言論・思想の自由が保障される。　(2) エ　**2** **問１** (1) アテネ　(2) エ　**問２** (1) 国際連合　(2) ① イ　② 漢　③ ウ，（第）6（項）　**問３** SDGs　**問４**（例）（第）2（項）／オリンピックを開催し，一か所に集まってスポーツで競い合うことで，戦争を止めさせて平和な世界をつくるきっかけとなる。

## 解　説

### 1 各時代の歴史的なことがらについての問題

**問１** (1) かつて日本は大陸と地続きだったが，今から約１万2000年前に地球が温暖化し，海面が上昇して大陸から切り離されたことで，日本列島が形成された。このころから始まり，その後１万年ほど続いた時代を縄文時代という。　(2) 鉄器や青銅器といった金属器は，弥生時代に大陸から日本に伝えられた。　(3) 三内丸山遺跡（青森県）は縄文時代の大規模集落の跡で，大型掘立《ほったて》柱《ばしら》建物や大型竪穴《たてあな》住居の跡，クリの栽培跡などが見つかっている。三内丸山遺跡をふくむ，北海道と青森・岩手・秋田の各県にまたがる縄文時代の遺跡は，「北海道・北東北の縄文遺跡群」として，2021年にユネスコ（国連教育科学文化機関）の世界文化遺産に登録された。

**問２** (1) A　縄文時代の終わりごろに大陸から稲作が伝来し，弥生時代には米づくりが日本各地に広がった。　B　人々が稲作に適した低地にむら（集落）を形成するようになると，収穫物《しゅうかくぶつ》や土地，水などをめぐってむらどうしの争いが起こるようになった。そのため，集落の周りをほりやさくで囲んで外敵の侵入《しんにゅう》を防ぐ，環濠《かんごう》集落が現れるようになった。　C　稲作が伝わり，争いが起こるようになったことで，貧富や身分の差が広がった。　D　むらはしだいにまとめられて小国へと発展し，小国の首長は王を名乗るようになった。　(2) (1)の解説を参照のこと。なお，写真は弥生時代を代表する大規模な環濠集落跡として知られる佐賀県の吉野ヶ里遺跡である。
(3) 中国の歴史書『魏志《ぎし》』倭人《わじん》伝によると，邪馬台国《やまたいこく》の女王卑弥呼《ひみこ》は239年，魏（中国）に使いを送って魏の皇帝から「親魏倭王」と刻まれた金印を授けられたが，この金印はまだ発見されていない。　(4) ４世紀ごろに成立したとされるヤマト政権の首長は，大王《おおきみ》（のちの天皇）とよばれた。大王や有力豪族は権力を示すために古墳とよばれる墓をつくらせ，現在もさまざまな規模，形の古墳が日本各地に残っている。前方後円墳は，古墳の中でも特に規模の大きいものが多く，大王など最高権力者の墓と考えられている。

**問３** (1) 607年，聖徳太子は小野妹子を遣隋使《けんずいし》として隋（中国）に送り，隋と外交関係を開こうとした。　(2) イは「貞永《じょうえい》式目」ではなく「律令」が正しい。貞永式目は，13世紀前半の1232年に鎌倉幕府の第３代執権《しっけん》北条泰時《やすとき》が制定した初の武家法で，御成敗《ごせいばい》式目ともよばれる。

**問４** (1) ① 遣唐使は630年の犬上御田鍬《いぬがみのみたすき》を第１回として派遣が始まり，およそ260年にわたり十数回送られたが，菅原道真の提案で894年に中止された。なお，イは子の藤原頼通《よりみち》とともに藤原氏による摂関《せっかん》政治の全盛期を築いた人物，ウは中大兄《なかのおおえの》皇子（のちの天智天皇）とともに大化の改新を行った中臣鎌足《なかとみのかまたり》のことで，その功績から天智天皇に藤原姓を与えられ，藤原氏の始祖となった。エは，聖徳太子の政治を助けた人物である。　② イの漆胡瓶《しっこへい》（ペルシャ製の水差し）は東大寺正倉院の宝物の１つで，奈良時代の天平文化を代表する文化財である。なお，アは『源氏物語絵巻』，ウは平安時代に生まれたかな文字，エは平安時代の貴族が住んだ寝殿《しんでん》造の屋敷《やしき》で，いずれも遣唐使の廃止によって唐(中国)の文化の影響《えいきょう》を受けつつ日本風に変化して生まれた文化(国風文化)の例にあてはまる。　⑵　保元の乱(1156年)と平治の乱(1159年)を勝ちぬいた平清盛は，1167年に武士として初めて太政《だいじょう》大臣となり，政治の実権を握《にぎ》った。なお，島原の乱(島原・天草一揆《いっき》)は1637年に起こったキリスト教を信仰《しんこう》する農民らによる大規模な一揆，源義仲は平安時代末期に平氏を追って京に入った武将。

**問５**　⑴　源頼朝は，1192年に征夷《せいい》大将軍となった。この時代に将軍と主従関係を結んだ武士を御家人といい，御家人は将軍(幕府)のために戦時には命を懸《か》けて戦い，平時には都や鎌倉の警備にあたった(奉公《ほうこう》)。一方，将軍は幕府のために戦った御家人に土地を与えたり，守護や地頭に任命したりした(ご恩)。このように，将軍と御家人が土地を仲立ちとしたご恩と奉公の主従関係で結ばれた社会のしくみを，封建《ほうけん》制度という。　⑵　13世紀後半，元軍が２度にわたって襲来《しゅうらい》したが(元《げん》寇《こう》)，鎌倉幕府は武士の活躍《かつやく》や暴風雨の発生などでこれを撃退《げきたい》することに成功した。しかし，御家人は幕府から十分な恩賞を与えられず，幕府に対して不満を募らせた。これが，鎌倉幕府滅亡《めつぼう》(1333年)の一因となった。　⑶　①　ウは，江戸時代に大成された歌舞伎《かぶき》を演じる役者である。なお，アは茶の湯(茶道)，イは生け花(華道)，エは和風住宅の原型となる書院造で，いずれも室町時代の東山文化を代表するものである。　②　1467年に起こった応仁の乱で主戦場となった京都の大半は焼け野原となり，室町幕府の権威《けんい》も低下した。10年余り続いた応仁の乱をきっかけに，全国で戦国大名が勢力争いをくり広げる戦国の世が始まった。　③　尾張国(愛知県西部)出身の戦国大名織田信長は，1573年に室町幕府の第15代将軍足利義昭を京都から追放し，室町幕府を滅《ほろ》ぼした。

**問６**　⑴　①，②　室町時代以降，農民が団結して支配者に抵抗する一揆が起こるようになった。1588年，豊臣秀吉は農民から武器をとり上げる刀狩令を出して，一揆の防止と兵農分離(武士と農民の身分をはっきり分けること)を進めた。　⑵　豊臣秀吉が行った太閤検地によって，耕作者である農民は土地を耕す権利を保障される代わりに，領主に対して石高(収穫量)に応じた年貢を納める義務を負った。　⑶　①，②　江戸幕府の第３代将軍徳川家光は，キリスト教の禁教政策を徹底《てってい》するため，鎖国を行った。しかし，江戸幕府が行った鎖国は完全なものではなく，実際には外国との交渉《こうしょう》を行う「４つの窓口」があった。長崎はオランダ・清(中国)との，対馬《つしま》藩(長崎県)は朝鮮(李氏《りし》朝鮮)との，薩摩藩(鹿児島県)は琉球《りゅうきゅう》王国との，松前藩(北海道)は蝦夷《えぞ》地(北海道)のアイヌとの交易の窓口となっていた。

**問７**　⑴　①　明治政府は藩を廃止して全国を府県に分け，中央から府知事・県令を派遣して治めさせた。これによって，中央集権体制が確立した。なお，イは四民平等，ウは地租改正，エは殖産興業について説明している。　②　1889年に発布された大日本帝国憲法は，君主権の強いドイツの憲法を手本につくられ，天皇は神聖な存在と位置づけられてさまざまな権限が与えられた。
③　日清戦争の講和条約である下関条約で，日本は清から多額の賠償金《ばいしょうきん》や台湾などの領土を譲《ゆず》り受けたが，樺太《からふと》(サハリン)の南半分は獲得《かくとく》していないので，イがあやまっている。樺太の南半分を譲り受けたのは，日露戦争(1904～05年)後のポーツマス条約のときのことである。　⑵　関東大震災や世界恐慌《きょうこう》の影響による不景気を背景に，「満州は日本の生命線」と考えられるようになり，これが満州事変につながった。その後，満州事変を非難された日本は，国際連盟を脱退《だったい》した。また，日本は1940年にドイツ，イタリアと軍事同盟を結んだ。

**問８**　(1)　太平洋戦争後の日本は連合国の占領下に置かれ，GHQ（連合国軍最高司令官総司令部）の指示のもとで民主化政策が行われた。政治面の改革としては，軍国主義を排除するための軍隊の廃止，言論・思想や表現の自由を保障するための治安維持法の廃止と日本国憲法の公布，女性参政権実現のための選挙法改正，男女平等や政党の復活などがあげられる。経済面では，農地改革による自作農の創出，労働者の権利保障，財閥《ざいばつ》解体や独占禁止法の制定が行われた。また，教育勅語《ちょくご》の廃止と教育基本法の制定，義務教育９年制の導入など，教育制度の改革も進められた。　(2)　エは，史上初の原爆投下（1945年）で廃墟《はいきょ》となった原爆ドームと広島の街《まち》である。したがって，エが高度経済成長期（1950年代後半～1970年代前半）の写真として正しくない。

**2　近代オリンピックを題材にした問題**

**問１**　(1)　近代オリンピックはフランス人クーベルタンの提唱で始まり，1896年の第１回大会は古代オリンピック発祥《はっしょう》の地であるギリシャの首都アテネで開催《かいさい》された。　(2)　日本国憲法第１条は天皇の地位について，「日本国の象徴であり日本国民統合の象徴であって，この地位は，主権の存する国民の総意に基《もとづ》く」と規定している。主権とは，国の政治のあり方を最終的に決める権利のことである。

**問２**　(1)　国際連合は1945年に原加盟国51か国で発足した国際機関で，本部はアメリカのニューヨークに置かれている。　(2)　①　ロサンゼルスは，アメリカ西海岸に位置するカリフォルニア州の都市である。アメリカは冷戦のころから宇宙開発の研究を進めており，アポロ計画では1969年に人類初の月面着陸を成功させた。よって，イが正しい。なお，アについて，アメリカは「人種のるつぼ」や「人種のサラダボウル」とよばれるように，多種多様な民族が混在して暮らしている。ウについて，ハロウィンは毎年10月31日に行われる。エについて，アメリカのプロスポーツリーグで活躍する日本人も複数いる。　②　2022年のオリンピック冬季大会は，中国の首都ペキンで開催された。中国も多民族国家だが，漢民族が国民の90％以上を占《し》める。　③　表彰台上の第１位と第３位のアメリカ代表選手は，２人とも黒人である。２人の行動は黒人に対する差別に抗議したもので，【オリンピズムの根本原則】第６項《こう》にもとづく抗議といえる。

**問３**　SDGsは2015年に国連総会で採択《さいたく》された，「持続可能な開発目標」の略で，2030年までに国際社会が達成するべき17の目標が掲《かか》げられている。

**問４**　「平和の祭典」とよばれるオリンピックの開催意義で最も重要なのは，世界平和を実現することにある。人種・民族・宗教・国籍・言語などのちがいを超《こ》えてアスリートが一堂に会し，競技を通じて交流し合うことで，戦争や国際紛争をなくすきっかけをつくることや，新型コロナウイルスのような人類が直面する危機に世界が一丸となって立ち向かえるよう，人類に夢や希望を与えることが，オリンピック開催の大きな目的だといえる。世界平和を希求するこれらの精神は，【オリンピズムの根本原則】の各条項からもうかがえる。

## 理　科　＜第１次試験＞（30分）＜満点：50点＞

**解　答**

**1**　**問１**　(ウ)　**問２**　(ア)→(ウ)→(エ)→(イ)　**問３**　(エ)　**問４**　種子　**問５**　（例）　風で運ばれる。／水で運ばれる。　**問６**　(ア)，(オ)　**2**　**問１**　関節　**問２**　**B**　縮む　**C**　ゆ

るむ　**問３**　**名前**…けん　**はたらき**…筋肉と骨をつなぐ。　**問４**　(ウ)　[3] **問１**　(ア)　**問２**　10cm$^3$　**問３**　64cm$^3$　[4] **問１**　**ア**　小さく　**イ**　(例)　おし返そう　**問２**　解説の図を参照のこと。　**問３**　(例)　注射器をおしこむことがほとんどできないため，縮まない。　**問４**　(例)　小さな袋に閉じ込められた空気が，おされてもおし返そうとするから。　[5] **問１**　40g　**問２**　20cm　**問３**　80g　[6] **問１**　④　**問２**　240mA　**問３**　(ウ)　**問４**　**向き**…逆向きになる。　**速さ**…速くなる。　[7] **問１**　**A**　キ　**B**　オ　**C**　イ　**問２**　(例)　半月の日は，太陽・地球・月が一直線に並ばず，地球のかげに月が入ることがないから。

## 解　説

### [1] アサガオの花のつくりと育ち方についての問題

**問１**　アサガオの花は(ウ)のように，ラッパのような形をしている。

**問２**　アサガオは種子をまいたあと，２枚の子葉が出て，花が開く前に多くが自家受粉する。受粉後成長して，やがて実ができる。

**問３**　受粉後，めしべの元のふくらんだ部分である子房《しぼう》が成長して実ができる。

**問４**　子房の中には，はいしゅとよばれるつぶがあり，受粉後はいしゅは成長して種子になる。

**問５**　花粉は，こん虫などによって運ばれるもののほか，マツやスギなどのように風で運ばれるものや，クロモやマツモなどのように水で運ばれるもの，ツバキやサザンカなどのように鳥によって運ばれるものがある。

**問６**　こん虫が花粉を運ぶ花は，こん虫をおびき寄せやすくするために，目立つ色・模様の花びらをしていたり，においが強かったりする。

### [2] 骨と筋肉のつながり方についての問題

**問１**　Aは骨と骨のつなぎ目の部分で関節という。うでに関節があることによって自由にうでを曲げたりのばしたりすることができる。

**問２**　Bが縮み，Cがゆるむことによってうでを曲げることができる。なお，Bがゆるみ，Cが縮むことでうでをのばすことができる。

**問３**　骨にくっついて骨を動かす筋肉の両はしはけんになっていて，けんは筋肉と骨をつないでいる。

**問４**　ウサギは長い後ろあしを使って，はねるように走ることができる。これは，後あしの骨が長く，よく発達した筋肉がついているからである。

### [3] 鉄とうすい塩酸の反応についての問題

**問１**　グラフより，５gの鉄と過不足なく反応するうすい塩酸の体積は25cm$^3$で，このとき40cm$^3$の水素が発生するとわかる。これより，塩酸を25cm$^3$以上加えても，鉄が全部溶《と》けて別のものに変化しているため，発生する水素の体積は40cm$^3$から増えない。

**問２**　２gの鉄と過不足なく反応するうすい塩酸の体積は，$25\times\dfrac{2}{5}=10(\mathrm{cm}^3)$である。したがって，うすい塩酸を10cm$^3$以上加えても，発生する水素の体積は，$40\times\dfrac{2}{5}=16(\mathrm{cm}^3)$から増えない。

**問３**　８gの鉄と過不足なく反応するうすい塩酸の体積は，$25\times\dfrac{8}{5}=40(\mathrm{cm}^3)$である。よって，うすい塩酸を50$cm^3$加えると鉄は全部溶け，このとき発生する水素の体積は，$40\times\frac{8}{5}=64$($cm^3$)と求められる。

**4 空気や水をおしたときの体積変化についての問題**

**問１**　空気はおし縮めることができる。このため，空気鉄ぽうのおし棒で後ろにつめた玉をおしていくと，後ろと前につめた玉の間の空気の体積が小さくなり，おし縮められた空気がもとにもどろうとして，おし返そうとする力が生じる。この力で，前につめた玉が勢いよく飛び出す。

**問２**　ばねに上から力を加えると，ばねが縮んでばね全体の長さが短くなる。このときのようすを示すと，右の図のようになる。

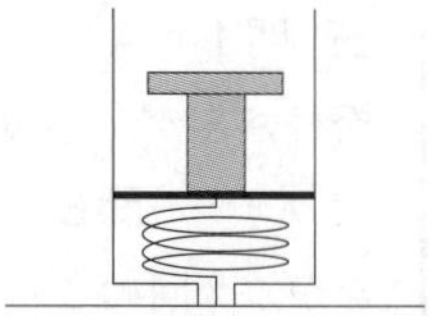

**問３**　水はおし縮めることがほとんどできないので，上から力を加えても注射器をおしこむことができない。したがって，ばねは縮まない。

**問４**　写真のシートには，空気の入った小さな袋《ふくろ》がたくさんついている。この小さな袋の中の空気が，外からのしょうげき(おす力)を受けてもおし返すことで，シートで包まれているこわれやすいものを守っている。

**5 棒のつり合いについての問題**

**問１**　おもりＡの重さを□ｇとすると，□×15＝60×10の関係が成り立ち，□＝600÷15＝40(ｇ)となる。

**問２**　Ｂの長さを□cmとすると，60×５＝20×５＋10×□の関係が成り立ち，□＝(300－100)÷10＝20(cm)になる。

**問３**　ばねばかりが示す値を□ｇとすると，10×20＋□×５＝60×10の関係が成り立ち，□＝(600－200)÷５＝80(ｇ)と求められる。

**6 電流計の使い方，回路と電流についての問題**

**問１**　電流計の＋端子《たんし》は，ふつう右はしについている。

**問２**　図３で，針は上の目盛りで2.4をさしている。ここでは500mA端子につないでいるため，電流は240mAと読み取れる。

**問３**　２個の乾電池《かんでんち》を直列につなぐと，電流を流そうとするはたらきが大きくなるため，回路を流れる電流の大きさが大きくなる。また，電流が流れる向きは変わらないから，図３のときと同じ電流計の端子につないだ場合，電流計の針は同じ向きに図３より大きくふれる。

**問４**　図１のときと比べて，回路を流れる電流の向きが逆になり，電流の大きさが大きくなるため，モーターの回転の向きは逆向きになり，回転の速さは速くなる。

**7 月の見え方についての問題**

**問１**　Ａは左側半分が光って見える下弦《かげん》の月だから，明け方南の空にあるキの位置のときに見える。Ｂは満月なので，月が太陽と反対側にあるオの位置のときに見える。また，Ｃは右側が細く光っている三日月だから，新月(ア)と右側半分が光って見える上弦の月(ウ)の間のイの位置のときに見える。

**問２**　月食は，太陽・地球・月がこの順に一直線に並んだときにおこる。半月の日では，太陽・地球・月が一直線に並ばず，地球のかげに月が入ることがないため，月食はおこらない。

## 国 語　＜第１次試験＞（50分）＜満点：100点＞

### 解 答

一　1～7　下記を参照のこと。　8　むげ　9　しなかず　10　ばりき　二　1　(例)　金メダルをとった選手は，基本をおろそかにせず，トレーニングを持続したそうだ。
2　(例)　たわいない日常が，非常時には身にしみてありがたいことであると私は考えた。
三　問1　A　ウ　B　エ　C　オ　D　ア　問2　Ⅰ　エ　Ⅱ　イ　問3　(例)　松村さんが，応援旗に誤って赤い絵の具を飛ばしてしまったこと。　問4　エ　問5　A（さん）　問6　(例)　今までは「私」と朱里との関係は日向のような温かく親しいものであったが，今回のことで，朱里が「私」との関係を日陰のように冷たく親しくもないものと決めてしまったということ。　問7　(例)　松村さんのことで「私」と朱里がけんかのようになって仲が悪くなってしまったから。　問8　(例)　応援旗の赤いシミを，その鮮やかさを生かすために，花びらが舞っているイメージで表現すること。　問9　イ　四　問1　1　ウ　2　ア　3　エ　問2　A　ア　B　エ　問3　(例)　死語になっていると思われた「いとおしい」という語が，まだ使われていたということ。　問4　エ　問5　イ　問6　(例)　子猫と自分とを重ね合わせ，自分も生き物の仲間として大変さや危なっかしさを感じる「水平目線」がはたらくから。　問7　(例)　弟の，兄も年齢が大きなだけで自分と同じ仲間だと考えて兄を思いやろうとする心。　問8　1　B　2　A　3　A　4　B　5　B

**●漢字の書き取り**

一　1　遊泳　2　研究　3　裁判　4　貯蔵　5　遺産　6　居住
7　観察

### 解 説

**一　漢字の書き取りと読み**

1　泳ぐこと。　2　専門的に調べたり考えたりすること。　3　法律にもとづいて罪を裁くこと。　4　保存しておくこと。　5　前の世代からのこされたもの。　6　住むこと。
7　くわしく見ること。　8　粗末《そまつ》にあつかうこと。　9　品物の数。　10　仕事をするエネルギー。

**二　短文づくり**

1　「持続する」は，“長いあいだ同じ状態を保つ”という意味。「おろそかに」は，物事をいい加減にするようす。　2　「たわいない」は，取るに足りないさま。「身にしみる」は，“心に深く感じる”という意味。

**三　出典は水野瑠見《みずのるみ》の『十四歳日和《さいびより》』による。**クラスで応援《おうえん》旗づくりをしていたとき，松村さんが失敗したことを意地悪く責める朱里《あかり》にがまんできず，「私」は思い切って自分の気持ちを伝える。
問1　A　応援旗に描《えが》かれた「パステルカラーの空の中」に，「白いままのクジラのシルエット」が「浮《う》かび上がっていた」のだから，はっきりとして目立つさまの「くっきりと」が入る。　B　応援旗に絵の具をこぼしてしまいショックを受けている松村さんに対し，ロコツに非難する朱里のようすを見た「私」は驚《おどろ》いたものと想像できるので，予期しないことに出会い，驚き動揺《どうよう》するさまを表す「ぎょっと」があてはまる。　**C**　松村さんの失敗に対して百井《ももい》くんは，「あ，でも，上から塗《ぬ》り直せば……」とためらいがちにフォローしている。よって，おそるおそる声をかけるさまの「おずおずと」がよい。　**D**　赤く散らばったシミを見て，「私」は「……花」とつぶやいたのだから，一言だけつぶやくように言うようすの「ぽつんと」が合う。

**問２**　Ⅰ「あいづちを打つ」は，“相手の話に調子を合わせるように応答する”という意味。「だいぶ，進んだね」と言う百井くんに対し，「頑張《がんば》れば，明日《あした》か明後日《あさって》には完成するんじゃないかなあ」と松村さんは同意している。　Ⅱ「手持ちぶさた」は，することがなく退屈《たいくつ》であるさま。応援旗づくりを「ずっとサボってた」朱里のようすを指している。

**問３**　続く部分で，「赤い絵の具が点々と散っ」た応援旗を前に青ざめ，「ごめん！　ごめんなさい……」と謝《あやま》る松村さんのようすが描《えが》かれている。つまり「それ」とは，放課後の教室で応援旗係全員が顔をそろえる中，松村さんが応援旗に絵の具をこぼし，シミをつくってしまったことにあたる。

**問４**　続いて，「私」が「……なんで，そういう言い方するの。それに，ずっとサボってたじゃん，朱里。こんな時だけ責めるのって，おかしいよ」と言ったことをおさえる。松村さんの失敗を責め立て，百井くんの提案までも一蹴《いっしゅう》した朱里の傍若無人《ぼうじゃくぶじん》なふるまいに，「私」はがまんができなくなったのだから，エが合う。

**問５**　朱里への非難を思い切って口にした「私」は，内心，彼女の反応が怖《こわ》くてたまらないようすである。朱里への「私」の非難によって生まれた緊張感が教室中にただよっていることや「私」の朱里に対するおそれが，ぼう線③には表現されているものと想像できるので，Ａさんの解釈《かいしゃく》がもっとも正しい。

**問６**　直前にある「少し前まで『葉！』と笑いかけてくれていた～以前のような親しみじゃなかった」という表現から，今まで仲のよかった「私」と朱里の関係が，応援旗の一件でくずれたことがうかがえる。つまり，「私」が朱里に友人関係を断ち切られ，相容《あいい》れぬ者どうしになってしまったことが，「『日向《ひなた》』と『日陰《ひかげ》』の境界線」というたとえによって表現されているものと考えられる。

**問７**　松村さんのことで「私」と朱里の仲にひびが入ってしまった点を気に病《や》み，しおりは，心配そうなまなざしを「私」に向けたのである。

**問８**　あらためて応援旗に散らばったシミをどうしたらよいか考えた「私」はふとひらめき，「デザインの一部」として，「空に花びらが舞《ま》ってるようなイメージ」で赤を全体に描《か》き足してはどうかと提案している。つまり，「私」はその「鮮《あざ》やか」さを生かそうと，応援旗の赤いシミを「花びら」に見立てて表現しようとしたのである。

**問９**　ア　本文は時系列に沿って描かれているので，正しくない。　イ　会話文のほか，「どうか無事に，この絵が完成しますように」や「これはまずいかも」，「泣きたかった。だけど，泣かない，と思った」など，心の中で感じたことが多く書かれているので，合う。　ウ「─」や「…」には，登場人物の心の迷いや驚きなどは表されているものの，「ゆったりとした時間の流れ」が表現されているとは考えにくいので，ふさわしくない。　エ「？」や「！」によって物語に勢いがつけられてはいるが，本文では松村さんが応援旗に絵の具をこぼしてしまったことを導入に，「私」と朱里の対立や，赤いシミをどう生かすかまでが描かれており，もともと物語として起伏があるため「単調」とは言いにくい。　オ　本文からは「季節」までは読み取れない。

**四 出典は左近司祥子《さこんじさちこ》の『なぜねこは幸せに見えるの？―子どものための哲学のおはなし』による。**

テレビを見ていて出会った「いとおしい」という言葉について，筆者はその語源や意味を説明し，思いやりの気持ちを持つ大切さを述べている。

**問１　１**　猫《ねこ》と違《ちが》い，人間である筆者は努力すればらくらくと生き延びることができるのだから，「自分のことをつらいと感じることはないはず」だと述べた後，「本当にそうでしょうか」と疑問を呈《てい》している。よって，前のことがらを受けて，それに反する内容を述べるときに用いる「でも」があてはまる。　**２**　「水平目線」は，「仲間目線」のほか，「兄弟《きょうだい》目線」ともいえるというつながりである。よって，ことがらを並べ立てるときに用いる「もしくは」がよい。　**３**　「家庭の中の兄弟の間には，兄弟目線の『いとおしい』が知らず知らずのうちに表れている」と述べた後，「兄弟げんかのとき」でさえもそうだとつけ加えているので，前のことがらを受けてさらに別のことをつけ加えるときに使う「しかも」が入る。

**問２　A**　人類に「飢《う》えて死んで」しまうことを引き起こす例として「戦争」に並ぶものがあげられているので，火事や地震《じしん》などの思いがけない災害をいう，アの「天変地異」が入る。　**B**　「兄弟」に通じる「共通項《こう》」だから，同じ「境遇《きょうぐう》」とするのがよい。

**問３**　旅番組で，男性タレントが子牛に対して「いとおしい」とつぶやくのを聞いた筆者は，「とっくに死語」だと思っていたこの言葉がまだ「生きていた」ことに驚き，うれしく思ったのである。

**問４**　テレビで「いとおしい」という言葉を聞き，「死語」ではなかったと安心したものの，「ふだんの会話ではあまり耳にすること」がない点に気づいた筆者は，人々の間に，「誰《だれ》かをいとおしいと思い気の毒だと思いやる心がだんだんとなくなってしまった」のではないかと心配している。その意味で，「半分死語」になっているのではないかと思ったのだから，エがふさわしい。

**問５**　近頃《ちかごろ》の子どもたちには「思いやり」が欠けていると話す大人の姿勢を「でも」で受け，一方では「魚のつかみ取り大会」という，自分たちに何ら危険がおよぶことなく「安全が保証された状態で相手を殺す」，「不自然」な企画《きかく》を進める彼《かれ》らの矛盾《むじゅん》を指摘《してき》した３→１→５が最初にくる。そして，この行為《こうい》には「自然の生き物である魚への思いやりも何も」ないとしたうえで，筆者は「大人こそ，思いやりのなさのお手本になっている」と結論づけているので，２→４が続く。よって，イが選べる。

**問６**　戦争など，いつ悲惨《ひさん》な目に遭《あ》うかもわからない人間のこれからに思いを馳《は》せた筆者は，必死に生きようとする子猫の姿に自らの姿を重ね，あらためて子猫同様，自分たちにも「生き物の大変さや危なっかしさ」があると述べている。つまり，「自分も同じ生き物としての仲間だと感じる水平目線」から，筆者は「『つらい』気分になる」のだと語っている。

**問７**　「兄弟げんか」における「弱いもの」とは「弟」にあたる。自分を助けに来た親の口うるさい小言を聞かされる兄の身になった弟は，そのとてもではないががまんできない状況《じょうきょう》を思い，兄もまた「ちょっと年齢《ねんれい》が大きなだけで自分と同じ仲間」だと感じ，「かわいそうに，と思いやる心」が芽生えると述べられている。

**問８　１**　たくさんの意味を持つ「いとおしむ」について，文章に応じ「使い分けていかなければならない」とは述べられていない。　**２**　ぼう線②の少し後で筆者は「思いやる心は上から目線であったとしても，実はとても大切」だとしたうえで，「これがあれば～必要以上に痛《いた》めつけて，怖《こわ》がらせて，そのあげくに殺して食べる，なんていうことはしなくなる」と述べているので，正しい。　**3**　問７でもみたように，「兄弟げんか」においては，兄と弟の両者から「いとおしむ」心が働くと述べられているので，合う。　**4**　「いそがしい世の中」であることが「小さいものや弱いものを軽く見て」しまう原因だとは述べられていない。　**5**　「力のあるものは時に上から見下しながらも」という部分が，「水平目線」の話と一致《いっち》しないので，誤り。

# Dr.福井の

# 入試に勝つ！脳とからだのウルトラ科学

## 意外！　こんなに役立つ“替え歌勉強法”

病気やケガで脳の左側（左脳）にダメージを受けると，字を読むことも書くことも，話すこともできなくなる。言葉を使うときには左脳が必要だからだ。ところが，ふしぎなことに，左脳にダメージを受けた人でも，歌を歌う（つまり言葉を使う）ことができる。それは，歌のメロディーが右脳に記憶されると同時に，歌詞も右脳に記憶されるからだ。ただし，歌詞は言葉としてではなく，音として右脳に記憶される。

そこで，右脳が左脳の10倍以上も記憶できるという特長を利用して，暗記することがらを歌にして右脳で覚える“替え歌勉強法”にトライしてみよう！

歌のメロディーには，自分がよく知っている曲を選ぶとよい。キミが好きな歌手の曲でもいいし，学校で習うようなものでもいい。あとは，覚えたいことがらをメロディーに乗せて替え歌をつくり，覚えるだけだ。メロディーにあった歌詞をつくるのは少し面倒かもしれないが，つくる楽しみもあって，スムーズに暗記できるはずだ。

替え歌をICレコーダーなどに録音し，それを何度もくり返し聞くようにすると，さらに効果的に覚えることができる。

音楽が苦手だったりして替え歌がうまくつくれない人は，かわりに俳句（川柳）をつくってみよう。五七五のリズムに乗って覚えてしまうわけだ。たとえば，「サソリ君，一番まっ赤は，あんたです」（さそり座の１等星アンタレスは赤色――イメージとしては，運動会の競走でまっ赤な顔をして走ったサソリ君が一番でゴールした場面）というように。

Dr.福井（福井一成《ふくいかずしげ》）…医学博士。開成中・高から東大・文Ⅱに入学後，再受験して翌年東大・理Ⅲに合格。同大医学部卒。さまざまな勉強法や脳科学に関する著書多数。

# 2022年度　聖セシリア女子中学校

〔電　話〕　046（274）7405
〔所在地〕　〒242－0006　神奈川県大和市南林間３－10－１
〔交　通〕　小田急江ノ島線 ― 南林間駅より徒歩５分
東急田園都市線 ― 中央林間駅より徒歩10分

**【算　数】**〈第２次試験〉（50分）〈満点：100点〉

注意事項　１．円周率は3.14を使用しなさい。
２．定規・コンパス・分度器は使用できません。

**1**　次の $\square$ にあてはまる数を入れなさい。

（１）$70-15\times4\div2=\square$

（２）$\frac{5}{7}\times(2\frac{1}{2}-\frac{2}{5})+\frac{1}{5}=\square$

（３）$(0.55\times11+0.99\times5)\div0.11=\square$

（４）$(1\frac{1}{4}+\frac{5}{16})\times(8\frac{1}{5}-5)\div2\frac{1}{2}=\square$

（５）$4\frac{1}{4}\div(0.75+1\frac{1}{2}-0.125)\times1\frac{4}{5}=\square$

（６）$1\frac{2}{5}\times(0.25-\square)\times10=0.7$

（７）原価 $\square$ 円の品物に２０％の利益を見込んで定価をつけ、その定価の１割引きで売ると、４８６０円になります。

**2** 次の各問いに答えなさい。また、答えを求めるときの式も書きなさい。

（１）７人がけと３人がけのイスがあわせて１２脚《きゃく》あり、全部で６８人が座れます。３人がけのイスは何脚ありますか。

（２）妹が１５日かかる仕事を、姉は１０日で終わらせます。姉が３０日かかる仕事を妹と２人で行うと何日かかりますか。

（３）池の周りに３０本の木を植えます。木と木の間隔《かく》は５ｍの所が２０か所、残りはすべて２ｍとしたとき、池の周りは何ｍですか。

（４）静水で時速６ｋｍの船が、川に沿って３ｋｍ離《はな》れたＡ町とＢ町の間を往復しています。Ａ町からＢ町までは４０分かかるとき、Ｂ町からＡ町までは何分かかりますか。

**3** 次の各問いに答えなさい。

（１）下の図は三角形ＡＢＣにおいて、ＤＥを折り目として折り返した図形です。角Ｘの大きさを求めなさい。

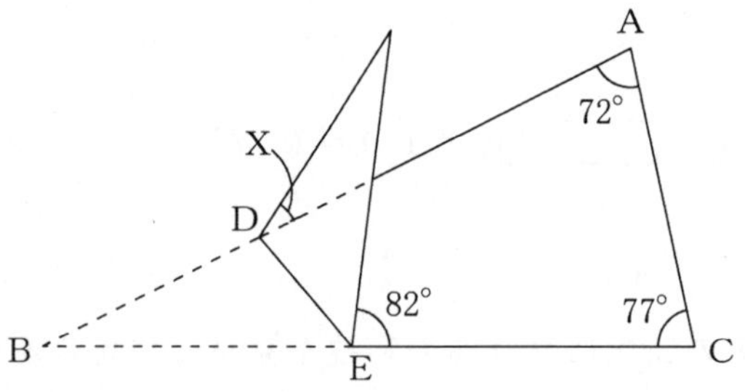

（２）下の図で、斜《しゃ》線部分の面積を求めなさい。

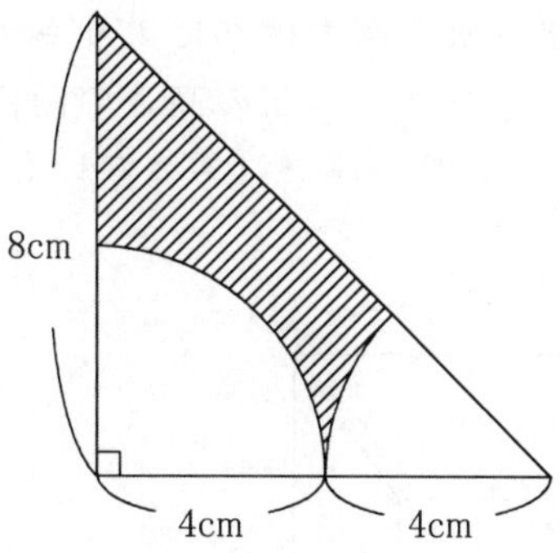


（３）下の図は、ある立体の展開図です。この立体の体積を求めなさい。

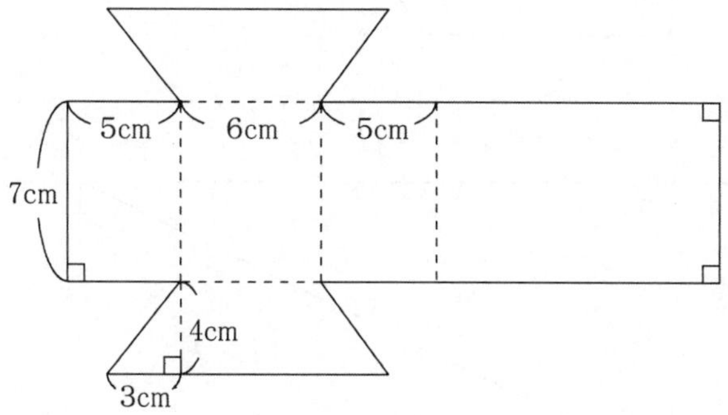

**4** 下の図のように、直方体①と②を２つ組み合わせた容器の中に、高さ１０ｃｍのしきりが底面と垂直になるように立ててあり、じゃ口から水を毎分５００ｃｍ$^3$入れていきます。また、穴から出る水は直方体②に入ります。下のグラフは、水を入れ始めてからの時間と、ＡＢにおける水面の高さの関係を表しています。次の各問いに答えなさい。ただし、しきりの厚さは考えないものとします。

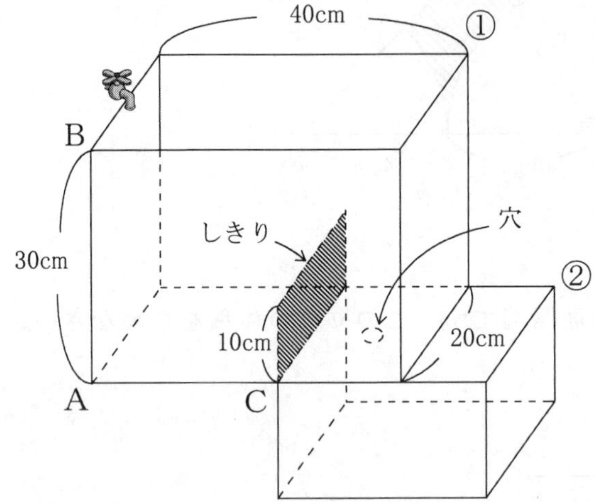


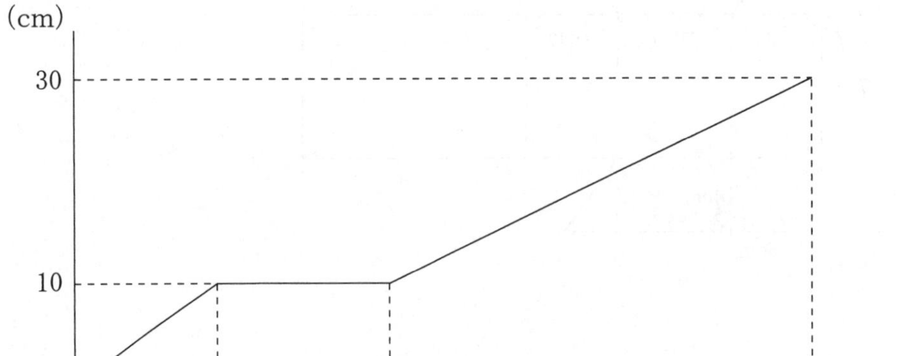


（１）ＡＣの長さは何ｃｍですか。

（２）直方体②の体積は何ｃｍ$^3$ですか。

（３）直方体①が満水となるのは、水を入れ始めてから何分後ですか。

**5** あるレシピ本に掲載《けいさい》されていた材料を参考にして、シュークリームを作ろうとしています。次の各問いに答えなさい。

材　料

シュークリーム　１０個分

| ＜シュー生地＞ | | ＜カスタードクリーム＞ | |
|---|---|---|---|
| バター | ４０ｇ | 卵黄 | 卵２個分 |
| 塩 | 少々 | グラニュー糖 | ７０ｇ |
| 薄《はく》力粉 | ６０ｇ | 薄力粉 | ２０ｇ |
| 卵 | ２個 | 牛乳 | ２００ｍℓ |

（１）シュークリームを８個作ろうとすると、バターと薄力粉はそれぞれ何ｇ必要ですか。

（２）卵１０個、牛乳５５０ｍℓ、グラニュー糖２１０ｇ、薄力粉１３５ｇ、バター１５５ｇでシュークリームは最大何個作れますか。ただし、塩が不足することはありません。

（３）卵１７個、牛乳６５０ｍℓ、グラニュー糖２５０ｇ、薄力粉２００ｇ、バター１４５ｇでシュークリームを３４個作るとき、何と何がどれくらい不足していますか。ただし、塩が不足することはありません。

**【社　会】〈第２次試験〉（30分）〈満点：50点〉**

〈編集部注：実物の試験問題では，1の問１の(2)の図と(4)の地図以外はカラー印刷です。〉

**1**　みなさんは日本で使用されている紙幣《しへい》のデザインが、2024年に20年ぶりに新しくなることを知っていますか。今回は日本のお金の歴史について考えてみたいと思います。

問１．下の各文を読んで、次の問いに答えなさい。

A：①米・布・塩などが貨幣のような役割を果たすようになり、欲《ほ》しいものがあるときには、米・布・塩などと交換《こうかん》し始めました。これらを（　X　）といいます。

B：②中国(宋《そう》)との貿易で砂金《さきん》を輸出し、かわりに宋の銅銭《どうせん》を輸入して日本国内で使っていました。中国(明《みん》)と室町幕府《ばくふ》との間には条約が結ばれ、貿易が始まりました。

C：人々は欲しいものがあるときには、自分の持っているものと欲しいものとを取りかえる（　Y　）をしてくらしていました。

D：全国を平定した③豊臣秀吉は、重さ165gの世界最大の金貨「天正大判」を造らせました。しかし、高額なために大名や公家達の間でしか使われず、庶民《しょみん》はいぜんとして渡来銭《とらいせん》などを使っていました。

E：708(和銅元)年に国内で銅の産出を機会に（　Z　）を中国の制度にならって鋳造《ちゅうぞう》しました。そこで貨幣を流通させるために庶民に④税を銭《ぜに》で納《おさ》めさせましたが、地方では（　X　）がいまだに主流でした。

（1）文中（　　）にふさわしい語句を、次のア～ウよりそれぞれ選び、記号で答えなさい。

ア．和同開珎《わどうかいちん》　　イ．物品貨幣　　ウ．物々交換

（2）Aについて、米・布・塩以外にも、約3000年前の中国では下の写真にあるものをお金として用いていました。そのため、お金や経済に関係する漢字には、この字が部首としてついていることが多くあります。下の□に漢字１字を入れると、上下左右にある漢字と組み合わせ、４つの二字熟語《じゅくご》ができます。下の□にあてはまる漢字を１字答えなさい。

| | | |
|---|---|---|
| | 散 | |
| 国 | □ | 政 |
| | 産 | |

（３）Ａのころの時代について説明した文として、ふさわしくないものを次のア～エより１つ選び、記号で答えなさい。

ア．大陸の技術に学んで、薄手《うすで》で赤褐色《せきかっしょく》の丈夫《じょうぶ》な土器が使われた。
イ．鹿の革《かわ》でできた球を足の甲《こう》でけり上げる遊びが流行した。
ウ．秋には石包丁で稲《いね》を刈《か》り取り、高床《たかゆか》倉庫に米をたくわえた。
エ．集落の周りにほりをめぐらした環濠《かんごう》集落が生まれた。

（４）下線部①米について、米づくりが日本に伝えられたころの水田跡《あと》や稲作《いなさく》に使用する道具や炭化した米などが発見された板付遺跡《いせき》のある県を、次のア～エより１つ選び、記号で答えなさい。

（５）Ｂについて、日本はたびたび中国との関わりがありました。次の①～④の問いに答えなさい。また、それぞれの文と関係の深い写真を次のページのア～エより１つずつ選び、記号で答えなさい。

①邪馬台国《やまたいこく》を治めた女王は、中国の皇帝《こうてい》から倭《わ》王の称号をあたえられ、多くの織物や銅鏡などが授けられました。この女王の名前を答えなさい。

②中国の文献《ぶんけん》で「倭王武《わおうぶ》」とされている「ワカタケル大王」の名前が、熊本県と埼玉県の古墳《こふん》から見つかった刀剣《とうけん》に刻《きざ》まれています。これはある政権《せいけん》の力の広がりを表します。ある政権とは何か答えなさい。

③江戸時代に福岡県志賀島《しかのしま》で発見されたあるものは、中国の皇帝が九州北部の支配者に授けたものです。あるものとは何か、答えなさい。

④日本に正しい仏教を広めるために、６度目の渡航《とこう》でようやく来日した唐《とう》の僧《そう》は、奈良に唐招提寺《とうしょうだいじ》を建てました。この僧は誰《だれ》か、答えなさい。

ア．

イ．

ウ．

エ．
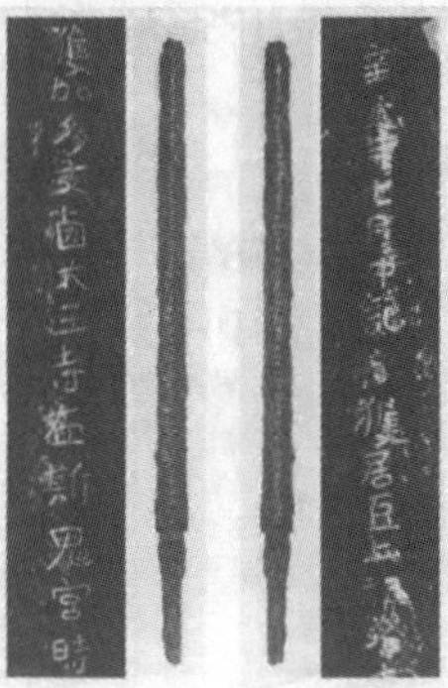

（６）下線部②中国（宋）との貿易について、日宋貿易をおこなっていた人物のゆかりのある場所としてふさわしいものを、次のア～エより１つ選び、記号で答えなさい。

ア．

イ．

ウ．

エ．

（７）下線部③豊臣秀吉は天下統一を成しとげ、検地や刀狩《かたながり》をおこないました。その政策《せいさく》の目的を答えなさい。

（８） 下線部③豊臣秀吉の死後、天下を取ったのが徳川家です。徳川家光のときには、武家諸《ぶけしょ》法度《はっと》という決まりを定め、下の史料のような制度を定めました。この制度のことを何というか、漢字４字で答えなさい。

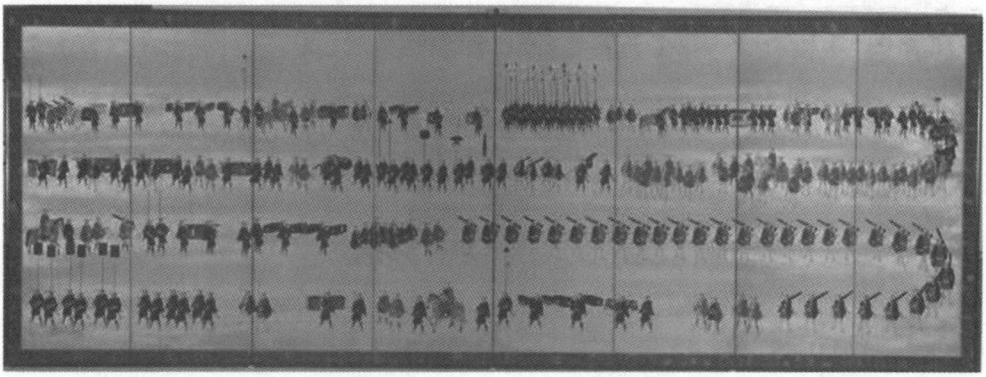

（９） 下線部④税について説明した次の文章中（　　　）にあてはまる語句を、次のア～オより１つずつ選び、記号で答えなさい。

| |
|---|
| ８世紀初めには、中国の唐にならった（　①　）とよばれる法律がつくられ、新しい政治の仕組みが定まりました。（　①　）により人々が負担《ふたん》した税には、（　②　）（　③　）（　④　）があります。（　②　）は収穫《しゅうかく》した稲の約３％を、（　③　）は織物や地方の特産物を、そして（　④　）は年間に10日都で働く代わりに布を納めていました。そのほかにも、人々は役所を建てたり、都や九州を守る兵士の役を務めたりしていました。 |

ア．調　　イ．庸《よう》　　ウ．租《そ》　　エ．御成敗式目《ごせいばいしきもく》　　オ．律令

（10） ６ページにあるＡ～Ｅの文を、時代の古い順にならべかえ、記号で答えなさい。

問２．日本の紙幣に最も多く登場したのは、下にある一万円札に描《えが》かれている人物です。下の説明文を参考に、この人物名を答えなさい。

・小野妹子らを遣隋使《けんずいし》として派遣《はけん》しました。
・役人の心構えとして十七条の憲法を制定しました。
・仏教を重んじ、法隆寺などを建てました。

◀「国立印刷局」ＨＰより

問３．以下の資料（「国立印刷局」ＨＰより）は、2024年に発行予定の紙幣と現在発行されている紙幣です。これらを見て、次の問いに答えなさい。

（１）「日本の資本主義の父」と呼ばれるこの人物は、約500の企業を育て、約600の社会公共事業に関わった人物です。この人物は農民出身でしたが、のちに15代将軍に仕え、パリ万国博覧会《はくらんかい》に参加し、西欧《せいおう》の進んだ文化に感銘《かんめい》を受けました。

①この人物の名前を次のア～エより１つ選び、記号で答えなさい。

ア．杉原千畝　　イ．伊藤博文　　ウ．西郷隆盛　　エ．渋沢栄一

②下線部「15代将軍」を次のア～エより１人選び、記号で答えなさい。

ア．徳川吉宗　　イ．徳川慶喜　　ウ．徳川綱吉　　エ．徳川家光

（２）この人物は、破傷風《はしょうふう》という、その当時は命を落とす人の多かった病気の治療《ちりょう》法を発見しました。また、この人物が設立した研究所からは多くの学者が育ち、物理学や化学でも、世界的に注目される研究や発見が生まれました。

①この人物の名前を次のア～エより１つ選び、記号で答えなさい。

ア．田中正造　　イ．湯川秀樹　　ウ．北里柴三郎　　エ．新渡戸稲造

②この紙幣の裏面には、『富嶽《ふがく》三十六景』の「神奈川沖浪裏《なみうら》」が描かれています。この作品を描いた人物名を答えなさい。

「神奈川沖浪裏」▶

（３）新五千円札には、津田梅子が採用されました。彼女はアメリカに派遣された団体とともに渡米《とべい》した留学生の一人です。帰国後は、女子の教育や地位の向上に力を注ぎました。アメリカに派遣された団体は次のア～エのうちどれか、１つ選び、記号で答えなさい。

ア．リットン調査団
イ．岩倉使節団
ウ．新撰組《しんせんぐみ》
エ．天正遣欧《けんおう》少年使節

（４）現在発行されている一万円札の裏《うら》面には、平等院鳳凰《ほうおう》堂の鳳凰像が描かれています。平等院は、平安時代に天皇に代わって政治を動かしていた藤原氏によって建てられました。この藤原氏による政治を何というか、次のア～エより１つ選び、記号で答えなさい。

ア．藩閥政治
イ．執権政治
ウ．幕藩政治
エ．摂関政治

（５）現在の千円札に描かれている人物は、南米やアフリカを訪《おとず》れ、原因不明の感染症《かんせんしょう》である黄熱病の調査や研究をしていました。この人物の名前を次のア～エより１つ選び、記号で答えなさい。

ア．野口英世
イ．夏目漱石
ウ．木戸孝允
エ．小村寿太郎

（６）この紙幣は、2000年に開催された沖縄サミットを記念してつくられました。紙幣裏面右下には、紫式部が描かれています。左側は、紫式部が書いた作品の場面を描いた絵巻物の一部です。紫式部が書いた作品を次のア～エより１つ選び、記号で答えなさい。

ア．万葉集
イ．源氏物語
ウ．平治物語
エ．枕草子

問４．新紙幣は、図柄《ずがら》が大きく変わるだけではなく、時代の変化に合わせたデザインに変更《へんこう》されています。例えば、“誰にとっても使いやすい”ようにユニバーサルデザインにも配慮《はいりょ》されています。そのデザインの工夫とはなにか、新旧紙幣を比べ分かることや知っていることを説明しなさい。

**2**　2021年夏、東京で開催されたオリンピック競技大会は、「一人ひとりが互いを認め合う（多様性と調和）」が基本的な方針の一つとされました。現在のさまざまな問題の解決についても、お互いに尊重し合うことは必要です。ここで、多様性と調和について考えてみましょう。

問１．オリンピックのマラソン・競歩がおこなわれた札幌《さっぽろ》市の大通公園では、下の写真の伝統舞踊《ぶよう》が披露《ひろう》されました。「札幌」という地名は、この伝統舞踊が伝わる民族の言葉である「サッポロペッ（乾燥した広大な川）」に由来しています。この伝統舞踊や札幌などの地名と関わりの深い民族を答えなさい。

（2021年８月５日　朝日新聞DIGITAL）

問２．東京オリンピック競技大会のエンブレムにも採用された市松模様《いちまつもよう》は、今から175年ほど前の江戸時代中期に「佐野川市松」という歌舞伎《かぶき》役者＜資料Ⅰ＞が、舞台《ぶたい》でこの模様の袴《はかま》を着ていたところ、当時の女性の間で流行しました＜資料Ⅱ＞。「市松模様」は上下左右にどこまでもつながっていく柄であることから、縁起《えんぎ》の良い模様とされています。これらについて、次の問いに答えなさい。

＜資料Ⅰ＞

「京四条下り藤川亀乃江と
初代佐野川市松」 奥村政信

＜資料Ⅱ＞

「美人合」
初代歌川豊国

＜資料Ⅲ＞

「三世大谷鬼次の
奴江戸兵衛」東洲斎写楽

（１）江戸時代には、流行の先端《せんたん》を作品とした美人画＜資料Ⅱ＞や歌舞伎役者を表現した役者絵＜資料Ⅲ＞など、世の中や人々の様子が複数の色を用いて描かれ、たくさんの人々が買い求めました。こうした絵画は何とよばれるか答えなさい。

（２）（１）の絵画は、海外にも紹介され、日本の芸術や文化に興味をもったヨーロッパの画家たちがいました。下の表中【　　※　　】にあてはまるオランダの画家の名前を、次のア～エより１つ選び、記号で答えなさい。

| 人　物 | 作　品 |
|---|---|
| 歌川広重<br> | <br>「大はしあたけの夕立」 |
| オランダの画家<br>【　※　】<br> | <br>「ジャポネズリー　雨の橋」 |

ア．ピカソ　　　イ．バッハ　　　ウ．ゴッホ　　　エ．モネ

（３）歌舞伎は2008年に無形文化遺産として登録されました。教育・科学・文化の分野で国際協力を盛んにし、世界の平和と安全に役立てることを目的としている国際連合の組織の名前をカタカナで答えなさい。

問３．日本にも外国から多くの人たちが来て、くらしています。

（１）下のメモに説明されている国を、次の円グラフに示されている国から選びなさい。

メモ
・国の位置は、日本から見て地球の反対側にある。
・20世紀以降、移住した日本人が多い。
・コーヒー豆の生産量が世界１位である。

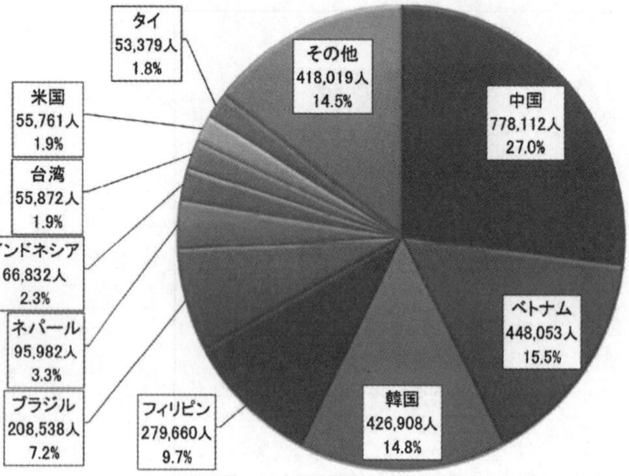


◀日本でくらす外国人の内訳《うちわけ》
（2020年　法務省資料）

（２）日本と経済・文化・歴史的つながりの強いと思う国を１つあげ、その具体例をあなたの身のまわりから探して答えなさい。

＜例＞国　　　アメリカ合衆国
　　　具体例　私の姉はアメリカで和太鼓《わだいこ》の演奏をしたことがあり、私はアメリカ人と地域の祭りでいっしょに神輿《みこし》を担《かつ》いだことがある。

（３）「一人ひとりが互いを認め合う（多様性と調和）」とはどのようなことでしょう。また、そのためにあなたが取り組みたいことも述べなさい。

【理　科】〈第２次試験〉（30分）〈満点：50点〉
注意事項：定規・コンパス・分度器は使用できません。

**1**　プランターで育てたジャガイモを用いて、実験を行いました。下の問いに答えなさい。

〔実験〉
① 前日のうちに、プランターを暗室に入れておく。
② 実験当日、夜明けから昼過ぎまで十分に光を当ててから葉をつみとる。
③ ②の葉を(a)湯につける。
④ ③の葉を(b)冷えたアルコール(エタノール)につける。
⑤ ④の葉を(c)水につけて洗う。
⑥ ⑤の葉をヨウ素液につける。

プランターで育てたジャガイモ

問１．〔実験〕の下線部(ａ)～(ｃ)のうち、操作として**正しくないもの**を一つ選び、記号で答えなさい。

問２．〔実験〕⑥では、ジャガイモの葉は何色に変化しましたか。

問３．問２の結果から、この実験によってできた養分は何ですか。

問４．問３の養分のゆくえについて、次の文の(ア)、(イ)にあてはまる言葉を答えなさい。

この実験によってできた養分は、(　ア　)に溶《と》けるものに変わる。そして、(　イ　)の中を通り、植物全体に運ばれる。

**2**　メダカについて、次の問いに答えなさい。

問１．水そうでのメダカの育て方について、次の(ア)～(オ)から正しいものを全て選び、記号で答えなさい。

(ア) 水そうは、日当たりのよい所に置く。
(イ) 水草のハゴロモモやオオカナダモを入れる。
(ウ) 水がにごったら、半分程度の量の水をくみ置きの水と取りかえる。
(エ) モノアラガイやタニシを入れる。
(オ) メダカをたくさん入れる。

問２．メダカを育てるときの水温は、何℃くらいがよいですか。

問３．下の図はメダカのスケッチです。おすと区別がつくように、めすのせびれとしりびれを解答用紙の図にかき入れなさい。

問４．メダカは受精した後、卵の中で少しずつ変化して親と似た姿になり、やがて卵のまくを破って誕生します。メダカが、まくを破って卵の外に出てくることを何といいますか。

問５．次の(ア)～(エ)をメダカの卵が育つ順番に並べかえなさい。

(ア)　(イ)　(ウ)　(エ)

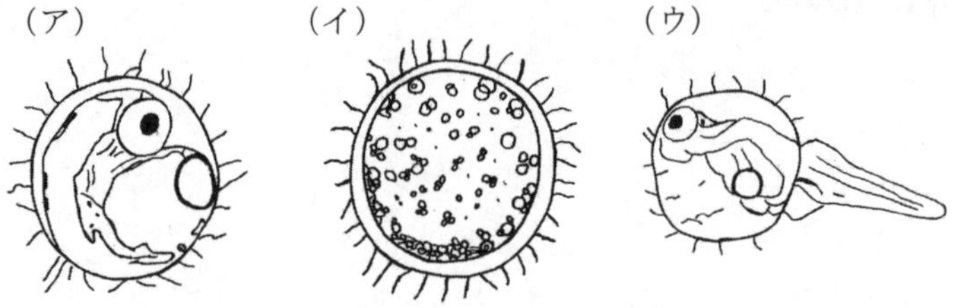

問６．最近、池や川でメダカを見かけなくなりました。なぜ見かけなくなったのか、考えられる理由を答えなさい。

**3**　４つの水溶液《すいようえき》Ａ～Ｄは、塩酸・弱い炭酸水・アンモニア水・食塩水のいずれかです。Ａ～Ｄはどれも無色、とう明で水溶液の種類がわかりません。これらを調べるために次の実験を行いました。下の問いに答えなさい。

〔実験〕

① においを調べた。

② 青色リトマス紙と赤色リトマス紙を使って、色の変化を調べた。

③ アルミニウムを入れたときの変化を調べた。

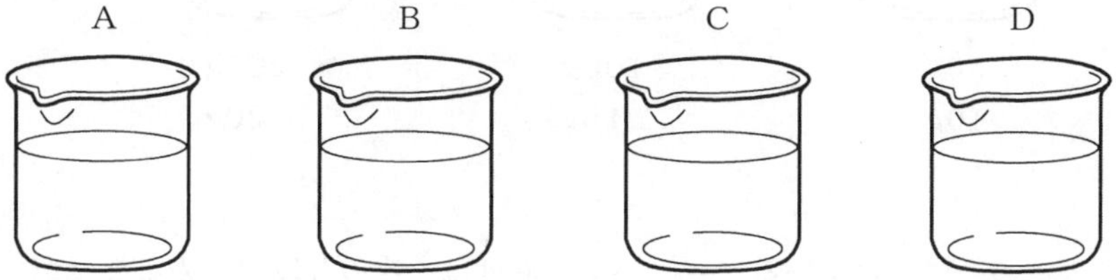


〔結果〕

| | におい | リトマス紙の変化 | アルミニウムの変化 |
|---|---|---|---|
| 水溶液Ａ | あり | 赤から青 | 変化なし |
| 水溶液Ｂ | なし | 変化なし | 変化なし |
| 水溶液Ｃ | あり | 青から赤 | あわを出して溶《と》けた |
| 水溶液Ｄ | なし | 青から赤 | 変化なし |

問１．水溶液Ａのように、赤色リトマス紙を青色に変える性質を何といいますか。

問２．実験結果から、水溶液Ａ～Ｄは何であると考えられますか。次の(ア)～(エ)から一つずつ選び、それぞれ記号で答えなさい。

（ア）塩酸　（イ）弱い炭酸水　（ウ）アンモニア水　（エ）食塩水

問３．水溶液のにおいを調べる実験を行う時の注意点を答えなさい。

**4** 次の図のように、Ａ、Ｂ、Ｃの３つのビーカーを用意し、それぞれのビーカーに、異なる量の水とミョウバンを入れて、よくかきまぜました。３つのビーカーそれぞれで、ミョウバンは全て溶《と》けました。下の問いに答えなさい。

Ａ　　　Ｂ　　　Ｃ

| | Ａ | Ｂ | Ｃ |
|---|---|---|---|
| 水 | 50g | 100g | 200g |
| ミョウバン | 10g | 15g | 20g |

※それぞれのビーカーに溶けているミョウバンの濃度《のうど》は、次の計算で求めることができます。

$$\frac{\text{液体に溶けている物質の重さ}}{\text{物質を溶かしている液体の重さ ＋ 液体に溶けている物質の重さ}} \times 100〔\%〕$$

問１．ビーカーＡの水溶液《すいようえき》の濃度は何％ですか。小数第２位を四捨五入して答えなさい。

問２．ビーカーＢとＣの水溶液を同じ濃度にするには、どちらのビーカーに何ｇのミョウバンを加えればよいですか。

問３．ビーカーＡ、Ｂ、Ｃの水溶液を10gずつ別々の蒸発皿に取り、それぞれ加熱しました。しばらくすると水が蒸発しました。容器に残ったミョウバンが最も多いのは、Ａ～Ｃのどのビーカーですか。一つ選び、記号で答えなさい。

問４．問３ののち、ビーカーＡの水溶液にさらにミョウバンを10g加えたところ、ミョウバンは全て溶けきらずに残りました。全てのミョウバンを溶かすためには、どのようにすればよいですか。考えられる方法を二つ答えなさい。

**5**　次の文章を読んで、下の問いに答えなさい。

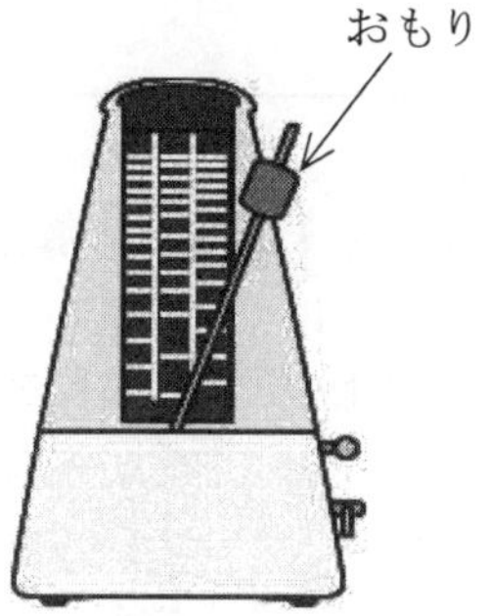


音楽の授業のときに、ふり子がついたメトロノームを使うことがあります。このメトロノームは（　Ａ　）の位置を上下させると、（　Ｂ　）の長さが変わり、左右にふれる（　Ｃ　）を変えることで、リズムを正確に示すことができる道具です。

問１．文中の(Ａ)～(Ｃ)にあてはまる言葉を答えなさい。

問２．次のふり子について、下の問いに答えなさい。

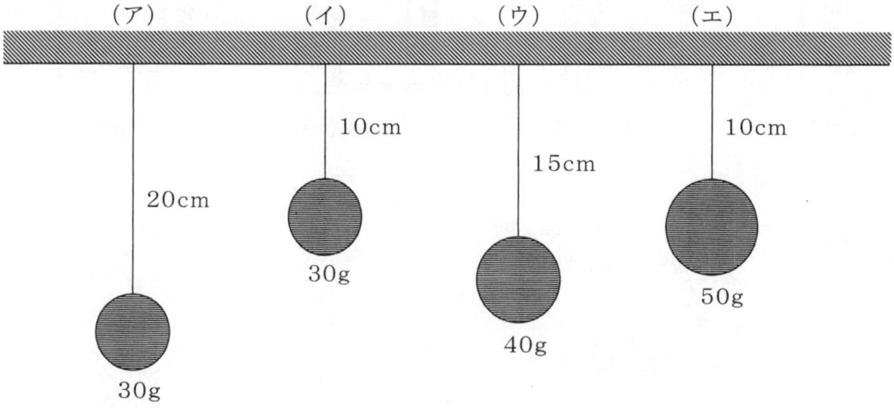


（１）一往復するのにかかる時間が一番長いものはどれですか。(ア)～(エ)から一つ選び、記号で答えなさい。

（２）一往復する時間が同じものは、どれとどれですか。(ア)～(エ)から一組選び、記号で答えなさい。

問３．電気で動く時計が使われるようになる前は、メトロノームで使われている原理を利用したふり子時計が使われていました。正しい時間よりも時計が進んでいるとき、おもりについている調節ねじを使って、どのように正しい時間に直すことができますか。【位置、長さ】の言葉を使って説明しなさい。

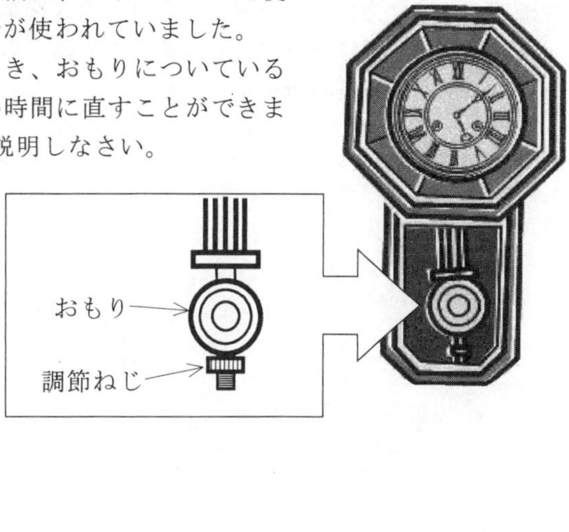

**6** 電磁石の性質を調べるために、次のような実験をしました。下の問いに答えなさい。

〔実験〕

長さや太さが同じ導線を鉄心《てっしん》にまきつけ、電磁石のコイルをつくり、①～④のように乾電池《かんでんち》につなぎました。さらに電磁石のコイルの周りに方位磁針を置くと、方位磁針の針は下の図１の方向を示しました。

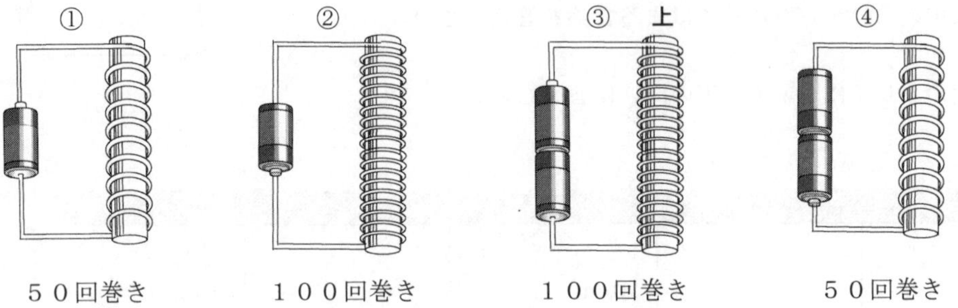


図１

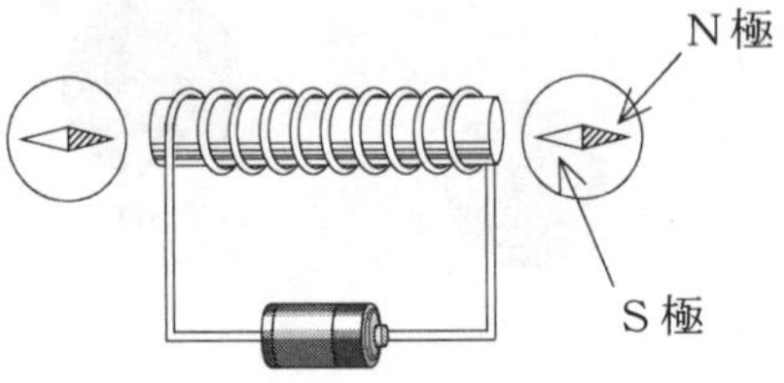


問１．③の鉄心の**上の部分**は、Ｎ極・Ｓ極のどちらになりますか。図１を参考にして答えなさい。

問２．電磁石のコイルの巻き数と、電磁石の強さの関係を調べるためには、①～④のどれとどれを比べればよいですか。一組答えなさい。

問３．棒磁石のそばに方位磁針を置いて、針の向きを調べました。図２の位置に方位磁針を置くと、針はどの方向を向きますか。解答用紙に記入しなさい。

図２

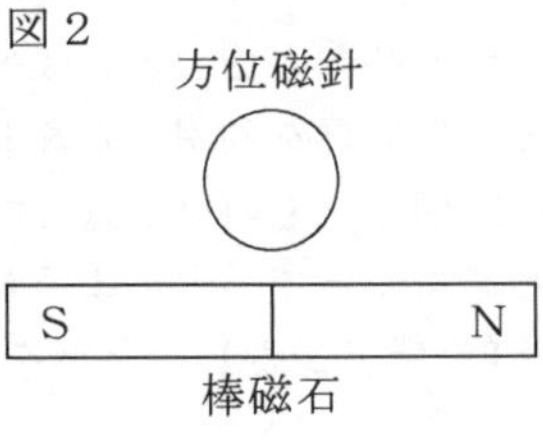

**7** ある日の午前中、天気と気温の関係について、ＡさんとＢさんが会話をしていました。下の問いに答えなさい。

Ａ「今日はよく晴れているね。朝起きた時、東の空は朝焼けがとてもキレイだったよ。起きた時の気温は18℃ですずしかったけど、だいぶ暖かくなってきたね。天気予報を見たら、昼には30℃まで上がって、とても暑くなるみたいだよ。」

Ｂ「そうなんだ。昼にとても暑くなるのに、どうして朝はそんなにすずしかったんだろう？①**天気**と②**気温**には、何か関係があるのかな？」

Ａ「そういえば、晴れている日は雲が少ないね。」

Ｂ「そうだね。雲の多さが気温に関わっているのかもしれないね。」

問１．下線部①について、日本では、天気はおよそどの方角からどの方角へ移り変わっていきますか。次の(ア)～(ウ)から一つ選び記号で答えなさい。

（ア）北から南　　（イ）西から東　　（ウ）東から西

問２．下線部②について、学校の校庭には、「百葉箱」があり、気温を測ることができます。百葉箱は、どの学校も同じ条件で作られています。その一つは「箱の中の温度計が地面から１．２～１．５mの高さになること」です。これ以外の条件を一つ答えなさい。

問３．二人の会話から、「晴れている日は朝と昼の気温の差が大きい」「晴れている日は雲が少ない」ことがわかります。次の(１)、(２)の理由として正しいものを、下の(ア)～(エ)から一つずつ選び、それぞれ記号で答えなさい。

（１）晴れている日の朝が冷える
（２）晴れている日の昼が暑い

（ア）地面があたたまりにくいので、気温が下がる。
（イ）地面があたたまりやすいので、気温が上がる。
（ウ）地面の熱が逃げにくいので、気温が上がる。
（エ）地面の熱が逃げやすいので、気温が下がる。

問八　――線⑤「寒いときは日向ぼっこしているのをよく見かけます」とあるが、その理由としてもっともふさわしいものを次から選び、記号で答えなさい。

ア　爬虫類は長い冬眠に入る前に十分な太陽のエネルギーをからだに取りこむため。

イ　日本のように寒い冬が多いと天気が良い日は太陽に当たることが気持ち良いため。

ウ　爬虫類は気温が下がると動くスピードが遅《おそ》くなり一定の場所に留まろうとするため。

エ　体毛がないことで下がってしまった体温を太陽の熱で温め生命を維持するため。

問九　――線⑥「命を維持する大切な役割」とはどのような役割か、わかりやすく説明しなさい。

問十　次の1～4について、本文の内容と合っているものはA、合っていないものはBと答えなさい。

1　すべての生き物の皮膚の表面は、すでに死んでしまった細胞でできている。

2　からだを守るためには、薬を使うよりも皮膚自身が修復する力を頼るべきだ。

3　皮膚はからだや心の状態を表すので、皮膚が心やからだに影響しているともいえる。

4　たいていの生き物は、様々な役割を持つ組織が組み合わさった、機能の高い皮膚を持っている。

問三　――線②「面白いこと」の本文中の意味を次から選び、記号で答えなさい。

ア　楽しいこと　　イ　笑えること　　ウ　興味をひくこと　　エ　ふつうとちがうこと

問四　――線③「それと同様」とあるが、「それ」が指しているものとしてもっともふさわしいものを次から選び、記号で答えなさい。

ア　科学者たちがからだを家にたとえること　　イ　屋根、壁、床が私たちを守ってくれること

ウ　屋根、壁、床がきちんとしていること　　エ　泥棒や虫が私たちをおびやかすこと

問五　本文には、次の一文がぬけているが、[a]～[e]のどこに入れるのがもっともふさわしいか、記号で答えなさい。

> そして、最後には元通りの機能を持った皮膚になるのです。

問六　空らん[　　]に入る語句としてもっともふさわしいものを次から選び、記号で答えなさい。

ア　シロアリを防ぐ薬品　　イ　日差しをよけるひさし

ウ　地震に備える懐中《かいちゅう》電灯　　エ　感染症を避《さ》けるワクチン

問七　――線④「冬のスズメのように羽毛を立てて」とあるが、人間にとって同じ働きにあたる表現を本文中から十五字以内でぬき出して答えなさい。

からだに毛のないトカゲやカメのような爬虫類《はちゅうるい》は、日本のように寒い冬があるときは、じっと冬眠《とうみん》してエネルギーの消耗《しょうもう》を防ぎます。冬以外でも⑤寒いときは日向《ひなた》ぼっこしているのをよく見かけます。恐竜《きょうりゅう》が絶滅《ぜつめつ》したのも、＊大隕石《だいいんせき》の落下で世界の空が曇《くも》り、寒くなったからだという説があります。暑さ、寒さの対策は生き物の命にかかわるのです。

こんなふうに、皮膚は世界とからだを区別する境界として、⑥命を維持《いじ》する大切な役割を担っています。

一方、家の壁である皮膚は、私たちのからだや心の状態を表したりもします。恥《は》ずかしくなったら顔や耳が赤くなったり、体調が悪いときは青くなったり、肌が荒《あ》れたり、皮膚の防御機能が落ちるので菌の感染症《かんせんしょう》になったりします。心理状態や体調が表情に出るということは日常的に知られています。それは、心やからだの状態が皮膚に表れているということでもあり、皮膚から、心とからだに働きかけていることもあるのです。

精神的なストレスにより、ダメージを受けた後の皮膚の防御機能の回復が遅れることが知られています。また内臓の病気があるとき、その兆候が皮膚の特定の部分に表れたりもします。また、ストレス以外のホルモンの変化、たとえば女性の周期や更年期《こうねんき》のときのホルモンバランスの変化も皮膚に影響《えいきょう》を及《およ》ぼします。

『皮膚はすごい―生き物たちの驚くべき進化―』傳田　光洋（岩波書店）

＊大隕石　……　宇宙空間から地球に落ちてきた物体。

問一　空らん Ⅰ ～ Ⅲ にあてはまる語を次から選び、それぞれ記号で答えなさい。

ア　なぜなら　　イ　まず　　ウ　たとえば　　エ　つまり　　オ　そして

問二　――線①「あらゆる生物が持っています」とあるが、ここではどのような役割を「あらゆる生物」の皮膚は持っているといっているのか、説明しなさい。

病気をもたらす細菌やウイルス、あるいは極端《きょくたん》な暑さ、寒さ、乾燥、強すぎる紫外線、危険な化学物質から身体を守っています。そして、たとえば目に見える大きさのたいていの生き物は、いくつもの役割を持った組織が組み合わさった、機能の高い皮膚を持っています。

　万一、その皮膚がダメージを受けた場合、皮膚自身が、ダメージを受けた場所や程度に合わせて、そのダメージを修復します。[a]たとえば、皮膚に傷ができて穴が開いたときには、その穴をふさぐため、傷の周囲から細胞が、ぞろぞろ傷を埋めに来ます。[b]

　家を守るのには、化学的な手段もあるでしょう。[c]たとえば、[　　　　]とか、あるいは木造の家の場合、木が腐《くさ》ったり、釘《くぎ》がさびたりするのを防ぐ塗料《とりょう》。私たちの皮膚も、腐敗や酸化を防いだり、からだに危険な菌を殺す物質を作ることができます。[d]人間だけではなくて、いろんな動物、そして私たちが普段《ふだん》食べる植物にも、このような抗菌物質《こうきんぶっしつ》を作る仕組みがあるのです。[e]

　さて、家の防御機能を完璧《かんぺき》にしたいなら、頑丈《がんじょう》な鉄筋コンクリートで、屋根から壁から床まで覆いつくし、どろぼうが壊《こわ》して入ってきそうな窓や扉《とびら》も作らなければいい。でも、そんな家に住みたい人はいないでしょう。空気も入ってこないから、たちまち息が苦しくなる。夏は暑くて風もないし、冬は寒くて仕方ない。だったらエアコンをつければいいじゃないか。そう、それが皮膚の二つ目の役割です。

　換気扇《かんきせん》は家の中の嫌《いや》な匂《にお》いを外に出し、新鮮《しんせん》な空気と入れ替《か》えてくれます。夏のエアコンは暑い空気を外に出し、冷たい空気を家の中に入れます。たまには窓を開けて外を見たいときもあるでしょう。

　皮膚の二つ目の役割は、家（からだ）の外の世界と、熱をやりとりすること。「交換機能《こうかんきのう》」と呼ぶことにしましょう。たとえば、暑いとき、寒いときは、その変化をすぐに感じてからだの中の温度を一定に調整する機能があります。人間は暑いときには汗《あせ》を流し、その汗が蒸発するとき、熱が奪《うば》われていく。また汗をかいたとき、風に吹かれると、すーっとして気持ちがいい。逆に寒いときは皮膚の中を流れる血の量が増えて、なんとか皮膚が凍らないようにします。

　人間のように暑いときに汗をかいてからだを冷やす動物は、他にはウマしかいません。暑いとき、イヌはハッハッと舌を出してからだを冷やすといいますが、ほんとうにそれだけで済むのでしょうか。多くの動物は暑いときは、水を浴びたり、木陰《こかげ》に入ってじっとするぐらいしか、作戦がありません。寒いときには、あとで詳しく述べますが、たとえば④冬のスズメのように羽毛を立ててからだから空気が逃《に》げるのを防いでいます。これが本当のダウンジャケットですね。

## 四　次の文章を読み、あとの問いに答えなさい。

皮膚《ひふ》、肌《はだ》、皮、いろんな呼び方がありますが、地球上に、皮膚のない生き物はいません。ここで「皮膚」と言っているのは、生き物のからだの表面を覆っていて、からだの中と、外の世界とを区別する薄《うす》い膜《まく》のことです。

赤いトマトの薄い皮、三、四十マイクロメートル（一マイクロメートルは一ミリメートルの一〇〇〇分の一）ぐらいの厚さですが、これも皮膚だと言えます。その皮膚はトマトの中身を腐敗菌《ふはいきん》や乾燥《かんそう》から守っています。その仕組みは人間の皮膚とは違っていますが、トマトの皮膚はそれなりに、いくつもの優れた仕組みが組み合わされて、中身を守るようになっています。

顕微鏡《けんびきょう》を使わないと見えないゾウリムシは、たった一つの細胞《さいぼう》でしかない単細胞生物ですが、そのからだは、細胞膜と呼ばれる「皮膚」で、外の世界との境界を作っています。ゾウリムシの皮膚、細胞膜はリン脂質《ししつ》と呼ばれる脂《あぶら》の一種でできていますが、いろんなスイッチなどが埋《う》め込まれていて、［Ⅰ］ゾウリムシにとって危険な熱、低温、酸、アルカリを回避《かいひ》する仕組みになっています。［Ⅱ］エサを見つける能力まであるのです。

人間の皮膚やトマトの皮の表面は死んだ細胞が重なってできていますが、ゾウリムシの皮膚は生きています。それはゾウリムシが一つの細胞からできている生き物だからです。しかし、人間もトマトもゾウリムシも、からだと外部との境界を作ります。そしてからだの中を外部環境《かんきょう》の変化から守り、生き続けるために、その境界は大きな役割を持っているのです。そういう意味での皮膚は、①あらゆる生物が持っています。

そもそも、皮膚は、生物にとって、何のためにあるのでしょうか。

ウィーン工科大学で建築の歴史を研究する傍《かたわ》ら、生物の構造についても研究している科学者たちが、私たちのからだを家にたとえて、②面白いことを書いています。

［Ⅲ］、家の屋根、壁《かべ》、床《ゆか》などは、雨や雪、風、強い紫外線《しがいせん》、害のある埃《ほこり》から、私たちを守ってくれています。泥棒《どろぼう》や虫なんかも、屋根、壁、床がきちんとしていれば、私たちをおびやかすことはありません。③それと同様に、皮膚の一つ目の役割は、この「防御機能《ぼうぎょきのう》」というもので、からだの外にあるいろんなもの、からだに危害を加えそうなものを防ぐことです。

あらゆる生き物の皮膚は、からだの外の環境、たとえば熱や寒さ、乾燥などの変化が起きても、からだの中の生きるための動きが一定に働くようにすること、あるいはからだにダメージを与える危険なもの、とがったものや、ぶつかってくるもの、

問六　――線④「弱々しかった」とあるが、このときの周斗の気持ちを説明したものとしてもっともふさわしいものを次から選び、記号で答えなさい。

ア　自分では気づいていなかった控え選手に対する優越感に、どこか思い当たるような気がして驚《おどろ》いている。
イ　チームメイトに対して心の中でずっと優越感をもってきたことが明らかにされて気まずくなっている。
ウ　克彦に対して強く言いすぎたことで、歩や光貴とうまくいかなくなってしまったのを悲しんでいる。
エ　仲間を信頼《しんらい》してやってきたのに、馬鹿にしているという思いもよらないことを言われていら立っている。

問七　――線⑤「自分のことを、あんな風に思っている」とあるが、光貴や歩が「思っている」内容を五十字以内で答えなさい。

問八　――線⑥「勝手に飛び出してしまった言葉」とあるが、具体的にどういう言葉か、本文中より十字以上十五字以内でぬき出して答えなさい。かぎかっこはふくめません。

問九　本文には回想シーンがあるが、その部分を探し、最初と最後の五字で答えなさい。

問十　本文から読みとることのできる「周斗」と「大地」の人物像としてもっともふさわしいものを次からそれぞれ一つずつ選び、記号で答えなさい。

ア　サッカーに情熱を注いでいるために、やる気のないプレーをするように見える仲間のことを許せない人物。
イ　サッカーが上手ではないことを気にしており、サッカーが上手な仲間に馬鹿にされていると思っている人物。
ウ　サッカーの試合で良い結果を出せなかったことを、泣いて仲間に許してもらおうとする、心が強くない人物。
エ　いつもは気が弱そうに見えるが、いざというときには仲間の調整役を買って出ることができる頼《たの》もしい人物。
オ　自分のことよりもチームの事を一番に考え、仲間同士のコミュニケーションを図ろうとする心が広い人物。

問二　―――線①「歯ぎしりの音が出そうなくらい、奥歯をぎりりと嚙みしめた」とあるが、このときの周斗の気持ちを説明しなさい。

問三　―――線②「克彦はその言葉に余計に嗚咽した」とあるが、それはなぜか、もっともふさわしいものを次から選び、記号で答えなさい。

ア　自分ではボールを取りそこねることはないと思い自信満々で試合にのぞんだのに実際には、チームの足を引っ張ることになってつらかったところに、大地がやさしいことばをかけてくれたから。

イ　チームが引き分けになったのは蓮がけがをしたことが原因なのに自分が責められくやし涙《なみだ》を流していたところに大地が、心にもない励ましのことばをかけてきたから。

ウ　今回の試合でＰＫを取られたのは蓮であるのに勝負の責任をおしつけられて涙があふれていたところにみんなが集まってきて大地が無責任な発言をしたから。

エ　ボールを取りそこね取り返しがつかないと涙がでているところに大地が励ましのことばをかけてくれたことがさらに自分のふがいなさを実感させたから。

問四　空らん［Ⅰ］、［Ⅱ］にあてはまることばとしてもっともふさわしいものを次から選び、それぞれ記号で答えなさい。

ア　かろやかに　　イ　まっしぐらに　　ウ　無理に　　エ　いっせいに　　オ　おだやかに

問五　―――線③「視線を何度も往復させた」とあるが、このときの「歩」の気持ちとしてもっともふさわしいものを次から選び、記号で答えなさい。

ア　この後の展開がどうなるのかと思う興味　　イ　気まずい空気になってしまったことへの困惑《こんわく》

ウ　自分には言えない言葉を発した周斗への尊敬　　エ　信じられない発言で場を凍らせた周斗への怒り

「しかもこの電車、冷房《れいぼう》利《き》き過ぎ。寒っ」

と、笑い合ったのだ。

あの噴水公園にいそうな気がする。いや、絶対にいる。

確信めいたものを感じて、周斗は噴水公園に［Ⅱ］向かった。そして、克彦に会ったら、傷つけるような言い方になってしまったことを、まずはあやまろうと思った。

やがて公園の中央の噴水が見えた。その噴《ふ》き上げられた水しぶきの向こう側に、かげろうみたいに揺《ゆ》れる水色のユニフォームの背中が見えたとき、ホッと［C］を下ろした。口もとに笑《え》みが浮かんだ。

だが、丸い噴水池にそって近づこうとしたとき、はたと歩みが止まった。さっきは克彦の背中で見えなかったが、その向かいにはもうひとり水色のユニフォームを着た選手がいた。

大地だった。

大地は、克彦に何か話しかけている。克彦は最初うつむいていたが、突然顔を上げると、大地の顔をまっすぐ見た。食い入るようにじっと見ている。やがて大地は、克彦の肩に手を回してポンとたたいた。それが合図だったかのように、ふたりはグラウンドの方に向かって並んで歩き出した。

周斗は呆然《ぼうぜん》とふたりの後ろ姿を見送った。

『キャプテンマークと銭湯と』佐藤 いつ子（KADOKAWA）

＊PK……ペナルティーキックというサッカーのルールのひとつで、試合中に一定のエリアで審判に反則とみなされると、相手チームにフリーキックが与えられること。

＊憮然……失望してどうすることもできないでいるさま。

＊激昂……はげしく怒って興奮すること。

問一　空らん［A］～［C］にあてはまる語としてもっともふさわしいものを次から選び、それぞれ記号で答えなさい。

ア　鼻　　イ　肩　　ウ　くちびる　　エ　ひざ　　オ　胸　　カ　背中

大地のひとことで、静かになった。気まずい空気が続くなか、周斗はリュックのところにもどってスパイクを履《は》き替えた。着替えを黙々《もくもく》とすませると、何も言わずにその場を立ち去った。みんなの視線が［B］に刺さっているような気がしたが、振り向くことは出来なかった。

光貴や歩が⑤自分のことを、あんな風に思っているとは知らなかった。それに他のメンバーは黙ったままで、誰ひとりとして周斗の味方になってくれなかった。

試合会場のグラウンドから最寄《もよ》りの駅まで、大股《おおまた》で歩いた。

何度か来たことのあるグラウンドだったが、ひとりで帰ることはなかった。自宅のある駅が同じの克彦とはいつもいっしょだった。

「周斗、帰ろうぜー」といういつもの声が、頭のなかに響いた。駆け出して行った克彦の後ろ姿が目に浮かぶ。

やっぱり、言い過ぎたな。でも……。

⑥勝手に飛び出してしまった言葉を取り戻《もど》したい気持ちと、あれはやっぱり仕方がなかったという気持ちがごちゃまぜになった。考えごとをしながら歩いていたせいで、赤信号をわたりかけていた。

車に派手にクラクションを鳴らされ、あわてて歩道に後ずさった。危《あや》うく接触《せっしょく》するところだった。背筋がぞっとした。そのとたん、急に克彦のことが心配になった。

かっちゃん、大丈夫《だいじょうぶ》か？

周斗はリュックからスマホを摑《つか》み出したが、克彦が何も持たずに駆け出したのを思い出して、リュックに投げ入れた。

かっちゃん、どこ行ったんだろう。かっちゃんが行きそうなところって……。

克彦はクレーンゲームが得意だったが、まさかゲームセンターに行ったとは考えにくい。

いや、もうグラウンドに戻っているんじゃないか。

周斗は早足でグラウンドに引き返しながら、ふと足を止めた。

去年の夏、この試合会場に来たときのことだ。噴水《ふんすい》がある公園を見つけて、みんなで立ち寄ったのを思い出した。

あんまり暑い日だったので、噴水池で水遊びみたいになった。駅に着いたとき、最初はみんなでいっしょだったから、びしょびしょなのも恥《は》ずかしくなかった。けれど、最後は周斗と克彦だけになって、

「俺ら、マジ浮いてね？」

「周斗、な、何言ってんだよ。言い過ぎだぞ」
歩が克彦と周斗の間で③視線を何度も往復させた。克彦は突然《とつぜん》、ダッと駆《か》け出した。
「かっちゃん！」
「かっちゃん、どこ行くんだよ」
みんなが追いかけようとするのを、大地は手で制した。重苦しい空気が選手たちを包んだ。狭《せま》い空間にいるわけではないのに息がしづらい。
「周斗、お前さ。何様なんだよ」
ふだん穏《おだ》やかな光貴《こうき》が静寂《せいじゃく》を切った。周斗の胸がビンと震えた。
「は？」
動揺《どうよう》を隠《かく》すように、周斗は光貴を思いっきりにらみつけた。
「お前ひとりでサッカーやってんじゃないんだよ」
光貴が吐《は》き捨てるように言うと、歩まで加勢した。
「周斗ってさ、かっちゃんとか俺とか控《ひか》えの選手のこと、正直馬鹿《ばか》にしてたね？」
ムードメーカーでお笑いキャラの歩の目は、笑ってなかった。周斗は一瞬言葉を失った。
馬鹿にしているつもりはなかった。でも、優越《ゆうえつ》感は感じていなかったか？ それって馬鹿にしていることになってしまうのか？ 歩に心を見透《みす》かされた？ いや、そういうのとは違《ちが》う……。
心がザワザワしてきた。
「そんなわけ、ないだろ」
反論する言葉は④弱々しかった。
「いや、してる。でなきゃ、かっちゃんにサッカーやめろ、なんて言えるか」
歩がだんだん*激昂《げっこう》してきた。
「それに、周斗の態度はいつも、」
光貴が追い打ちをかけようとすると、大地が遮った。
「もうやめろ。俺たち今仲違《たが》いしている場合じゃないだろ。次の試合は二週間後だぞ」

何とかおさめようとしていた怒《いか》りが、予告なくはじけ飛んだ。同情なんか一ミリも生まれなかった。
周斗はみんなが集まっている輪に近づいた。
「克彦、ドンマイ。切り替《か》えて、次、頑張《がんば》ろうぜ」
大地《だいち》が克彦の肩《かた》に手をのせた。②克彦はその言葉に余計に嗚咽《おえつ》した。
「そうだよ、かっちゃん。誰だってミスするし」
「俺《おれ》たち、いい線いったよな」
「うん、惜《お》しかった。次は勝てるんじゃないか」
選手たちが克彦を慰《なぐさ》めようと、次々に口にした。
「なぁ、今日は勝てなかったけど、負けなかったわけだし、帰りにみんなでどっか行かね？　かっちゃん、行こうよ」
歩《あゆむ》が言った。
周斗は愕然《がくぜん》とした。[A]が震《ふる》えそうだった。
お前ら、悔《くや》しくないのかよ！　勝ちたくなかったのかよ。勝てた試合なんだぞ。お前らにとって今日の試合は、それくらいのものなのかよ。
「かっちゃん」
周斗の低く突《つ》き刺《さ》すような声に、みんなが[I]振《ふ》り返った。
「俺はミスを責める気はない。だけど、お前は最初からやる気なかったよな。ゴールを死ぬ気で守ろうと思ってなかったよな。俺が許せないのは、そこだ！」
克彦を励《はげ》まそうとみんなが盛り上げていた空気が、一気にドンと突き落とされた。克彦は目に当てていた腕をといた。
「周斗、いいから」
大地が言うのを、周斗は遮《さえぎ》った。
「お前、もうやめろよ」
その瞬間《しゅんかん》、克彦の真っ赤な目が見開かれた。
「サッカーなんか、やめちまえよ」
場が凍《こお》り付いた。克彦の瞳《ひとみ》の奥が鈍《にぶ》く光った。

三 **次の文章を読み、あとの問いに答えなさい。**

周斗《しゅうと》が所属するサッカーのクラブチーム「ＦＣレック」は、春のリーグ戦で「ベルーガＳＣ」との試合に臨《のぞ》んでいた。一対〇で先制している中で、ゴールキーパーを務める蓮《れん》のファウルにより、敵がゴールキーパーと一対一でフリーキックができることになってしまう。しかし、蓮は足首を痛めて試合が続行できず、克彦《かつひこ》とキーパーを交代する。克彦は、自分の実力が高くないことから自信がなく、ゴールで今にも泣きそうな顔になっている。周斗には、その姿に気迫《きはく》も闘志《とうし》も感じられなかった。そのような中で敵が蹴《け》ったボールは、克彦の真正面に飛び、誰もがキャッチできると思ったが、克彦は取りそこない、点を取られてしまう。

そこで、試合終了のホイッスルが鳴り響《ひび》いた。引き分けだけど、ベルーガＳＣは逆転勝利したような喜びようだった。ＦＣレックの選手たちは脚《あし》をひきずるようにして、審判《しんぱん》の脇《わき》に整列した。克彦の顔は死人のように青ざめていた。

もともと*ＰＫを取られてしまったのは蓮だ。失点が誰《だれ》のせいとか、そんなことは言いたくない。でも、でも……今のボールは捕《と》れただろ。

周斗は①歯ぎしりの音が出そうなくらい、奥歯《おくば》をぎりりと嚙《か》みしめた。

試合終了後の柴山《しばやま》コーチの話は、おおむね選手たちの動きをほめていた。でも周斗の耳には何も残らなかった。

「さぁ、次の公式戦は二週間後だ。次こそ勝利を勝ち取ろう」

気付くと締《し》めの言葉になっていた。

「ハイ！」

周斗はみんなの返事に出遅《おく》れてしまい、そのまま黙《だま》っていた。

挨拶《あいさつ》が終わると、蓮は応援《おうえん》に来ていた両親とすぐに車で病院に向かった。応援席をちらりと見ると、もう父さんの姿も克彦の母親の姿もなかった。早々に退散したらしい。

周斗は*憮然《ぶぜん》としたまま、スパイクの紐《ひも》をゆるめた。ふと気付くと、みんなが周りにいない。知らないうちに、少し離《はな》れたところで輪が出来ていた。輪の中心は克彦だった。右腕《うで》で目を覆《おお》っている。

あいつ、泣いてんのか？

# 二〇二二年度 聖セシリア女子中学校

【国語】〈第二次試験〉（五〇分）〈満点：一〇〇点〉

注意事項：解答するときは、なるべく漢字を使用しなさい。

一 次の――線のカタカナを漢字に直し、漢字は読み方を答えなさい。

1 古いカンシュウを破る。
2 ツウカイな逆転ホームラン。
3 トウカクを現してきた。
4 力つきてコウサンする。
5 農業にジュウジする人。
6 人のサシズは受けない。
7 優秀な人材をトる。
8 正夢を見ておどろいた。
9 光線が目を射る。
10 うでを奮って料理をする。

二 例にならって、次の1、2について、それぞれの条件を満たした短文を一文で作りなさい。なお、ことばの順番を変えたり、活用（文の流れの中でことばの形を変化させること）させたりしてもかまいません。

例「ためらう」、「きらびやか」ということばを使った主語・述語の整った文。

姉があまりにもきらびやかな服で現れたので、私はいっしょに出かけるのをためらった。

1 「必ずしも」、「人間」ということばを使った主語・述語の整った文。
2 「むしろ」、「たよる」ということばを使った主語・述語の整った文。

2022年度

# 聖セシリア女子中学校 ▶解　答

※　編集上の都合により，第２次試験の解説は省略させていただきました。

## 算　数 ＜第２次試験＞（50分）＜満点：100点＞

解　答

1 (1)　40　　(2)　$\frac{17}{10}$　　(3)　100　　(4)　2　　(5)　$3\frac{3}{5}$　　(6)　0.2　　(7)　4500円　　2 (1)　4脚　　(2)　18日　　(3)　120m　　(4)　24分　　3 (1)　20度　　(2)　13.16$cm^2$　　(3)　252$cm^3$　　4 (1)　25cm　　(2)　3000$cm^3$　　(3)　54分後　　5 (1)　**バター**…32g，**薄力粉**…64g　　(2)　16個　　(3)　牛乳が30mL不足，薄力粉が72g不足

## 社　会 ＜第２次試験＞（30分）＜満点：50点＞

解　答

1 **問1**　(1)　**X**　イ　**Y**　ウ　**Z**　ア　(2)　財　(3)　イ　(4)　ア　(5)　①　卑弥呼，ウ　②　大和政権，エ　③　金印，ア　④　鑑真，イ　(6)　エ　(7)　（例）　武士と農民の身分をはっきりと区別し，農民を農業に専念させ，農民が武器を用いて一揆を起こすのを防ぐため。　(8)　参勤交代　(9)　①　オ　②　ウ　③　ア　④　イ　(10)　C→A→E→B→D　**問2**　聖徳太子　**問3**　(1)　①　エ　②　イ　(2)　①　ウ　②　葛飾北斎　(3)　イ　(4)　エ　(5)　ア　(6)　イ　**問4**　（例）　新紙幣は，額面のアラビア数字を現在の紙幣よりも大きく印字し，増加する訪日外国人にもわかりやすくした。　2 **問1**　アイヌ(民族)　**問2**　(1)　浮世絵　(2)　ウ　(3)　ユネスコ　**問3**　(1)　ブラジル　(2)　（例）　**国名**…フランス／フランスへ旅行したときに，書店で日本のマンガに似た本が売られているのを見て，日本との文化的なつながりを感じた。　(3)　（例）　たがいを認め合うことは，たがいに理解し合うことだと思う。相手と自分の違いを楽しむ気持ちを持って，思いやりを忘れず接したい。

## 理　科 ＜第２次試験＞（30分）＜満点：50点＞

解　答

1 **問1**　(b)　**問2**　青むらさき色　**問3**　デンプン　**問4**　**ア**　水　**イ**　（例）　くき　2 **問1**　(イ)，(ウ)，(エ)　**問2**　25℃　**問3**　右の図①　**問4**　ふ化　**問5**　(イ)→(エ)→(ア)→(ウ)　**問6**　（例）

図①

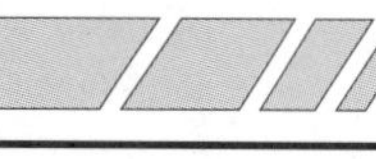

外来種の魚などに食べられてしまったから。　3　問１　アルカリ性　問２　A　(ウ)　B　(エ)　C　(ア)　D　(イ)　問３　(例)　直接かがずに，手であおいでにおいをかぐ。　4　問１　16.7％　問２　Cに10ｇ　問３　A　問４　(例)　水を加える。／水溶液の温度を上げる。　5　問１　A　おもり　B　ふり子　C　速さ　問２　(1)　(ア)　(2)　(イ)と(エ)　問３　(例)　調節ねじを回しておもりの位置を下げ，ふり子の長さを長くすることで時間をおくらせて，正しい時間に直す。　6　問１　N極　問２　(例)　①と②　問３　右の図②　7　問１　(イ)　問２　(例)　百葉箱の中の温度計に日光が直接当たらないこと。　問３　(1)　(エ)　(2)　(イ)

図②

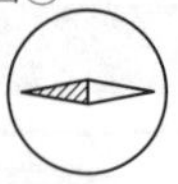

## 国語　＜第２次試験＞（50分）＜満点：100点＞

### 解答

一　1～7　下記を参照のこと。　8　まさゆめ　9　い(る)　10　ふる(って)
二　1　(例)　一位をとることは，必ずしもすべての人間にとって幸せなことであるとは限らない。　2　(例)　ものごとは一人ですべてを行おうとするより，むしろまわりの人にもたよるほうがうまくいくことが多い。　三　問１　A　ウ　B　カ　C　イ　問２　(例)　克彦が本気でゴールを守ろうとしていなかったためにボールを捕れずに，チームが引き分けになってしまったことへの怒り。　問３　エ　問４　Ⅰ　エ　Ⅱ　イ　問５　イ　問６　ア　問７　(例)　周斗がサッカーを自分一人だけの力でやっていると思いこみ，控えの選手のことを馬鹿にしているということ。　問８　サッカーなんか，やめちまえよ　問９　去年の夏，～ったのだ。　問10　周斗…ア　大地…オ　四　問１　Ⅰ　ウ　Ⅱ　オ　Ⅲ　イ　問２　(例)　からだと外部との境界を作り，からだの中を外部環境の変化から守り，生物が生き続けるための役割を持っている。　問３　ウ　問４　イ　問５　b　問６　ア　問７　皮膚の中を流れる血の量が増えて　問８　エ　問９　(例)　からだに危害を加えるものからからだを守ろうとする役割と，からだの外の世界と熱のやりとりをしてからだの温度を調整する役割。　問10　1　B　2　B　3　A　4　A

●漢字の書き取り

一　1　慣習　2　痛快　3　頭角　4　降参　5　従事　6　指図　7　採(る)

# 出題ベスト10シリーズ

①国語読解ベスト10

②漢字合格の2790題

③計算合格の820題

④図形問題ベスト10

■過去の入試問題から出題例の多い問題を選んで編集・構成。受験関係者の間でも好評です！

# 有名中学入試問題集

●男子校編

●女子校編

■中学入試の全容をさぐる!!
■首都圏の中学を中心に、全国有名中学の最新入試問題を収録!!

※表紙は昨年度のものです。

# 算数の過去問25年分

■筑波大学附属駒場
■麻布
■開成

○名門３校に絶対合格したいという気持ちに応えるため過去問実績No.1の声の教育社が出した答えです。

# 都立中高一貫校 適性検査問題集

■都立一貫校と同じ検査形式で学べる！

●自己採点のしにくい作文には「採点ガイド」を掲載。
●保護者向けのページも充実。
●私立中学の適性検査型・思考力試験対策にもおすすめ！

## 当社発行物の無断使用は固くお断りいたします。御使用の前はまずご相談ください。

当社発行物には500点余の首都圏中・高過去問をはじめ、6点の学校案内、そのほかいくつかの情報誌などがございます。その多くが年度版で、限られたスタッフが来るべき受験シーズン前に余裕を持って受験生へ届けられるよう、日夜作業にあたり出版を重ねております。

最近、通塾生ご父母や塾内部からの告発によって、いくつかの塾が許諾なしに当社過去問を複写（コピー）し生徒に配布、授業等にも使用していることが発覚し、その一部が紛争、係争に至っております。過去問には原著作者や管理団体、代行出版等のほか、当社に著作権がございます。当社としましては、著作権侵害の発覚に対しては著作権を有するこれらの著作権関係者にその事実を開示して、マスコミにリリースする場合や法的な措置を取る場合がございます。その事例としましては、毎年当社過去問の発行を待って自由にシステム化使用していたＡ塾、個別教室でコピーを生徒に解かせ指導していたＢ塾、冊子化していたＣ社、生徒の希望によって書籍の過去問代わりにコピーを配布していたＤ塾などがあります。

**当社発行物の全部もしくは一部を無断使用することは固くお断りいたします。**

当社コンテンツの中にはリーズナブルな設定で紙面の利用を許諾している塾もたくさんございますので、ご希望の方は、お気軽にご相談くださいますようお願いします。同時に、当社発行物を無断で使用している会社などにつきましての情報もお寄せいただければ幸いです。

**株式会社 声の教育社**

スーパー過去問の **解説執筆・解答作成スタッフ（在宅）募集！**

※募集要項の詳細は、10月に弊社ホームページ上に掲載します。



2025年度用

# 中学スーパー過去問

■編集人 声の教育社・編集部
■発行所 株式会社 声の教育社



〒162-0814 東京都新宿区新小川町8-15
☎03-5261-5061(代) FAX03-5261-5062
https://www.koenokyoikusha.co.jp



※本書の内容についての一切の責任は当社にあります。内容・解説・解答・その他は当社ホームページよりお問い合わせ下さい。

カコを追いかけ
ミライをつかめ
「今の説明、もう一回」を何度でも
web過去問
ストリーミング配信による入試問題の解説動画
もっと古いカコモンないの？
カコ過去問
「さらにカコの」過去問をHPに掲載（DL）
声の教育社
詳しくはこちらから

ストリーミング配信による入試問題の解説動画

# 2025年度用web過去問　ラインナップ

■ **男子・女子・共学（全動画）見放題**
**36,080円**（税込）

■ **男子・共学 見放題**
**29,480円**（税込）

■ **女子・共学 見放題**
**28,490円**（税込）

## ● 中学受験「声教web過去問（過去問プラス・過去問ライブ）」（算数・社会・理科・国語）

**3〜5年間 24校**

**過去問プラス**

| | | | | |
|---|---|---|---|---|
| 麻布中学校 | 桜蔭中学校 | 開成中学校 | 慶應義塾中等部 | 渋谷教育学園渋谷中学校 |
| 女子学院中学校 | 筑波大学附属駒場中学校 | 豊島岡女子学園中学校 | 広尾学園中学校 | 三田国際学園中学校 |
| 早稲田中学校 | 浅野中学校 | 慶應義塾普通部 | 聖光学院中学校 | 市川中学校 |
| 渋谷教育学園幕張中学校 | 栄東中学校 | | | |

**過去問ライブ**

| | | | | |
|---|---|---|---|---|
| 栄光学園中学校 | サレジオ学院中学校 | 中央大学附属横浜中学校 | 桐蔭学園中等教育学校 | 東京都市大学付属中学校 |
| フェリス女学院中学校 | 法政大学第二中学校 | | | |

## ● 中学受験「オンライン過去問塾」（算数・社会・理科）

**3〜5年間 50校以上**

| | | | | | | | | | |
|---|---|---|---|---|---|---|---|---|---|
| 東京 | 青山学院中等部 | 東京 | 国学院大学久我山中学校 | 東京 | 明治大学付属明治中学校 | 千葉 | 芝浦工業大学柏中学校 | 埼玉 | 栄東中学校 |
| | 麻布中学校 | | 渋谷教育学園渋谷中学校 | | 早稲田中学校 | | 渋谷教育学園幕張中学校 | | 淑徳与野中学校 |
| | 跡見学園中学校 | | 城北中学校 | | 都立中高一貫校 共同作成問題 | | 昭和学院秀英中学校 | | 西武学園文理中学校 |
| | 江戸川女子中学校 | | 女子学院中学校 | | 都立大泉高校附属中学校 | | 専修大学松戸中学校 | | 獨協埼玉中学校 |
| | 桜蔭中学校 | | 巣鴨中学校 | | 都立白鷗高校附属中学校 | | 東邦大学付属東邦中学校 | | 立教新座中学校 |
| | 鷗友学園女子中学校 | | 桐朋中学校 | | 都立両国高校附属中学校 | | 千葉日本大学第一中学校 | 茨城 | 江戸川学園取手中学校 |
| | 大妻中学校 | | 豊島岡女子学園中学校 | 神奈川 | 神奈川大学附属中学校 | | 東海大学付属浦安中等部 | | 土浦日本大学中等教育学校 |
| | 海城中学校 | | 日本大学第三中学校 | | 桐光学園中学校 | | 麗澤中学校 | | 茗溪学園中学校 |
| | 開成中学校 | | 雙葉中学校 | | 県立相模原・平塚中等教育学校 | | 県立千葉・東葛飾中学校 | | |
| | 開智日本橋中学校 | | 本郷中学校 | | 市立南高校附属中学校 | | 市立稲毛国際中等教育学校 | | |
| | 吉祥女子中学校 | | 三輪田学園中学校 | 千葉 | 市川中学校 | 埼玉 | 浦和明の星女子中学校 | | |
| | 共立女子中学校 | | 武蔵中学校 | | 国府台女子学院中学部 | | 開智中学校 | | |

## web過去問 Q&A

過去問が動画化！
声の教育社の編集者や中高受験のプロ講師など、
過去問を知りつくしたスタッフが動画で解説します。

Q **どこで購入できますか？**
A 声の教育社のHPでお買い求めいただけます。

Q **受講にあたり、テキストは必要ですか？**
A 基本的には過去問題集がお手元にあることを前提としたコンテンツとなっております。

Q **全問解説ですか？**
A 「オンライン過去問塾」シリーズは基本的に全問解説ですが、国語の解説はございません。「声教web過去問」シリーズは合格のカギとなる問題をピックアップして解説するもので、全問解説ではございません。なお、「声教web過去問」と「オンライン過去問塾」のいずれでも取り上げられている学校がありますが、授業は別の講師によるもので、同一のコンテンツではございません。

Q **動画はいつまで視聴できますか？**
A ご購入年度２月末までご視聴いただけます。
複数年視聴するためには年度が変わるたびに購入が必要となります。

# よくある解答用紙のご質問

01

## 実物のサイズにできない

拡大率にしたがってコピーすると，「解答欄」が実物大になります。配点などを含むため，用紙は実物よりも大きくなることがあります。

02

## A3用紙に収まらない

拡大率164％以上の解答用紙は実物のサイズ（「出題傾向＆対策」をご覧ください）が大きいために，Ａ３に収まらない場合があります。

03

## 拡大率が書かれていない

複数ページにわたる解答用紙は，いずれかのページに拡大率を記載しています。どこにも表記がない場合は，正確な拡大率が不明です。

04

## １ページに２つある

１ページに２つ解答用紙が掲載されている場合は，正確な拡大率が不明です。ほかの試験回の同じ教科をご参考になさってください。

聖セシリア女子中学校

# 【別冊】入試問題解答用紙編

禁無断転載

解答用紙は本体からていねいに抜きとり、別冊としてご使用ください。

※ 実際の解答欄の大きさで練習するには、指定の倍率で拡大コピーしてください。なお、ページの上下に小社作成の見出しや配点を記載しているため、コピー後の用紙サイズが実物の解答用紙と異なる場合があります。

## ●入試結果表

— は非公表

| 年度 | 回 | 項目 | 国語 | 算数 | 社会 | 理科 | 2科合計 | 4科合計 | 2科合格 | 4科合格 |
|---|---|---|---|---|---|---|---|---|---|---|
| 2024 | 第１次 | 配点(満点) | 100 | 100 | 50 | 50 | 200 | 300 | 最高点 | 最高点 |
| | | 合格者平均点 | — | — | — | — | — | — | 168 | 251 |
| | | 受験者平均点 | 61 | 61 | 31 | 33 | 122 | 186 | 最低点 | 最低点 |
| | | キミの得点 | | | | | | | 131 | 197 |
| | 第２次 | 配点(満点) | 100 | 100 | 50 | 50 | 200 | 300 | 最高点 | 最高点 |
| | | 合格者平均点 | — | — | — | — | — | — | 178 | 256 |
| | | 受験者平均点 | 63 | 60 | 36 | 31 | 123 | 190 | 最低点 | 最低点 |
| | | キミの得点 | | | | | | | 126 | 190 |
| 2023 | 第１次 | 配点(満点) | 100 | 100 | 50 | 50 | 200 | 300 | 最高点 | 最高点 |
| | | 合格者平均点 | — | — | — | — | — | — | 188 | 237 |
| | | 受験者平均点 | 61 | 63 | 30 | 34 | 124 | 188 | 最低点 | 最低点 |
| | | キミの得点 | | | | | | | 129 | 196 |
| | 第２次 | 配点(満点) | 100 | 100 | 50 | 50 | 200 | 300 | 最高点 | 最高点 |
| | | 合格者平均点 | — | — | — | — | — | — | 171 | 252 |
| | | 受験者平均点 | 59 | 53 | 35 | 33 | 112 | 180 | 最低点 | 最低点 |
| | | キミの得点 | | | | | | | 118 | 184 |
| 2022 | 第１次 | 配点(満点) | 100 | 100 | 50 | 50 | 200 | 300 | 最高点 | 最高点 |
| | | 合格者平均点 | — | — | — | — | — | — | 175 | 257 |
| | | 受験者平均点 | 60 | 65 | 36 | 27 | 125 | 188 | 最低点 | 最低点 |
| | | キミの得点 | | | | | | | 130 | 196 |
| | 第２次 | 配点(満点) | 100 | 100 | 50 | 50 | 200 | 300 | 最高点 | 最高点 |
| | | 合格者平均点 | — | — | — | — | — | — | 170 | 255 |
| | | 受験者平均点 | 63 | 60 | 38 | 31 | 123 | 192 | 最低点 | 最低点 |
| | | キミの得点 | | | | | | | 128 | 192 |

※ 表中のデータは学校公表のものです。ただし、２科合計・４科合計は各教科の平均点を合計したものなので、目安としてご覧ください。

# ２０２４年度　聖セシリア女子中学校

## 算数解答用紙　第１次

| 番号 | | 氏名 | | 評点 | ／100 |
|---|---|---|---|---|---|

| | | | | | | |
|---|---|---|---|---|---|---|
| 1 | (1) | | (2) | | (3) | |
| | (4) | | (5) | | (6) | |
| | (7) | 円 | | | | |

| | | |
|---|---|---|
| 2 | (1) | (式)<br>(答)　分後 |
| | (2) | (式)<br>(答)　人 |
| | (3) | (式)<br>(答)　人 |
| | (4) | (式)<br>(答)　円 |

| | | | | | | |
|---|---|---|---|---|---|---|
| 3 | (1) | 度 | (2) | $cm^2$ | (3) | $cm^3$ |

| | | | | | |
|---|---|---|---|---|---|
| 4 | (1) | 時速　km | (2) | (A) | (B) |
| | (3) | 分後 | 分後 | | |

| | | | | | | |
|---|---|---|---|---|---|---|
| 5 | (1) | | (2) | 番目 | (3) | 本 |
| | (4) | 野菜 | 本多い | | | |

(注) この解答用紙は実物を縮小してあります。175％拡大コピーをすると、ほぼ実物大の解答欄になります。

〔算　数〕100点(学校配点)

1　各４点×７　2　各７点×４　3　各４点×３　4　(1)　４点　(2)　各２点×２　(3)　各３点×２　5　(1)～(3)　各４点×３　(4)　各３点×２

# ２０２４年度　　聖セシリア女子中学校

## 社会解答用紙　第１次

| 番号 | | 氏名 | | 評点 | ／50 |
|---|---|---|---|---|---|

| | | | |
|---|---|---|---|
| 1 | 問1 | | |
| | 問2 | | |
| | 問3 | (1) | |
| | | (2) | |
| | 問4 | (1) | (2) ア　イ |
| | 問5 | (1) | ①　②　(2) |
| | | (3) | ①　②a　b |
| | 問6 | (1) | |
| | | (2) | ① ア　イ　②a　b |
| | 問7 | (1) | ①　② |
| | | (2) | ① |
| | | | ② |
| | | | ③　④　⑤ |
| | 問8 | (1) | (2)　(3) |

| | | | |
|---|---|---|---|
| 2 | 問1 | (1) | (2) |
| | 問2 | | |
| | 問3 | (1) | 月　日　(2) |
| | | (3) | (4) |
| | | (5) | |

（注）この解答用紙は実物を縮小してあります。185％拡大コピーをすると、ほぼ実物大の解答欄になります。

〔社　会〕50点(学校配点)

1 問1，問2　各1点×2　問3　(1)　2点　(2)　1点　問4　(1)　2点　(2)　各1点×2　問5　(1)　各1点×2　(2)　2点　(3)　①　1点　②　a　2点　b　1点　問6　(1)　2点　(2)　各1点×4　問7　(1)　①　2点　②　1点　(2)　①，②　各2点×2　③～⑤　各1点×3　問8　(1)　2点　(2)　1点　(3)　2点　2 問1　(1)　2点　(2)　1点　問2　1点　問3　(1)　1点　(2)，(3)　各2点×2　(4)　1点　(5)　2点

# ２０２４年度　　聖セシリア女子中学校

## 理科解答用紙　第１次

| 番号 | | 氏名 | | 評点 | ／50 |
|---|---|---|---|---|---|

| 番号 | | | 解答 |
|---|---|---|---|
| 1 | 問1 | | |
| | 問2 | | |
| | 問3 | | |
| | 問4 | | |
| | 問5 | | |
| 2 | 問1 | | |
| | 問2 | | 回 |
| | 問3 | | |
| | 問4 | ① | |
| | | ② | |
| 3 | 問1 | ① | |
| | | ② | |
| | | ③ | |
| | | ④ | |
| | 問2 | A | |
| | | C | |
| | | E | |
| | 問3 | | 色 |
| 4 | 問1 | | |
| | 問2 | ① | |

| 番号 | | | 解答 |
|---|---|---|---|
| 4 | 問2 | ② | |
| | | ③ | |
| | 問3 | 組み方 | |
| | | 理由 | |
| 5 | 問1 | ① | と |
| | | ② | と |
| | 問2 | | |
| | 問3 | | と |
| | 問4 | | |
| 6 | 問1 | ① | |
| | | ② | |
| | | ③ | |
| | 問2 | | g |
| | 問3 | | |
| | 問4 | | 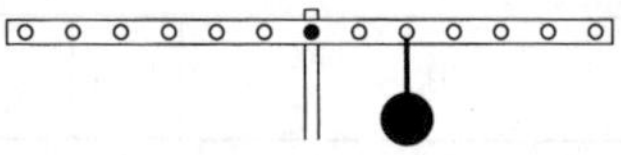 |
| 7 | 問1 | | |
| | 問2 | | →　→　→　→ |
| | 問3 | | |

（注）この解答用紙は実物を縮小してあります。182％拡大コピーをすると、ほぼ実物大の解答欄になります。

〔理　科〕50点（学校配点）

1　問1～問3　各1点×3　問4，問5　各2点×2　2　問1　2点　問2　1点　問3　2点　問4　各1点×2　3　問1，問2　各1点×7　問3　2点　4　問1，問2　各1点×4　問3　組み方…1点，理由…2点　5　問1，問2　各1点×3　問3，問4　各2点×2　6　問1　各1点×3　問2～問4　各2点×3<問3は完答>　7　問1　1点　問2　2点<完答>　問3　1点

# 2024年度　聖セシリア女子中学校

## 国語解答用紙　第一次

番号　　氏名　　評点　/100

一

| 1 | 2 | 3 | 4 | 5 |
|---|---|---|---|---|
| 6 | 7 | 8 | 9　（える） | 10　（る） |

二

1

2

三

問一　A　B　C　D

問二　①　②

問三

問四　さん

問五　先生も

問六

問七

問八

問九

四

問一　A　B　C　D

問二　I　II

問三

問四

問五

問六

問七

問八　1　2　3　4　5

（注）この解答用紙は実物を縮小してあります。185％拡大コピーをすると、ほぼ実物大の解答欄になります。

〔国　語〕100点（学校配点）

一　各１点×10　二　各５点×２　三　問１，問２　各２点×６　問３　４点　問４　３点　問５　４点　問６　各２点×２　問７　３点　問８　６点　問９　４点　四　問１，問２　各２点×６　問３，問４　各３点×２　問５　６点　問６，問７　各３点×２　問８　各２点×５

# ２０２４年度　聖セシリア女子中学校

## 算数解答用紙　第２次

| 番号 | | 氏名 | | 評点 | ／100 |
|---|---|---|---|---|---|

| | | | | | | |
|---|---|---|---|---|---|---|
| 1 | (1) | | (2) | | (3) | |
| | (4) | | (5) | | (6) | |
| | (7) | 分 | | | | |

| | | | |
|---|---|---|---|
| 2 | (1) | （式） | （答）　円 |
| | (2) | （式） | （答）　毎秒　m |
| | (3) | （式） | （答）　cm |
| | (4) | （式） | （答）　円 |

| | | | | | | | | |
|---|---|---|---|---|---|---|---|---|
| 3 | (1) | 度 | (2) | $cm^2$ | (3) | $cm^3$ | | |
| 4 | (1) | 毎分　$cm^3$ | (2) | 分後 | | | | |
| | (3) | （ア） | （イ） | （ウ） | （エ） | | | |
| 5 | (1) | | (2) | | | | | |
| | (3) | 色 | 番目 | (4) | | | | |

（注）この解答用紙は実物を縮小してあります。175％拡大コピーをすると、ほぼ実物大の解答欄になります。

〔算　数〕100点(学校配点)

1　各４点×７　2　各７点×４　3　各４点×３　4　各３点×６　5　(1)，(2)　各３点×２　(3)　各２点×２　(4)　４点

# 2024年度　聖セシリア女子中学校

## 社会解答用紙　第2次

| 番号 | | 氏名 | | 評点 | ／50 |
|---|---|---|---|---|---|

| | | | | | | | | |
|---|---|---|---|---|---|---|---|---|
| 1 | 問1 | (1) | | (2) | | | | |
| | | (3) | | (4) | | | | |
| | | (5) | | | | | | |
| | 問2 | (1) | | (2) | | (3) | | |
| | 問3 | (1) | | (2) | | (3) | | |
| | 問4 | (1) | | | | | | |
| | | (2) | | (3) | | | | |
| | | (4) | ・<br>・ | | | | | |
| | | (5) | | | | | | |
| | 問5 | (1) | | (2) | | | | |
| | 問6 | (1) | | (2) | | (3) | | (4) |
| | | (5) | | (6) | | (7) | 市 | |
| | 問7 | (1) | | (2) | | (3) | | |

| | | | | | | | |
|---|---|---|---|---|---|---|---|
| 2 | 問1 | (1) | | (2) | | | |
| | 問2 | (1) | | (2) | | (3) | A　　B |
| | 問3 | 第　　条 | | | | | |
| | 問4 | 目標番号 | | | | | |
| | | | | | | | |

（注）この解答用紙は実物を縮小してあります。185％拡大コピーをすると、ほぼ実物大の解答欄になります。

〔社　会〕50点(学校配点)

1　問1　(1)，(2)　各1点×2　(3)　2点　(4)　1点　(5)　2点　問2　(1)　2点　(2)，(3)　各1点×2　問3　(1)　2点　(2)　1点　(3)　2点　問4　(1)　2点　(2)　1点　(3)，(4)　各2点×2＜(4)は完答＞　(5)　1点　問5　(1)　1点　(2)　2点　問6　(1)～(5)　各1点×5　(6)　2点　(7)　1点　問7　各1点×3　2　問1　(1)　2点　(2)　1点　問2　(1)　2点　(2)，(3)　各1点×3　問3　1点　問4　3点

# ２０２４年度　聖セシリア女子中学校

## 理科解答用紙　第２次

| 番号 | | 氏名 | | 評点 | ／50 |
|---|---|---|---|---|---|

| 番号 | | | 解答 |
|---|---|---|---|
| 1 | 問１ | | |
| | 問２ | | |
| | 問３ | | |
| | 問４ | | |
| 2 | 問１ | | |
| | 問２ | | 色 |
| | 問３ | | |
| | 問４ | | |
| | 問５ | | |
| | 問６ | | |
| 3 | 問１ | | 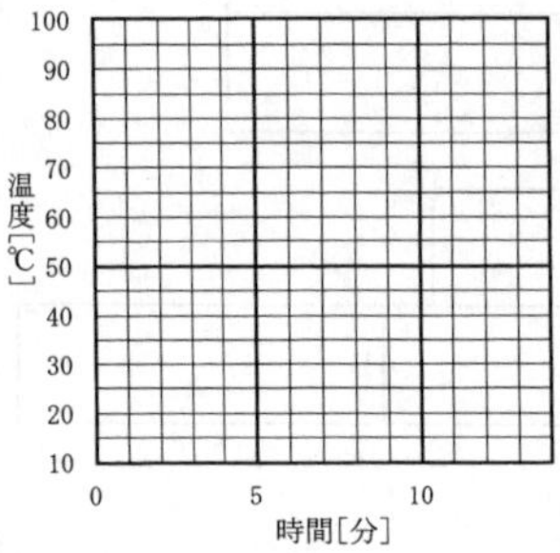 |
| | 問２ | 名前 | |
| | | 理由 | |
| | 問３ | | |



| 番号 | | | 解答 |
|---|---|---|---|
| 3 | 問４ | | |
| 4 | 問１ | | g |
| | 問２ | | |
| | 問３ | | ℃ |
| | 問４ | | g |
| 5 | 問１ | | と |
| | 問２ | | と |
| | 問３ | | と |
| | 問４ | | |
| 6 | 問１ | B | |
| | | D | |
| | | E | |
| | 問２ | つなぎ方 | |
| | | D | |
| | 問３ | | |
| 7 | 問１ | ① | |
| | | 方角 | |
| | 問２ | | →　→ |
| | 問３ | | から　へ |
| | 問４ | | |

（注）この解答用紙は実物を縮小してあります。182％拡大コピーをすると、ほぼ実物大の解答欄になります。

〔理　科〕50点(学校配点)

1　問１　２点　問２　各１点×２　問３　２点　問４　１点　2　問１，問２　各１点×２　問３　２点　問４～問６　各１点×３　3　問１　２点　問２　名前…１点，理由…２点　問３　１点　問４　２点　4　問１　１点　問２～問４　各２点×３　5　各２点×４＜問４は完答＞　6　問１，問２　各１点×５　問３　２点　7　問１　各１点×２　問２　２点＜完答＞　問３，問４　各１点×２

２０２４年度　聖セシリア女子中学校

# 国語解答用紙　第二次

| 番号 | | 氏名 | | 評点 | /100 |
|---|---|---|---|---|---|

**一**

| 1 | 2 | 3 | 4 | 5 |
|---|---|---|---|---|
| 6 | 7 | 8 | 9 | 10 （しい） |

**二**

1

2

**三**

問一　A　B　C　　問二

問三

問四　D　E　F

問五

問六

問七　　問八　　問九

**四**

問一　A　B　C　　問二

問三　　問四　　問五

問六　Ⅰ　Ⅱ

問七

問八

問九　1　2　3　4　5

（注）この解答用紙は実物を縮小してあります。185％拡大コピーをすると、ほぼ実物大の解答欄になります。

〔国　語〕100点(学校配点)

一　各１点×10　二　各５点×２　三　問１，問２　各２点×４　問３　６点　問４　各２点×３　問５　６点　問６　５点　問７～問９　各３点×３　四　問１　各２点×３　問２　３点　問３　２点　問４，問５　各３点×２　問６　各２点×２　問７　５点　問８　４点　問９　各２点×５

# ２０２３年度　聖セシリア女子中学校

## 算数解答用紙　第１次

| 番号 | | 氏名 | | 評点 | ／100 |
|---|---|---|---|---|---|

| | | | | | | |
|---|---|---|---|---|---|---|
| 1 | (1) | | (2) | | (3) | |
| | (4) | | (5) | | (6) | |
| | (7) | % | | | | |
| 2 | (1) | (式)<br>(答)　個 | | | | |
| | (2) | (式)<br>(答)　時間　分 | | | | |
| | (3) | (式)<br>(答)　円 | | | | |
| | (4) | (式)<br>(答)　日 | | | | |
| 3 | (1) | 度 | (2) | $cm^2$ | (3) | $cm^3$ |
| 4 | (1) | ア　cm | (2) | イ | ウ | エ |
| | (3) | 分後　分後 | | | | |
| 5 | (1) | | (2) | 段目の　列目 | (3) | |
| | (4) | 段目 | | | | |

（注）この解答用紙は実物を縮小してあります。175％拡大コピーをすると、ほぼ実物大の解答欄になります。

〔算　数〕100点(学校配点)

1 各４点×７　2 各７点×４　3 各４点×３　4 (1)，(2)　各３点×４　(3)　４点＜完答＞　5 各４点×４

# ２０２３年度　聖セシリア女子中学校

社会解答用紙　第１次

| 番号 | | 氏名 | | 評点 | ／50 |
|---|---|---|---|---|---|

| | | | |
|---|---|---|---|
| 1 | 問１ | | |
| | 問２ | （１） | a　　b　　（２） |
| | 問３ | （１） | （２）　大王 |
| | | （３） | |
| | 問４ | （１） | ①　②　年　（２） |
| | 問５ | （１） | （２）　（３） |
| | | （４） | |
| | 問６ | （１） | （２） |
| | | （３） | （４） |
| | | （５） | ① |
| | | | ② |
| | 問７ | （１） | （２）　→　→　→ |
| | | （３） | （４） |
| | | （５） | （６） |

| | | | |
|---|---|---|---|
| 2 | 問１ | （１） | （２） |
| | 問２ | （１） | （２） |
| | 問３ | （１） | （２） |
| | 問４ | （１） | |
| | | （２） | |

（注）この解答用紙は実物を縮小してあります。192％拡大コピーをすると、ほぼ実物大の解答欄になります。

〔社　会〕50点(学校配点)

1　問１　１点　問２　(1)　各１点×２　(2)　２点　問３　各２点×３　問４　(1)　各１点×２　(2)　２点　問５　(1)～(3)　各１点×３　(4)　２点　問６　(1)，(2)　各１点×２　(3)　２点　(4)　１点　(5)　①　２点　②　１点　問７　(1)　１点　(2)　２点<完答>　(3)　２点　(4)　１点　(5)，(6)　各２点×２

2　問１　各２点×２　問２，問３　各１点×４　問４　各２点×２

# ２０２３年度　聖セシリア女子中学校

## 理科解答用紙　第１次

| 番号 | | 氏名 | | 評点 | ／50 |
|---|---|---|---|---|---|

| 番号 | | | 解答 |
|---|---|---|---|
| 1 | 問1 | | |
| | 問2 | | |
| | 問3 | | |
| | 問4 | | |
| | 問5 | | |
| 2 | 問1 | ① | |
| | | ② | |
| | 問2 | | |
| | 問3 | | |
| | 問4 | a | |
| | | b | |
| | | c | |
| 3 | 問1 | | |
| | 問2 | | |
| | 問3 | | |
| | 問4 | | |
| 4 | 問1 | | g |
| | 問2 | | g |
| | 問3 | | % |

| 番号 | | | 解答 |
|---|---|---|---|
| 4 | 問4 | ミョウバン | |
| | | 食塩 | |
| | 問5 | | |
| 5 | 問1 | 道具 | |
| | | A | |
| | | B | |
| | | C | |
| | 問2 | 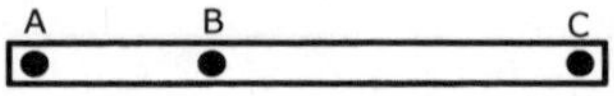 | |
| | 問3 | | |
| 6 | 問1 | 大きさ | |
| | | 向き | |
| | 問2 | | |
| | 問3 | a | |
| | | b | |
| 7 | 問1 | | |
| | 問2 | B | |
| | | C | |
| | 問3 | A | |
| | | D | |

（注）この解答用紙は実物を縮小してあります。182％拡大コピーをすると、ほぼ実物大の解答欄になります。

〔理　科〕50点(学校配点)

1　問1～問4　各1点×4　問5　2点　2　問1，問2　各1点×3　問3　2点　問4　各1点×3　3　問1，問2　各1点×2　問3，問4　各2点×2　4　問1～問3　各2点×3　問4　各1点×2　問5　2点　5　問1　各1点×4　問2，問3　各2点×2<問3は完答>　6　問1　各1点×2　問2　2点　問3　各1点×2　7　問1　2点　問2，問3　各1点×4

# 二〇二三年度　聖セシリア女子中学校

## 国語解答用紙　第一次

番号　　氏名　　評点　／100

一
1　2　3　4　5
6　7（びる）　8　9　10（す）

二
1
2

三
問一　A　B
問二　問三　問四　問五
問六
問七
問八　問九　問十　問十一

四
問一　A　B　C　問二
問三
問四
問五
問六
問七　問八
問九　1　2　3　4　5

（注）この解答用紙は実物を縮小してあります。182%拡大コピーをすると、ほぼ実物大の解答欄になります。

〔国　語〕100点（学校配点）

一　各1点×10　二　各5点×2　三　問1～問3　各2点×4　問4　3点　問5　2点　問6，問7　各6点×2　問8～問11　各3点×4　四　問1，問2　各2点×4　問3　6点　問4　5点　問5　3点　問6　5点　問7，問8　各3点×2　問9　各2点×5

# 2023年度　聖セシリア女子中学校

## 算数解答用紙　第2次

| 番号 | | 氏名 | | 評点 | ／100 |
|---|---|---|---|---|---|

| | | | | | | |
|---|---|---|---|---|---|---|
| 1 | (1) | | (2) | | (3) | |
| | (4) | | (5) | | (6) | |
| | (7) | % | | | | |
| 2 | (1) | (式)　(答) cm | | | | |
| | (2) | (式)　(答) cm | | | | |
| | (3) | (式)　(答) 秒後 | | | | |
| | (4) | (式)　(答) | | | | |
| 3 | (1) | 度 | (2) | cm² | (3) | cm³ |
| 4 | (1) | 時速 km | (2) | 分 | (3) | 時 分 |
| 5 | (1) | A | B | C | (2) | 回 |
| | (3) | 秒 | (4) | 秒 | | |

（注）この解答用紙は実物を縮小してあります。175％拡大コピーをすると、ほぼ実物大の解答欄になります。

〔算　数〕100点(推定配点)

1　各4点×7　2　各7点×4　3　各5点×3　4　(1)　4点　(2)，(3)　各5点×2　5　(1)　各2点×3　(2)～(4)　各3点×3

# ２０２３年度　　聖セシリア女子中学校

## 社会解答用紙　第２次

| 番号 | | 氏名 | | 評点 | ／50 |
|---|---|---|---|---|---|

**1**

|  |  | | | | | | | |
|---|---|---|---|---|---|---|---|---|
| 問１ | （１） | | （２） | | | | | |
| | （３） | | | | | | | |
| 問２ | （１） | | | | | | | |
| | （２） | | | | | | | |
| 問３ | （１） | ① | | ② | | ③ | | |
| | （２） | ① | | ② | | | | |
| 問４ | （１） | | | | | | | |
| | （２） | | | | | | | |
| 問５ | （１） | a | | b | | c | | d |
| | （２） | ① | | ② | | | | |
| 問６ | （１） | | | | | | | |
| | （２） | → | → | → | | | | |
| | （３） | | （４） | | | | | |
| 問７ | （１） | | （２） | | （３） | | | |

**2**

|  |  | | | | | |
|---|---|---|---|---|---|---|
| 問１ | | | | | | |
| 問２ | （１） | | （２） | | | |
| 問３ | （１） | | （２） | | （３） | |
| 問４ | （１） | | | | | |
| | （２） | | （３） | | | |

（注）この解答用紙は実物を縮小してあります。192％拡大コピーをすると、ほぼ実物大の解答欄になります。

〔社　会〕50点(学校配点)

1 問１　(1)　２点　(2)　１点　(3)　３点＜完答＞　問２　(1)　１点　(2)　２点　問３　(1)　①　２点　②，③　各１点×２　(2)　各２点×２　問４　各２点×２　問５　各１点×６　問６　(1)～(3)　各２点×３＜(2)は完答＞　(4)　１点　問７　(1)　２点　(2)，(3)　各１点×２　2 問１　１点　問２　(1)　１点　(2)　２点　問３　(1)　２点　(2)，(3)　各１点×２　問４　(1)　２点　(2)，(3)　各１点×２

２０２３年度　　聖セシリア女子中学校

理科解答用紙　第２次

| 番号 | | 氏名 | |
|---|---|---|---|

| 評点 | ／50 |
|---|---|

| 番号 | | | 解答 |
|---|---|---|---|
| 1 | 問1 | | |
| | 問2 | | |
| | 問3 | | |
| | 問4 | | |
| | 問5 | | |
| 2 | 問1 | ① | |
| | | ② | |
| | | ③ | |
| | | 下線部 | |
| | 問2 | A | |
| | | B | |
| | | C | |
| | | D | |
| | 問3 | | |
| 3 | 問1 | ア | |
| | | イ | |
| | | ウ | |
| | 問2 | | |
| | 問3 | | |

| 番号 | | | 解答 |
|---|---|---|---|
| 4 | 問1 | C | |
| | | D | |
| | 問2 | | |
| | 問3 | | |
| 5 | 問1 | | ｃｍ |
| | 問2 | | 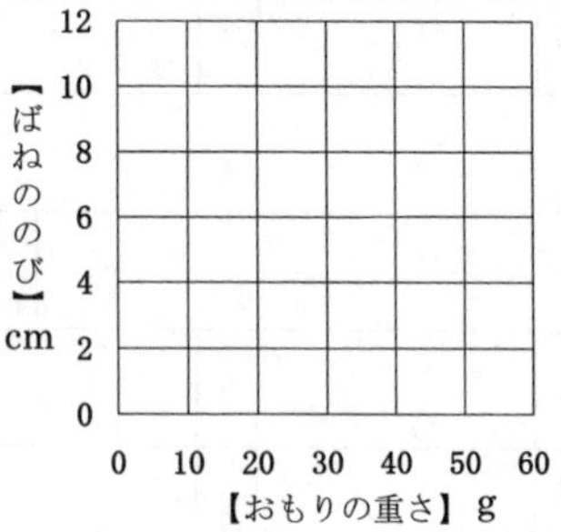 |
| | 問3 | | ｃｍ |
| | 問4 | | ｃｍ |
| 6 | 問1 | | |
| | 問2 | | |
| | 問3 | | |
| | 問4 | | |
| | 問5 | | |
| 7 | 問1 | | |
| | 問2 | | |
| | 問3 | | （　　　　）層と（　　　　）層 |
| | 問4 | | |



（注）この解答用紙は実物を縮小してあります。182％拡大コピーをすると、ほぼ実物大の解答欄になります。

〔理　科〕50点(学校配点)

1 問1～問4　各1点×4　問5　2点　2 問1，問2　各1点×8　問3　2点　3 問1　各1点×3　問2　2点　問3　3点　4 問1　各1点×2　問2，問3　各2点×2＜問3は完答＞　5 問1　1点　問2～問4　各2点×3　6 問1　2点＜完答＞　問2　1点　問3　2点　問4　1点　問5　2点　7 問1，問2　各1点×2　問3　2点　問4　1点

# 二〇二三年度　聖セシリア女子中学校

## 国語解答用紙　第二次

| 番号 | | 氏名 | | 評点 | /100 |
|---|---|---|---|---|---|

一

| | | | | |
|---|---|---|---|---|
| 1 | 2 | 3 （れる） | 4 | 5 |
| 6 | 7 | 8 （ねる） | 9 （えて） | 10 |

二

1

2

三

問一 A　B　C　D　E

問二 I　II

問三

問四

問五 (1)　(2)　(3)

問六

問七

問八

四

問一 A　B　C　D

問二

問三

問四 1 → → → → → 6

問五

問六

問七

問八 1　2　3　4　5

（注）この解答用紙は実物を縮小してあります。182%拡大コピーをすると、ほぼ実物大の解答欄になります。

〔国　語〕100点(学校配点)

一 各1点×10　二 各5点×2　三 問1，問2　各2点×7　問3，問4　各3点×2　問5　各2点×3　問6　6点　問7，問8　各4点×2　四 問1～問3　各2点×6　問4　3点＜完答＞　問5　5点　問6　4点　問7　6点　問8　各2点×5

# ２０２２年度　聖セシリア女子中学校

## 算数解答用紙　第１次

| 番号 | | 氏名 | | 評点 | ／100 |
|---|---|---|---|---|---|

| | | | | | | |
|---|---|---|---|---|---|---|
| 1 | (1) | | (2) | | (3) | |
| | (4) | | (5) | | (6) | |
| | (7) | 時間　分 | | | | |

| | | | |
|---|---|---|---|
| 2 | (1) | (式) | (答)　円 |
| | (2) | (式) | (答)　円 |
| | (3) | (式) | (答)　時速　km |
| | (4) | (式) | (答)　cm |

| | | | | | | | | |
|---|---|---|---|---|---|---|---|---|
| 3 | (1) | 度 | (2) | $cm^2$ | (3) | 体積　$cm^3$ | 表面積　$cm^2$ | |

| | | | | | | |
|---|---|---|---|---|---|---|
| 4 | (1) | 分速　m | (2) | m | (3) | 分後 |
| | (4) | m | | | | |

| | | | | | | | | |
|---|---|---|---|---|---|---|---|---|
| 5 | (1) | | (2) | | (3) | 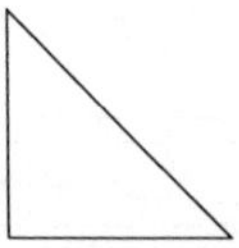 | (4) | 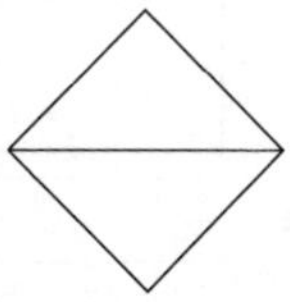 |

（注）この解答用紙は実物を縮小してあります。172％拡大コピーをすると、ほぼ実物大の解答欄になります。

〔算　数〕100点(学校配点)

1　各４点×７　2　各７点×４　3　各４点×４　4　各３点×４　5　各４点×４

# ２０２２年度　　聖セシリア女子中学校

## 社会解答用紙　第１次

| 番号 | | 氏名 | | 評点 | ／50 |
|---|---|---|---|---|---|

| | | | |
|---|---|---|---|
| 1 | 問１ | （１） | （２） （３） |
| | 問２ | （１） | |
| | | （２） | |
| | | （３） | （４） |
| | 問３ | （１） | （２） |
| | 問４ | （１） | ① ② （２） |
| | 問５ | （１） | （２） （３）① |
| | | （３） | ② ③ |
| | 問６ | （１） | ① ② （２） |
| | | （３） | ① ② |
| | 問７ | （１） | ① ② ③ |
| | | （２） | |
| | 問８ | （１） | |
| | | （２） | |

| | | | |
|---|---|---|---|
| 2 | 問１ | （１） | （２） |
| | 問２ | （１） | （２）① ② |
| | | （２） | ③ 記号　第　項 |
| | 問３ | | |
| | 問４ | 記号（第　項） | |

（注）この解答用紙は実物を縮小してあります。189％拡大コピーをすると、ほぼ実物大の解答欄になります。

〔社　会〕50点（学校配点）

1 問1　(1)　2点　(2)　1点　(3)　2点　問2　(1), (2)　各2点×2　(3)　1点　(4)　2点　問3, 問4　各1点×5　問5　(1)　2点　(2)　1点　(3)　①, ②　各1点×2　③　2点　問6　各1点×5　問7　(1)　①　1点　②　2点　③　1点　(2)　2点　問8　(1)　2点　(2)　1点　2 問1　各1点×2　問2　(1)　1点　(2)　①　1点　②　2点　③　各1点×2　問3, 問4　各2点×2

# ２０２２年度　聖セシリア女子中学校

理科解答用紙　第１次

| 番号 | | 氏名 | | 評点 | ／50 |
|---|---|---|---|---|---|

| 番号 | | | 解答 |
|---|---|---|---|
| 1 | 問1 | | |
| | 問2 | | → → → |
| | 問3 | | |
| | 問4 | | |
| | 問5 | | |
| | 問6 | | |
| 2 | 問1 | | |
| | 問2 | B | |
| | | C | |
| | 問3 | 名前 | |
| | | はたらき | |
| | 問4 | | |
| 3 | 問1 | | |
| | 問2 | | $cm^3$ |
| | 問3 | | $cm^3$ |
| 4 | 問1 | ア | |
| | | イ | |

| 番号 | | | 解答 |
|---|---|---|---|
| 4 | 問2 | | 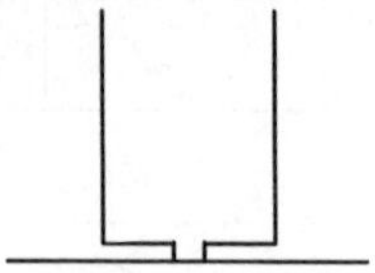 |
| | 問3 | | |
| | 問4 | | |
| 5 | 問1 | | g |
| | 問2 | | cm |
| | 問3 | | g |
| 6 | 問1 | | |
| | 問2 | | mA |
| | 問3 | | |
| | 問4 | 向き | |
| | | 速さ | |
| 7 | 問1 | A | |
| | | B | |
| | | C | |
| | 問2 | | |

（注）この解答用紙は実物を縮小してあります。182％拡大コピーをすると、ほぼ実物大の解答欄になります。

〔理　科〕50点(学校配点)

1 問1　1点　問2　2点＜完答＞　問3〜問5　各1点×4　問6　2点＜完答＞　2 問1，問2　各1点×3　問3　名前…1点，はたらき…2点　問4　2点　3 各2点×3　4 問1　各1点×2　問2〜問4　各2点×3　5 各2点×3　6 問1　1点　問2，問3　各2点×2　問4　各1点×2　7 問1　各1点×3　問2　3点

二〇二二年度　聖セシリア女子中学校

国語解答用紙　第一次

| 番号 | | 氏名 | | 評点 | /100 |
|---|---|---|---|---|---|

一

| 1 | 2 | 3 | 4 | 5 |
|---|---|---|---|---|
| 6 | 7 | 8 | 9 | 10 |

二

1

2

三

問一　A　B　C　D

問二　I　II

問三

問四

問五　さん

問六

問七

問八

問九

四

問一　1　2　3

問二　A　B

問三

問四

問五

問六

問七

問八　1　2　3　4　5

（注）この解答用紙は実物を縮小してあります。192%拡大コピーをすると、ほぼ実物大の解答欄になります。

〔国　語〕100点(学校配点)

一　各1点×10　二　各5点×2　三　問1，問2　各2点×6　問3　4点　問4，問5　各3点×2　問6　6点　問7　4点　問8　5点　問9　3点　四　問1，問2　各2点×5　問3　4点　問4，問5　各3点×2　問6，問7　各5点×2　問8　各2点×5

# ２０２２年度　　聖セシリア女子中学校

算数解答用紙　第２次

| 番号 | | 氏名 | | 評点 | ／100 |
|---|---|---|---|---|---|

| | | | | | | |
|---|---|---|---|---|---|---|
| 1 | (1) | | (2) | | (3) | |
| | (4) | | (5) | | (6) | |
| | (7) | 円 | | | | |
| 2 | (1) | (式)　(答)　脚 | | | | |
| | (2) | (式)　(答)　日 | | | | |
| | (3) | (式)　(答)　m | | | | |
| | (4) | (式)　(答)　分 | | | | |
| 3 | (1) | 度 | (2) | cm² | (3) | cm³ |
| 4 | (1) | cm | (2) | cm³ | (3) | 分後 |
| 5 | (1) | バター　g | | 薄力粉　g | (2) | 個 |
| | (3) | が　不足 | | が　不足 | | |

(注)　この解答用紙は実物を縮小してあります。172％拡大コピーをすると、ほぼ実物大の解答欄になります。

〔算　数〕100点(学校配点)

1　各４点×７　2　各７点×４　3, 4　各５点×６　5　(1)　各２点×２　(2)　４点　(3)　各３点×２

## ２０２２年度　聖セシリア女子中学校

### 社会解答用紙　第２次

| 番号 | | 氏名 | | 評点 | ／50 |
|---|---|---|---|---|---|

| | | | | | | | | | |
|---|---|---|---|---|---|---|---|---|---|
| 1 | 問１ | (1) | X | | Y | | Z | | |
| | | (2) | | (3) | | (4) | | | |
| | | (5) | ① | (記号) | ② | (記号) | | | |
| | | | ③ | (記号) | ④ | (記号) | | | |
| | | (6) | | | | | | | |
| | | (7) | | | | | | | |
| | | (8) | | | | | | | |
| | | (9) | ① | | ② | | ③ | | ④ |
| | | (10) | → | → | → | → | | | |
| | 問２ | | | | | | | | |
| | 問３ | (1) | ① | | ② | | (2) | ① | |
| | | (2) | ② | | (3) | | | | |
| | | (4) | | (5) | | (6) | | | |
| | 問４ | | | | | | | | |

| | | | | | | | |
|---|---|---|---|---|---|---|---|
| 2 | 問１ | | | | | | |
| | 問２ | (1) | | (2) | | (3) | |
| | 問３ | (1) | | | | | |
| | | (2) | 国名（　　　） | | | | |
| | | (3) | | | | | |

〔社　会〕50点(学校配点)

1　問１　(1)～(6)　各１点×15　(7), (8)　各２点×2　(9)　各１点×4　(10)　２点＜完答＞　問２　２点　問３　(1)　各１点×2　(2)　①　１点　②　２点　(3)～(6)　各１点×4　問４　２点　2　問１　２点　問２　(1), (2)　各１点×2　(3)　２点　問３　(1)　１点　(2)　国名…１点，具体例…２点　(3)　２点

## ２０２２年度　聖セシリア女子中学校

### 理科解答用紙　第２次

| 番号 | | 氏名 | | 評点 | ／50 |
|---|---|---|---|---|---|

| 番号 | | | 解答 |
|---|---|---|---|
| 1 | 問１ | | |
| | 問２ | | 色 |
| | 問３ | | |
| | 問４ | ア | |
| | | イ | |
| 2 | 問１ | | |
| | 問２ | | ℃ |
| | 問３ | |  |
| | 問４ | | |
| | 問５ | | →　→　→ |
| | 問６ | | |
| 3 | 問１ | | |
| | 問２ | A | |
| | | B | |
| | | C | |
| | | D | |
| | 問３ | | |

| 番号 | | | 解答 |
|---|---|---|---|
| 4 | 問１ | | % |
| | 問２ | | に　g |
| | 問３ | | |
| | 問４ | | |
| 5 | 問１ | A | |
| | | B | |
| | | C | |
| | 問２ | (1) | |
| | | (2) | と |
| | 問３ | | |
| 6 | 問１ | | 極 |
| | 問２ | | と |
| | 問３ | | 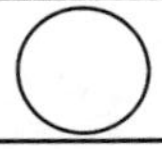 |
| 7 | 問１ | | |
| | 問２ | | |
| | 問３ | (1) | |
| | | (2) | |

〔理　科〕50点(学校配点)

1　各１点×5　2　問１　２点＜完答＞　問２　１点　問３　２点　問４　１点　問５, 問６　各２点×2＜問５は完答＞　3　問１, 問２　各１点×5　問３　２点　4　問１～問３　各２点×3＜問２は完答＞　問４　各１点×2　5　問１　各１点×3　問２　(1)　１点　(2)　２点＜完答＞　問３　２点　6　各２点×3＜問２は完答＞　7　問１, 問２　各１点×2　問３　各２点×2

# 二〇二二年度　聖セシリア女子中学校

国語解答用紙　第一次

番号　　氏名　　評点　/100

一
1　2　3　4　5
6　7（る）　8　9（る）　10（って）

二
1
2

三
問一　A　B　C
問二
問三　　問四　I　II
問五　　問六
問七
問八
問九　最初　最後
問十　周斗　大地

四
問一　I　II　III
問二
問三　　問四　　問五
問六
問七
問八
問九
問十　1　2　3　4

（注）この解答用紙は実物を縮小してあります。200%拡大コピーをすると、ほぼ実物大の解答欄になります。

〔国　語〕100点(学校配点)

一　各1点×10　二　各5点×2　三　問1　各2点×3　問2　5点　問3　3点　問4　各2点×2　問5, 問6　各3点×2　問7　6点　問8, 問9　各3点×2　問10　各2点×2　四　問1　各2点×3　問2　5点　問3　2点　問4, 問5　各3点×2　問6　2点　問7, 問8　各3点×2　問9　5点　問10　各2点×4

大人に聞く前に解決できる!!

基本から応用まで全受験生対応!!

定価1980円(税込)

**東京都／神奈川県／千葉県／埼玉県／茨城県／栃木県ほか**

**2025年度用**
**声の教育社版**

# 中学受験案内

■全校を見開き2ページでワイドに紹介！

■中学～高校までの授業内容をはじめ部活や行事など、6年間の学校生活を凝縮！

■偏差値・併願校から学費・卒業後の進路まで、知っておきたい情報が満載！

**私立・国公立353校掲載**

Ⅰ 首都圏（東京・神奈川・千葉・埼玉・その他）の私立・国公立中学校の受験情報を掲載。

**合格情報**
近年の倍率推移・偏差値による合格分布予想グラフ・入試ホット情報ほか

**学校情報**
授業、施設、特色、ICT機器の活用、併設大学への内部進学状況と併設高校からの主な大学進学実績ほか

**入試ガイド**
募集人員、試験科目、試験日、願書受付期間、合格発表日、学費ほか

Ⅱ 資　料
(1)私立・国公立中学の合格基準一覧表（四谷大塚、首都圏模試、サピックス）
(2)主要中学早わかりマップ
(3)各校の制服カラー写真
(4)奨学金・特待生制度，帰国生受け入れ校，部活動一覧

Ⅲ 大学進学資料
(1)併設高校の主要大学合格状況一覧
(2)併設・系列大学への内部進学状況と条件

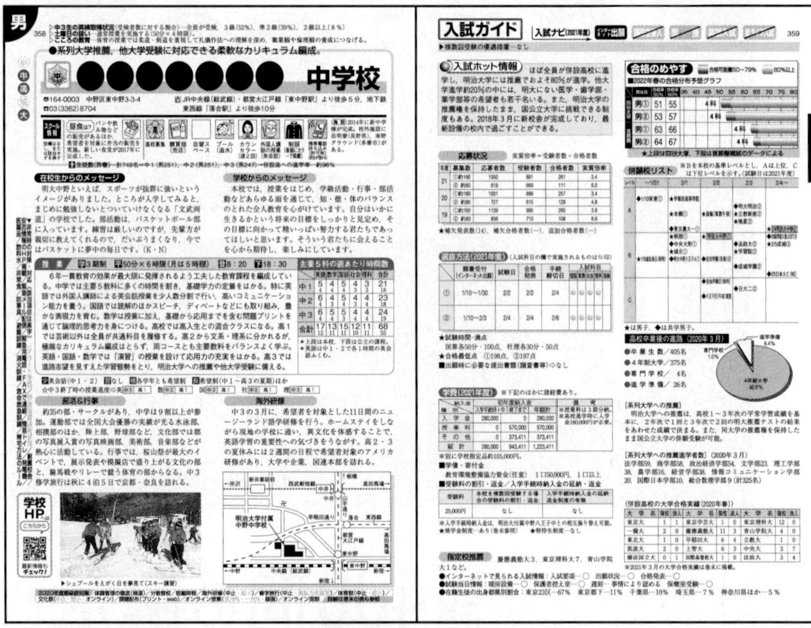


## 志望校・併願校を この１冊で選ぶ！決める!!

*過去問で君の夢を応援します*

**声の教育社**

〒162-0814　東京都新宿区新小川町8-15
TEL.03-5261-5061　FAX.03-5261-5062
https://www.koenokyoikusha.co.jp

# 中学スーパー過去問　抜群の解説・解答!!　声の教育社版

合格必需品

定価2,200円～2,970円(税込)

都立中高一貫校
適性検査問題集

定価1,320円(税込)

首都圏版
中学受験案内

定価2,310円(税込)

「今の説明、もう一回」を何度でも
**web過去問**
ストリーミング配信による入試問題の解説動画

もっと古いカコモンないの?
中学
**カコ過去問**
「さらにカコの」過去問をHPに掲載(DL)

①優秀な解説・解答スタッフが執筆!!　②くわしい出題傾向分析と対策　③解答用紙が別冊、自己採点ができる!!

●東京都
ア 23 青山学院中等部
2 麻布中学校
73 足立学園中学校
51 跡見学園中学校
54 郁文館中学校
65 穎明館中学校
113 江戸川女子中学校
8 桜蔭中学校
98 桜美林中学校
76 鷗友学園女子中学校
45 大妻中学校
122 大妻多摩中学校
131 大妻中野中学校
12 お茶の水女子大附属中学校
カ 19 海城中学校
3 開成中学校
150 開智日本橋学園中学校
94 かえつ有明中学校
38 学習院中等科
20 学習院女子中等科
61 吉祥女子中学校
149 共栄学園中学校
48 暁星中学校
44 共立女子中学校
130 共立女子第二中学校
5 慶應義塾中等部
55 京華中学校
56 京華女子中学校
77 恵泉女学園中学校
71 光塩女子学院中等科
136 工学院大附属中学校
34 攻玉社中学校
91 麹町学園女子中学校
69 佼成学園中学校
97 佼成学園女子中学校
31 香蘭女学校中等科
70 国学院大久我山中学校
118 国士舘中学校
121 駒込中学校
99 駒沢学園女子中学校
4 駒場東邦中学校
サ 135 桜丘中学校
126 サレジアン国際学園中学校
79 サレジアン国際学園世田谷中学校
139 実践学園中学校
24 実践女子学園中学校
35 品川女子学院中等部
27 芝中学校
87 芝浦工業大附属中学校
95 芝国際中学校
103 渋谷教育学園渋谷中学校
40 十文字中学校
86 淑徳中学校
93 淑徳巣鴨中学校
124 順天中学校
30 頌栄女子学院中学校
117 城西大附属城西中学校
85 城北中学校
25 昭和女子大附属昭和中学校
7 女子学院中学校
90 女子聖学院中学校
127 女子美術大付属中学校
49 白百合学園中学校
41 巣鴨中学校
89 聖学院中学校
60 成蹊中学校
21 成城中学校
75 成城学園中学校
132 青稜中学校
82 世田谷学園中学校
タ 105 高輪中学校
83 玉川学園(中)
106 玉川聖学院中等部
64 多摩大附属聖ケ丘中学校
134 多摩大目黒中学校
120 中央大附属中学校
108 千代田国際中学校
11 筑波大附属中学校
1 筑波大附属駒場中学校
88 帝京中学校
151 帝京大学中学校
78 田園調布学園中等部
14 東京学芸大世田谷中学校
13 東京学芸大竹早中学校
50 東京家政学院中学校
115 東京家政大附属女子中学校
26 東京女学館中学校
100 東京成徳大中学校
160 東京大学附属中等教育学校
112 東京電機大中学校
119 東京都市大等々力中学校
80 東京都市大付属中学校
145 東京農業大第一高校中等部
59 桐朋中学校
109 桐朋女子中学校
28 東洋英和女学院中学部
58 東洋大京北中学校
33 トキワ松学園中学校
110 豊島岡女子学園中学校
53 獨協中学校
153 ドルトン東京学園中等部
ナ 128 中村中学校
133 日本工業大駒場中学校
129 日本学園中学校
92 日本大第一中学校
68 日本大第二中学校
84 日本大第三中学校
52 日本大豊山中学校
116 日本大豊山女子中学校
ハ 147 八王子学園八王子中学校
144 広尾学園中学校
152 広尾学園小石川中学校
74 富士見中学校
63 藤村女子中学校
9 雙葉中学校
32 普連土学園中学校
146 文化学園大杉並中学校
57 文京学院大女子中学校
101 文教大付属中学校
62 法政大中学校
148 宝仙学園中学校理数インター
42 本郷中学校
マ 114 三田国際学園中学校
143 明星学園中学校
46 三輪田学園中学校
16 武蔵中学校
96 武蔵野大学中学校
104 明治学院中学校
72 明治大付属中野中学校
123 明治大付属八王子中学校
43 明治大付属明治中学校
66 明星中学校(府中)
125 目黒学院中学校
22 目白研心中学校
ヤ 140 八雲学園中学校
102 安田学園中学校
29 山脇学園中学校
ラ 37 立教池袋中学校
67 立教女学院中学校
36 立正大付属立正中学校
ワ 17 早稲田中学校
18 早稲田実業学校中等部
81 早稲田大高等学院中学部
47 和洋九段女子中学校
【東京都立・区立6年制中高一貫校】
161 九段中等教育学校
162 白鷗高校附属中学校
163 両国高校附属中学校
164 小石川中等教育学校
165 桜修館中等教育学校
166 武蔵高校附属中学校
167 立川国際中等教育学校
168 大泉高校附属中学校
169 三鷹中等教育学校
170 富士高校附属中学校
171 南多摩中等教育学校
●神奈川県
320 青山学院横浜英和中学校
304 浅野中学校
301 栄光学園中学校
332 神奈川学園中学校
343 県立相模原・平塚中等教育学校
316 神奈川大附属中学校
328 鎌倉学園中学校
322 鎌倉女学院中学校
331 カリタス女子中学校
344 市立川崎高校附属中学校
314 関東学院中学校
339 公文国際学園中等部
321 慶應義塾湘南藤沢中等部
6 慶應義塾普通部
311 サレジオ学院中学校
325 自修館中等教育学校
315 湘南学園中学校
336 湘南白百合学園中学校
327 逗子開成中学校
303 聖光学院中学校
323 聖セシリア女子中学校
337 清泉女学院中学校
310 洗足学園中学校
341 中央大附属横浜中学校
335 鶴見大附属中学校
302 桐蔭学園中等教育学校
318 東海大付属相模高校中等部
317 桐光学園中学校
330 藤嶺学園藤沢中学校
306 日本女子大附属中学校
309 日本大中学校(日吉)
340 日本大藤沢中学校
10 フェリス女学院中学校
308 法政大第二中学校
347 聖園女学院中学校
312 森村学園中等部
313 山手学院中学校
342 横須賀学院中学校
307 横浜共立学園中学校
305 横浜国立大横浜・鎌倉中学校
326 横浜女学院中学校
345 市立南中学校
346 市立横浜サイエンスフロンティア中学校
324 横浜翠陵中学校
333 横浜創英中学校
319 横浜富士見丘学園中学校
329 横浜雙葉中学校
●千葉県
352 市川中学校
361 光英VERITAS中学校
355 国府台女子学院中学部
360 芝浦工業大柏中学校
354 渋谷教育学園幕張中学校
369 秀明八千代中学校
365 昭和学院中学校
362 昭和学院秀英中学校
363 西武台千葉中学校
359 専修大松戸中学校
364 千葉県立千葉・東葛飾中学校
368 千葉市立稲毛国際中等教育学校
356 千葉日本大第一中学校
357 東海大付属浦安高校中等部
351 東邦大付属東邦中学校
358 麗澤中学校
353 和洋国府台女子中学校
●埼玉県
413 浦和明の星女子中学校
418 浦和実業学園中学校
415 大妻嵐山中学校
416 大宮開成中学校
406 開智中・開智所沢中等教育
425 開智未来中学校
414 春日部共栄中学校
428 川口市立高校附属中学校
424 埼玉県立伊奈学園中学校
412 埼玉栄中学校
419 さいたま市立浦和中学校
427 さいたま市立大宮国際中等教育学校
401 埼玉大附属中学校
407 埼玉平成中学校
404 栄東中学校(A・東大Ⅰ)
426 栄東中学校(B・東大Ⅱ)
417 淑徳与野中学校
402 城西川越中学校
422 昌平中学校
411 城北埼玉中学校
403 西武学園文理中学校
405 聖望学園中学校
421 東京農業大第三高校附属中学校
410 獨協埼玉中学校
409 星野学園中学校
420 本庄東高校附属中学校
408 立教新座中学校
●茨城県
452 茨城中学校
458 茨城キリスト教学園中学校
459 茨城県立中等教育学校・中学校
451 江戸川学園取手中学校
455 常総学院中学校
454 土浦日本大中等教育学校
456 水戸英宏中学校
453 茗溪学園中学校
●栃木県
503 国学院大栃木中学校
504 作新学院中等部
501 佐野日本大中等教育学校
502 白鷗大足利中学校
●兵庫・鹿児島県
601 灘中学校
602 ラ・サール中学校
●算数の過去問25年分
701 筑波大附属駒場中学校
702 麻布中学校
703 開成中学校

声の教育社　〒162-0814 東京都新宿区新小川町
https://www.koenokyoikusha.
TEL 03(5261)5061(代)　FAX 03(5261)5

中学後見返し